本书得到教育部人文社会科学研究规划基金项目"反思与重构：发展的伦理审视"（10YJAZH102）和陕西省哲学社会科学基金项目（09C007）的资助

反思与重构：
发展的伦理审视

杨文选　侯彦峰 著

中国社会科学出版社

图书在版编目（CIP）数据

反思与重构：发展的伦理审视/杨文选，侯彦峰著．—北京：中国社会科学出版社，2015.7

ISBN 978 – 7 – 5161 – 6562 – 1

Ⅰ.①反…　Ⅱ.①杨…②侯…　Ⅲ.①发展理论—伦理学—研究　Ⅳ.①K02

中国版本图书馆 CIP 数据核字（2015）第 160075 号

出 版 人	赵剑英
责任编辑	卢小生
特约编辑	林　木
责任校对	周晓东
责任印制	王　超

出　　版	中国社会科学出版社
社　　址	北京鼓楼西大街甲 158 号
邮　　编	100720
网　　址	http://www.csspw.cn
发 行 部	010 – 84083685
门 市 部	010 – 84029450
经　　销	新华书店及其他书店

印　　刷	北京市大兴区新魏印刷厂
装　　订	廊坊市广阳区广增装订厂
版　　次	2015 年 7 月第 1 版
印　　次	2015 年 7 月第 1 次印刷

开　　本	710×1000　1/16
印　　张	15.75
插　　页	2
字　　数	266 千字
定　　价	60.00 元

前　言

　　发展是人类有史以来的永恒主题，却从来没有像今天如此备受人们的关注和反思。发展经济学、发展社会学、发展哲学、发展伦理学等与发展有关的学科在第二次世界大战后的纷纷兴起，直接反映"发展研究"已经成为当代社会科学研究的热门学科。但何谓发展依然是一个无法准确回答的问题，因为看待发展的视角不同，对发展的认识就会有差异。有人从广义上定义发展，也有人从狭义的视角看待发展。我们认为，发展是一个以"人"为中心，集政治、经济、文化、社会、自然等主要内容为一体的全面性演进过程，发展应该以"人性"的提升为根本目的，否则只能是一种没有灵魂的经济增长。发展是一项富有伦理诉求的社会实践，就如联合国开发计划署《1992 年人文发展报告》所指出的，"发展是一个广泛的、全面的概念。它包罗在所有发展阶段所有社会中的所有人类选择。它把发展对话扩大为不仅仅是讨论手段（国民生产总值增长）而是讨论终极目的……发展的概念不是从任何预定模式开始的。它从社会的长远目标得到启示，它使发展围绕人的中心，而不是使人围绕发展的中心"。

　　最近 30 多年来，我国经济社会发展取得了举世瞩目的成就，但也面临着与西方国家发展进程中相同的伦理困境，即随着经济社会的发展，贫富差距拉大，不同利益群体之间的矛盾日益突出；在人们的物质财富不断增长的同时，人们的精神生活却日益贫乏；人们利用自然的能力提高，生态环境却遭到破坏，等等。物质财富不断增加，但人的自由全面发展依然是我们面临的问题。如何规范、约束、引导发展实践，使其走出社会发展的这种"悖论"，迈向健康、合理的发展轨道，仍然是我们需要认真研究和回答的问题。

　　本书以马克思主义发展理论为指导，以发展伦理学为理论基础，积极借鉴经济学、哲学、社会学、伦理学、生态学等学科的研究成果，紧紧围绕什么是"好的发展"和"如何发展"等价值性问题展开研究，旨在为中国特色社会主义发展道路进程中遇到的价值选择问题探寻答案，以指导中国未来一段时间的发展实践。

全书由九个部分组成。第一章主要介绍选题背景和意义、国内外研究现状、逻辑结构和研究方法等；第二章从马克思人的全面发展理论、现代性理论和罗尔斯的社会正义理论入手，为后面的研究找寻理论基础；第三章探讨发展伦理学的兴起、研究对象、基本问题，以及发展伦理学的理论和实践意义；第四章主要从伦理学视角对发展的本体以及发展涉及的人与自然、人与人和发展的结果进行了分析；第五章从历史演变的视角探讨第二次世界大战以来人类对发展问题的反思和创新，分析了目前存在的四种发展观，并认为以伦理探讨发展，寻求发展的终极价值，即"以人为本"，不断地提升人的价值是当前及未来发展研究和发展实践的趋势；第六章运用马克思主义的唯物辩证法，主要探讨了人类发展实践中出现的几对矛盾，如发展与代价、效率与公平、自然界与人等辩证关系；第七章运用价值分析法，重点探讨人的价值诉求（主要从生存、尊重和自由三个方面）以及这些价值诉求的实现条件，认为社会公正和人与自然的和谐是实现人的价值的重要保证，并探讨了"好的发展"应该遵循的一些基本伦理原则，包括人本性原则、公正性原则、责任性原则以及科学发展原则等；第八、第九章是中国现代化发展实践，认为中国通过改革开放实现了经济社会的巨大发展，但也积累了大量的问题和矛盾，发展必须从观念到实践进行战略转型，以"人本"发展为价值追求，切实解决发展中存在的贫困、财富分配、环境污染等问题，真正实现人的自由全面发展。

目　录

第一章 绪论

第一节 研究背景和意义

一 研究背景

最近几年，发展研究或理论日益成为世人热切关注并不断反思的一个重要问题。发展之所以能够如此被社会所关注，是因为发展遭遇到了一些道德困境。正如发展伦理学先驱德尼·古莱指出的，"发展把三大基本的道德问题推向前沿：①生活美好与物品丰富之间是什么关系？②社会内与社会间公正的基础是什么？③社会对自然力与技术的态度应由什么标准来加以决定？"[1] 他还指出，如果"一个国家能对这些问题提供满意的规范性与体制性答案，它就能兴旺发达"。[2]

通常人们都认为，发展是人类生存和发展的基础，具有"天然合理性"。人类离开发展，就不可能改造自然、改造社会以及改造自身，也就不可能取得社会进步。这些都已成为人类共识。但同时，人类也深刻认识到，发展伴随有消极的效应，即会给人类带来反主体性的不良后果。20世纪60年代以来，人类对发展进程中的一些道德问题进行了深刻反思，逐步形成了"整体性"发展观、可持续发展观以及科学发展观等。发展已经开始被看作是一个涉及政治、经济、社会、生态、文化价值观念等内容的一个综合的向"善"的转变过程，蕴涵着贫困被消灭、歧视和压迫被消除、人的权利和社会保障不断地得到扩展、生活质量不断地得到提高，以及最大限度地避免发展中的生态环境破坏等。

---

① ［美］德尼·古莱：《发展伦理学》，高铦等译，社会科学文献出版社2003年版，第24页。

② 同上书，第24页。

　　早在 100 多年前，恩格斯就曾指出，"文明是一个对抗的过程，这个过程以其至今为止的形式使土地贫瘠，使森林荒芜，使土壤不能产生其最初的产品，并使气候恶化。"① 在当代，威利斯·哈曼博士也指出，"我们唯一最严重的危机主要是工业社会意义上的危机。我们在解决'如何'一类的问题方面相当成功"②，"但与此同时，我们对'为什么'这种具有价值含义的问题，越来越变得糊涂起来，越来越多的人意识到谁也不明白什么是值得做的。我们的发展速度越来越快，但我们却迷失了方向"。③现在的情况越来越严重，生态环境恶化、贫富差距扩大、社会矛盾日益突出、社会道德失范等。这些问题，实际上是人类发展所造成的消极效应。要克服和防止这些发展的消极效应，如"伪发展"、"假发展"和"异化发展"等问题，就必须从伦理学视角来反思其背后的原因，必须对发展的终极目的、工具或手段及其发展结果的正当性、正确性等做出是否合理的评价和判断，以使发展朝更道德的方向推进。人类发展的历史和现实表明，发展并不具有"天然合理性"。在发展这个问题上，不仅存在一个"如何发展"的问题，而且还有一个"为什么发展"的价值性选择问题，而"为什么发展"正是"如何发展"的价值论的前提和基础。假如我们不能对"为什么发展"这一问题做出合理的解释和回答，那么，人类的发展就会产生价值合理性危机，从而失去发展方向。

　　改革开放 30 多年来，中国经济社会发展取得了举世瞩目的成就，人民物质文化生活水平有了很大提升。但不可否认，我们似乎也正面临着诸多发展矛盾或困境，比如，贫富差距拉大，不同利益群体之间的利益矛盾加大；人们的物质财富不断增长，精神生活却日益贫乏；人们利用自然的能力提高，生态环境却遭到破坏；物质财富不断增加，但人的自由全面发展面临挑战，等等。面对这些新的发展问题和挑战，我们需要不断思考和创新。到底什么样的"发展"才是合理的？"怎样发展"才是科学的或符合发展规律的？客观地说，这些问题的答案还很模糊。"发展"这个词就像是一个"黑匣子"，每个人在谈到它的时候都在里面装了不同的内容。这就需要人们在社会发展实践中不断地加以价值选择。本书认为，发展之

---

　　① 恩格斯：《自然辩证法》，人民出版社 1984 年版，第 371 页。

　　② ［波］维克多·奥辛廷斯基：《未来启示录》，徐元译，上海译文出版社 1988 年版，第 193 页。

　　③ 同上。

所以美好，其实质内容必然离不开生存、尊重、自由、公正、和谐等那些能使我们求得美好社会的内在品质。

二　研究意义

本书研究的理论意义在于：一是能够促进发展理论的创新。在发展研究这个庞大的队伍中，如果没有伦理学家、哲学家等社会科学家在场，发展理论根本不可能或者说很难取得重大的突破。"哲学家必须加入发展队伍，如果没有发展哲学的明确概念，这个队伍就成了一个简单的特定使团"（希金斯，1968）。"许多年来，发展中的价值观难题只是由一小批经济学家从外表加以应付"（古莱，2003）。二是能够使伦理学研究的视域和维度不断得到拓展。传统伦理学的视域始终是人之伦理，对代际以及人与自然之间关系的维度关注不够。发展伦理学旨在反思和批判人类以往的发展观念和实践，约束和规范当下的发展实践，展望和引导未来的发展行为。这是伦理学研究的一个新使命（林春逸，2007）。三是能够帮助人类对未来的发展实践和发展政策加以规范和指导。

本书具有极为重要的现实意义：在当前，我们可以感到有一股期望对中国经济社会发展做价值性反思的热潮。也许正因为这样，才出现了对中国发展中的问题进行探析和对未来发展进行价值筹划的努力。如果说中国改革开放前30年着力解决的是经济发展问题的话，那么，现在则应该更多考虑和关注发展中的一些价值观问题，比如什么是"好的发展"、"美好生活"等问题。因此，从伦理视角探求发展的本质，确立新的发展理论和构建新的伦理形态对于"构建和谐社会"、"贯彻和落实科学发展观"、"解决民生问题"以及应对和处理社会主义现代化建设中的其他重大问题等，均具有重要的现实意义。

第二节　国内外研究现状

"发展研究"或"发展理论"始于第二次世界大战之后，起初是一些经济学家从经济学视角（"理性经济人"假设）进行研究，认为经济增长就是经济发展；但到了20世纪60年代，政治学、哲学、社会学等领域的一些学者也开始关注发展问题，研究视角越来越广泛；而从伦理（价值）视角反思发展问题，则是从20世纪80年代开始的，即"随着国际发展伦理学协会（IDEA）①的成立（1987 年），发展伦理学开始被正式承认为发展研究与哲学的一个跨学科领域"（Denis Goulet，1995）。虽然发展理论的"无伦理"范式得以纠正，但发展中的价值观困境并没有得到澄清，发展伦理研究仍然是一个新兴的交叉学科。

一　国外研究现状

国外最早从伦理视角反思发展问题的是法国经济学家约瑟夫·勒布雷特（J. Lebret，1941）。勒布雷特认为，发展的实质是"价值观的基本问题和新文明的创造"、"发展就是提升一切个人和一切社会的全面人性"。②

受勒布雷特及其他学者的影响，发展伦理学研究的先驱、美国圣母大学荣誉教授德尼·古莱（1971）最早对"发展"概念给予了重新定义，并且把发展置于道德的争论之中。古莱认为，"美好生活、公正社会以及人类群体与大自然的关系问题"是发展的核心问题，"取得发展并不是一种自我生效的绝对目标，而是一种相对较好的、只是在某种特定生活意义上较为可取的状况。正是没有看到这种相对性，使得许多人把发展变化进程等同于它的目标，这样就把一个工具性目的错认为成就性目的。虽然在某些方面，发展本身是追求目的，但在更深层方面，发展从属于美好生活"。③ 在《发展伦理学》一书中，古莱指出，"有三种价值观是所有个人和社会都在追求的目标：最大限度的生存、尊重与自由"。古莱还对美好生活的三个基本因素或核心价值做了解释：维持生命，主要涉及人的基本需要的满足，发展的目标就是要使人们摆脱贫困，并提供基本需求；自尊，主要涉及自重和独立性，发展就是要消除人的被支配和依附的感觉；自由，是指要摆脱贫困、无知和卑贱等对人的束缚，使人们有更多的选择能力以决定自身的命运。再进一步，我们还可以从古莱《残酷的选择：发展理念与伦理价值》这本著作中真切地感受到：那种以丧失人类痛苦和长远发展目标为代价的发展，不是真正意义上的发展，而是反发展的。

1998 年诺贝尔经济学奖获得者、被称为"经济学的良心"的经济学

---

① 该组织于 1987 年在哥斯达黎加圣何塞市成立。其使命是：判断人类社会面临的重大问题，引导公共政策，并澄清围绕这些问题和政策中的价值观困境。

② 转引自〔美〕德尼·古莱《发展伦理学》，高铦等译，社会科学文献出版社 2003 年版，第 6、8 页。

③ 〔美〕德尼·古莱：《发展伦理学》，高铦等译，社会科学文献出版社 2003 年版，第 43 页。

家和伦理学家阿马蒂亚·森（Amartya Sen）在这一领域也做了开创性的工作。阿马蒂亚·森认为，不能把发展仅仅理解为经济增长、工业化或者现代化。财富、收入、社会现代化等，都只是工具而已，最终都是为人的发展服务的。这些要素对人固然重要，可以成为人们追求的目标，但充其量也只不过是发展的手段和工具而已。阿马蒂亚·森还认为，自由是以人为中心之发展的最高价值标准，因此，"发展可以看作是扩展人们享有的真实自由的一个过程"、"实质自由包括免受困苦——诸如饥饿、营养不良、可避免的疾病、过早死亡之类——基本的可行能力，以及能够识字算数、享受政治参与等的自由"。① 在森看来，发展的关键在于人的"实质自由"的扩展程度，"对进步的评判必须以人们拥有的自由是否得到增进为首要标准"。② 发展应该看作是人类价值能力的扩展，人的生命的延长，疾病可以得以预防，获得足够的生产、生活资料，获得学习和与外界交流的机会，专注于追求艺术和科学的条件等。古莱和森分别从不同的视角对"发展"内涵的扩展，为后来的发展研究开拓了新的领域。

在实践探索方面，国外的发展伦理学主要探讨了以下问题：在与发展相关的政策的制定以及执行过程中，人类应该如何来解决已经出现的问题、如何看待和理解发展所带来的代价问题、如何分配发展成果的问题，以及谁应该对发展的结果承担责任的问题；还有对于"好的发展"目标的实现，最严重的是什么等。

虽然发展伦理是一个新的交叉学科，但国外伦理学家还是在发展问题上取得了一些共识：①发展首先应该消灭和解除人类的各种痛苦，防止和避免"发展危机"，消除各种"虚假发展"或"反发展"等"发展异化"现象；②发展问题不仅是一个理论问题，而且是一个实践性问题，发展研究应具有伦理的、价值的维度，应该也必须要有伦理评判和引领。

总的来说，国外的发展伦理研究比较成熟，取得了一定的研究成果。但是，国外学者的研究对象是第三世界国家的发展，缺少对某一个具体国家发展问题的关照，提出的发展目标比较抽象，实践中可操作性也不强。

二 国内研究现状

国内研究起步相对晚一些，1995年刘福森教授首次在国内提出"发

---

① ［印度］阿马蒂亚·森：《以自由看待发展》，任赜等译，中国人民大学出版社2002年版，第30页。

② 同上书，第1—2页。

展伦理学"这个概念，以后关于发展的伦理研究才正式开始在国内学术界展开，我国学者主要在以下几个方面进行了一些研究：

（一）关于发展伦理性质

刘福森教授（1999）认为，发展伦理是人类对近代以来的在片面发展观指导下所进行的发展而引发的一些严重问题的伦理反思。他还指出，发展伦理应该有自己固有的研究对象，那就是发展的实践本身。邱耕田教授（2004）认为，"发展善"是发展伦理研究的主要对象，发展伦理学是社会实践的产物，属于应用伦理学的一个分支学科。李国俊教授（2005）认为，人类整体的生存和可持续发展是发展伦理研究的对象。发展伦理学的产生，体现了人类对当前生存和可持续发展问题的深切反思，是对当前的发展观、发展模式、发展道路等问题的价值反思，是一种新的关注人类未来发展的终极价值问题的伦理学。

（二）关于发展及其观念的产生与演变

刘福森教授（2000）指出，我们现在所说的"发展"一词，是基于多种理论中关于方向性变化的多义合成词。它虽然本源于生物学，但在被用于说明社会进步时，受到了启蒙理性主义思想的深刻影响。刘福森教授（2005）认为，发展观念的演变是沿着两条轨迹向前发展的，一条轨迹是从单纯的"经济增长论"开始，中间经过"基本需求战略"，最后走向可持续发展理论。另一条轨迹是从人与自然、社会与自然的关系出发，最终走向可持续发展理论的。并且他认为，后一条轨迹对于解决当代社会发展危机具有重要意义。

（三）关于发展的反思与批判

刘福森教授（2005）认为，近代理性主义扭曲、异化了人与自然的关系，把人变成了不受伦理规范约束的绝对主体。刘森林教授（2000）认为，近代的发展观念，由于把"发展"和"进步"，以及"进化"等包含价值意蕴的词语相等同，使得人们在"发展"的认识上始终抱着肯定态度，没有对发展消极方面的反思。李国俊教授（2004）认为，技术对人的异化，是因为传统的技术观撇开了技术的社会属性而导致的现象。

（四）关于发展的伦理原则

邱耕田教授（2004）归纳出人本性（即以人为本）、协调性、持续性、适度性、内源性、普遍受益性、互利性和利益调控性八大道德原则。并认为，人本性原则是其中最基本的道德原则，其他七个原则都是人本性原则的延伸。① 林春逸教授（2007）认为，作为一种新型的伦理形态，发展伦理在处理人与自然、人与人、人与自身的关系问题上，应遵循包括人本、公正、责任和整体四个基本原则。也有学者认为，发展伦理学是通过对发展的评价、约束和规范达到人类的可持续发展的目的，而不是通过"反发展"的途径保护环境。真正意义上的可持续发展，是在人本取向和道德理念指导下的发展，发展伦理学具有四种限度意识，包括类意识、有限主体意识、生存意识以及未来意识。刘福森教授（2007）认为，个体与类之间的伦理关系，应遵循维护类利益的伦理原则；人与人、民族与民族、国家与国家之间关系，应遵循公平和正义伦理原则；代际之间的关系，应遵循善待未来的伦理原则。②

（五）作为公正的发展

景天魁研究员（2003）在《作为公正的发展》③ 一文中指出，公正是发展的内在规定性和价值目标，是伴随社会发展而逐渐形成的。传统的经济发展观，由于忽视了社会发展中的公正问题，从而引发了严重的社会矛盾。以人为中心的发展观，虽然使公正成为发展进程中的正当性价值准则，但这种发展观只关注人的发展，对人与自然关系的协调关注不够，从而产生了严重的生态和环境问题。可持续发展观的提出具有重要意义，使环境公正以及代际公正等伦理思想和观念真正成为社会发展固有的核心价值追求。他还指出，作为社会发展的价值原则，公正就存在于人类社会发展的实践中，内在性地规定着发展的方向和性质。

（六）"以人为本"的发展价值目标

2007 年 10 月党的十七大指出：科学发展观，第一要义是发展，核心是"以人为本"。《报告》还强调必须坚持"以人为本"，党的根本宗旨是全心全意为人民服务，党的一切奋斗和工作都是为了造福于人民，要始终把实现好、维护好、发展好最广大人民的根本利益作为党和国家一切工作的出发点和落脚点，尊重人民主体地位，发挥人民首创精神，保障人民的各项权益，走共同富裕的道路，促进人的全面发展，做到发展为了人民、发展依靠人民、发展成果由人民共享。

---

① 邱耕田：《发展伦理学是研究善的学问》，《学习与探索》2004 年第 3 期。

② 刘福森：《论发展伦理学的基本原理》，《内蒙古民族大学学报》（社会科学版）2007 年第 5 期。

③ 景天魁：《作为公正的发展》，《社会科学战线》2003 年第 6 期。

（七）发展的价值定位问题

邓万春博士（2010）在《发展的价值目标批判及新趋向》一文中认为，尊重、自由、公正、以人为本等更为全面、深层的价值诉求开始走向发展领域的中心，引领发展价值定位与发展实践。他还指出，"尊重、自由、公正、以人为本等价值既涵容又超越了人与社会的具体物质性需求，触及人之为人、社会之为社会的深层次的诉求。这样的发展价值定位是对当前发展价值目标的革命性回应，也将成为引领世界发展实践的旗帜。"①

从国内十多年的发展伦理文献看，国内发展伦理问题的研究有这样几个特点：第一，研究还刚刚起步，处于初期阶段，目前从事这方面问题研究的学者还比较少，产出的研究成果也不多，尤其是论著不多；第二，研究角度比较少，大部分研究文献仅囿于从生态、自然环境视角来考察发展问题，缺乏社会（制度）层面的关照；第三，对国外相关文献介绍、研究不够深入；第四，结合中国实际，就发展伦理、价值进行反思，并提出发展伦理战略和政策等方面的研究，几乎还是一个空白。

总而言之，发展伦理方面的研究在我国还存在许多不足，迫切需要直面发展中的一些深层次问题，不断拓展研究视域，提升研究水平。

第三节 逻辑结构与研究方法

一 逻辑结构

本书以马克思主义发展理论为指导，以发展伦理学为理论基础，积极借鉴经济学、哲学、社会学、伦理学、生态学等学科研究成果，紧紧围绕什么是"好的发展"和"如何发展"等价值性问题展开研究，旨在为中国特色社会主义发展道路进程中遇到的价值选择问题探寻答案，以指导中国未来一段时间的发展实践。

全书由九个部分组成。

第一章主要介绍选题背景和意义、国内外研究现状、逻辑结构和研究方法等。

---

① 邓万春：《发展的价值目标批判及新趋向》，《北京工业大学学报》（社会科学版）2010年第6期。

　　第二章从马克思人的全面发展理论、现代性理论和罗尔斯的社会正义理论入手，为后面的研究找寻理论基础。

　　第三章探讨发展伦理学的源起、研究对象、基本问题，以及发展伦理学的理论和实践意义。

　　第四章主要从伦理学视角对发展的本体以及发展涉及的人与自然、人与人和发展的结果进行了分析。

　　第五章从历史演变视角探讨第二次世界大战以来人类对发展问题的反思和创新，分析了目前存在的四种发展观，并认为以伦理探讨发展，寻求发展的终极价值，即"以人为本"不断提升人的价值是当前及未来发展研究和发展实践的趋势。

　　第六章运用马克思主义的唯物辩证法，主要探讨了人类发展实践中出现的几对矛盾，如发展与代价、效率与公平、自然界与人等辩证关系。

　　第七章运用价值分析法，重点探讨人的价值诉求（主要从生存、尊重和自由三个方面）以及这些价值诉求的实现条件，认为社会公正和人与自然的和谐是实现人的价值的重要保证；同时探讨了"好的发展"应该遵循的一些基本伦理原则，包括人本性原则、公正性原则、责任性原则以及科学发展原则等。

　　第八、第九章是对中国现代化发展实践的探讨，认为中国通过改革开放实现了经济社会的巨大发展，但也积累了大量问题和矛盾，发展必须从观念到实践进行战略转型，以"人本"发展为价值追求，切实解决发展中存在的贫困、财富分配、环境污染等实践性问题，真正实现人的自由全面发展。

　　二　研究方法

　　在研究方法上，主要采用了跨学科研究、规范性研究、实证研究、价值分析、辩证法等研究方法。

　　发展是一个包含经济、政治、社会、文化、自然等在内的全面性发展的过程，如德尼·古莱指出的，"发展问题是多方面的和复杂的，没有哪个单一学科能够包罗，更不能提供解决办法"。[①] 因此，本书在进行研究过程中，借鉴了经济学、社会学、哲学、伦理学、生态学等学科的研究成果，综合性或整体性地看待发展，把发展看作一个广义的概念或范畴来进

---

① ［美］德尼·古莱：《发展伦理学》，高铦等译，社会科学文献出版社2003年版，第3页。

行研究。

瑞典经济学家冈纳·缪尔达尔（Gunnar Myrdal）曾指出，"发展与发展研究是充满价值观的活动"。① 因此，发展研究必须运用规范伦理学的研究方法，对发展的合理性进行研究，说明发展本身应遵从何种道德标准和基本伦理原则。本书在第七章探讨了发展应遵循的一些基本伦理原则，目的在于对发展实践进行价值评价和规范。另外，还运用了价值分析方法，认为发展所诉求的价值主要包含：人的发展（生存、尊重和自由等诉求）、社会公正以及人与自然的和谐。

马克思主义的唯物辩证法也是本书采用的重要研究方法。在本书第六章，运用马克思主义的唯物辩证法，重点分析了发展实践中出现的代价、公平、自然界、"类发展"、异化等问题，并认为辩证地看待发展中的这些问题，对于我们把握发展的实质和规范发展实践具有重要意义。

如果不能提供如何发展的行动纲领，那么任何发展道德都毫无用处。发展研究必须关注发展实践中的问题和矛盾。本书在第八章重点探讨了中国发展新阶段面临的一些突出问题和矛盾，针对这些问题的研究，本书采用了实证的研究方法，主要是对存在的问题进行一般性的描述，并通过对事实描述来说明发展价值的迷失，最后联系实际，提出了一些指导性的对策建议。

第四节　新意之处与存在的不足

一　新意之处

（一）研究视角的可能新意之处

从发展伦理学新视角研究发展实践中存在的问题。以往的发展研究基本都是从广义的视角展开的，缺乏对发展实践的具体伦理关照，本书从发展伦理视角进行研究，认为不受伦理限制的发展实践都是粗鄙的和破坏性的，发展应该受到伦理道德约束。

从伦理价值取向的新视角研究发展中的伦理关系。以往的研究多是从

---

① ［瑞典］冈纳·缪尔达尔：《亚洲的戏剧：对一些国家贫困问题的研究》，谭力文等译，北京经济学院出版社 1992 年版，第 2 页。

某一个方面（如生态伦理、人伦关系等）展开的，而本书把"生存、尊重、自由"、社会公正、人与自然关系的和谐三个方面看作一个整体，并认为这些价值取向是我国实现"以人为本"科学发展的基本价值理念。

（二）研究内容的可能新意之处

发展研究是由发达国家的一些经济学家在第二次世界大战后展开的，主要是针对发展中国家如何实现现代化这一主题，是从一个广义的角度提出发展对策的，缺乏对某一个具体国家的关照，本书比较具体地探讨了我国发展实践中的一些突出问题，并认为当代中国经济社会发展已进入一个"全面升级"的新阶段或历史时期，"重物轻人"、"重增长轻分配"、"重'发展'轻环境保护"等片面的发展观念必须得到纠正，发展必须要以人的发展为基本价值追求，科学合理地调整发展战略重点，处理好人的发展、社会公正以及人与自然和谐相处的关系。

（三）研究方法的可能新意之处

第二次世界大战以来关于发展问题的研究都是基于某一个学科展开的，如发展经济学、发展社会学、发展哲学、生态学等，具有一定的单一性。本书把发展看作是一个包含经济、政治、社会、文化、生态等在内的一个整体的、全面的推进，因此借鉴了各个发展学科的研究方法和成果，在更加全面、综合的意义上研究发展问题。

二　研究不足

一是对发展概念和内涵的把握可能还不完全到位，特别是对"以人为本"、社会公正、人与自然和谐关系的价值分析方面还不够深入透彻。

二是对我国在新的发展阶段如何处理好全球化背景下的本土化问题、如何破解贫富差距、解决环境污染和生态危机等方面的对策上还缺乏一定的可操作性。

三是在研究方法上，宏观性的归纳、综合较多，而实证研究较少，特别是缺少案例性研究。

第二章　以伦理看待发展：几个理论支点

第一节　马克思人的全面发展理论

"人的全面发展"理论是马克思整个宏大理论体系的一个重要部分，是在对资本主义社会批判基础上逐渐形成和完善的。

一　人的全面发展的内涵

马克思人的全面发展思想内涵丰富，主要有三个方面：

（一）关于人的劳动能力的不断发展

马克思认为，人的劳动能力不仅包括人的体力，而且包括智力、个性以及交往等方面的能力。这些能力是在大自然长期的进化过程中形成的，大自然使人具有自然力、生命力，是能动的自然存在物；这些力量作为天赋和才能、作为欲望存在于人身上。① 通过劳动，生产者也改变着，炼出新的品质，通过生产而发展和改造着自身，造就新的力量和新的观念，造就新的交往方式、新的需要和新的语言。②

（二）关于人的社会关系的不断丰富

马克思认为，个人的发展和完善离不开社会，因为社会关系决定着一个人能够发展到什么程度。③ 社会关系的丰富和发展，使人彻底摆脱了对物的依赖，促进了人的全面发展。在《1857—1858 年经济学手稿》中，马克思指出，生产力或一般财富从趋势和可能性来看普遍发展成了基础，同样，交往的普遍性，从而世界市场成了基础。这种基础是个人全面发展的可能性，而个人从这个基础出发的实际发展是对这一发展的限制的不断

---

① 《马克思恩格斯全集》第 42 卷，人民出版社 1979 年版，第 167 页。
② 《马克思恩格斯全集》第 46 卷上，人民出版社 1979 年版，第 494 页。
③ 《马克思恩格斯全集》第 3 卷，人民出版社 1979 年版，第 295 页。

消灭，这种限制被意识到是限制，而不是被当作某种神圣的界限，个人的全面性不是想象的或设想的全面性，而是他的现实关系和观念关系的全面性。①

（三）关于人的个性的全面发展

人的个性全面发展是一个历史过程，单从旧的社会分工和异化劳动对人的个性压抑角度看，人的个性的全面发展经历了这样一个过程：首先是人的自然潜力在劳动中得到充分释放和发挥；其次是人的身心得到和谐发展；再次是人的需要得到相对全面的满足；最后是人的道德观念、自我意识以及人的个性的全面发展，人的主体地位得到彰显，使人了解自己本身，使自己成为衡量一切生活关系的尺度，按照自己的本质去估计这些关系真正依照人的方式，根据自己本性需要来安排世界。②

二　人的发展与社会发展的统一

人的全面发展是以社会的发展为基础的，正像社会本身生产作为人的人一样，人也生产社会。活动和享受，无论就其内容或就其存在的方式来说，都是社会的，是社会的活动和社会的享受。③ 由此可以看出，马克思所谈论的人的全面发展是与社会的全面发展相联系的。

一方面，社会是人的发展的基础，社会发展推动人的发展。马克思指出，只有在集体中，个人才能获得全面发展其才能的手段，也就是说，只有在集体中才可能有个人的自由。④ 在真实的集体的条件下，个人在自己的联合中并通过这种联合而获得自由。⑤ 人是一切社会关系的总和，人的全面发展离不开社会的全面发展。因此，如果不联系社会发展而谈论人的全面发展，那么每个人都只是独立的没有联系的封闭的个体，个人的全面发展是不可能实现的。

另一方面，人的全面发展是社会发展的标志。因为社会发展的实质是人类生活的幸福、美好。如马克思所说，社会——不管其形式如何——是什么呢？是人们交互活动的产物。……人们的社会历史始终只是他们个体

---

① 《马克思恩格斯全集》第 46 卷下，人民出版社 1980 年版，第 36 页。
② 《马克思恩格斯选集》第 1 卷，人民出版社 1995 年版，第 60 页。
③ 马克思：《1844 年经济学哲学手稿》，人民出版社 1985 年版，第 78—79 页。
④ 《马克思恩格斯全集》第 3 卷，人民出版社 1960 年版，第 84 页。
⑤ 同上。

发展的历史，而不管他们是否意识到这一点。① 如果每一个人的发展不够充分和全面，那么社会本身也不可能是充分和全面的发展。个人的充分全面发展是社会发展的基本要求和标志。可见，个人的存在也是社会存在和发展的前提。

三　人的全面发展与自由的统一

旧的社会分工的存在和不发达，使得人的发展具有一定片面性。城市与乡村分隔、体力劳动与脑力劳动的分离破坏了发展的基础，也束缚了个人的全面发展。因为个人就是受分工支配的，分工使他变成片面的人，使他畸形发展，使他受到限制。② 在资本主义私有制条件下，不可能实现人的全面发展，即便是工人在某些方面得到了发展，那也只是为了资本家发展这一目的的"被发展"。如马克思所指出的，在资产阶级社会里，资本拥有独立性和个性，而劳动的个体却被剥夺了独立性和个性。③ 在资本主义社会分工条件下，每个人就有了自己一定的特殊的活动范围，这个范围是强加于他的，他不能超出这个范围：他是一个猎人、渔夫或牧人，或者是一个批判的批判者，只要他不想失去生活资料，他就始终应该是这样的人。④

针对资本主义社会人的发展的片面性，马克思提出了人的发展应当是自由的、全面的发展观点，即任何人都没有特定的活动范围，每个人都可以在任何部门内发展，社会调节着整个生产，因而使我有可能随我的心愿今天干这事，明天干那事，上午打猎，下午捕鱼，傍晚从事畜牧，晚饭后从事批判，但并不因此就会使我变成一个猎人、渔夫、牧人或批判者。⑤ 由此可见，人的自由发展实质上指的是作为发展主体的人的自觉、自愿和自主的发展，是以人为目的的发展。社会的每一个成员都能完全自由地发展和发挥他的全部才能和力量⑥，他们的体力和智力获得充分的自由的发展和运用。⑦ 人的自由发展是相对于"自然"和"社会"而言的，相对于"自然"的自由，人们要在与自然的交往中，不断认识自然规律，然

① 《马克思恩格斯选集》第4卷，人民出版社1995年版，第532页。
② 《马克思恩格斯全集》第3卷，人民出版社1960年版，第614页。
③ 《马克思恩格斯全集》第4卷，人民出版社1960年版，第482页。
④ 《马克思恩格斯全集》第3卷，人民出版社1960年版，第37页。
⑤ 《马克思恩格斯选集》第1卷，人民出版社1995年版，第85页。
⑥ 《马克思恩格斯选集》第1卷，人民出版社1972年版，第217页。
⑦ 《马克思恩格斯选集》第3卷，人民出版社1972年版，第372页。

后再利用自然规律来不断地提升自身能力，以实现向自由王国的飞跃。而所谓相对于社会的自由，则指的是人们要在社会交往中，不断通过社会生产、生活实践来逐渐摆脱各种异己力量的束缚和控制，如狭隘的社会分工和不被他人强迫从事某种活动，最终达到个人驾驭自己的发展。

在《共产党宣言》中，马克思指出，每个人的自由发展是一切人的自由发展的条件。① 由此可见，"个人自由"的实现是人的全面发展的前提和核心，假如没有"个人自由"，就不可能有人的全面发展。"全面"是"自由"的必然要求，同时也是自由发展的基础条件，"全面"内含于"自由"，是人类的最高价值目标。人的全面发展就是使人以一种全面的方式，也就是说，作为一个完整的人，占有自己的全面的本质。②

四　人的全面发展是一个从低级到高级的具体实践过程

每一个具体的人的发展，与作为类的人的发展一样，也是一个由简单到复杂、由低级到高级的发展过程。在《1857—1858年经济学手稿》中，马克思曾历史性地考察了这个过程，并指出，人的依赖关系（起初是完全自然发生的），是最初的社会形态，在这种形态下，人的生产能力只是在狭窄的范围内和孤立的地点上发展着。以物的依赖性为基础的人的独立性，是第二大形态，在这种形态下，才形成普遍的社会物质交换，全面的关系，多方面的需求以及全面的能力体系。建立在个人全面发展和他们共同的社会生产能力将成为他们的社会财富这一基础上的自由个性，是第三个阶段。第二个阶段为第三个阶段创造条件。③

第一阶段"人的依赖关系"，是指因为生产力水平很低，在人的发展初级阶段，人的社会活动范围比较狭小，人们之间所形成的以血缘、宗族为主的直接依赖关系。这种人与人之间的依赖性，决定了任何个人必须依附于一个特定的共同体，离开这个集体就没有办法生存。我们越往前追溯历史，个人，从而也是进行生产的个人，就越表现为不独立，从属于一个较大的整体。④ 每一个具体的个人都只能是这个共同体中的工具而已，而不可能完全地实现自己的自由全面发展。"这是作为共同体或群体的人的发展，而不是作为个人的人的发展，而且还是一种不自由的、极端片面和

---

① 《马克思恩格斯全集》第42卷，人民出版社1979年版，第123页。
② 同上书，第23页。
③ 《马克思恩格斯全集》第46卷上，人民出版社1979年版，第104页。
④ 同上书，第21页。

非人道的发展，不是真正自由和有内容的发展"。① 但不可否认，在发展的早期，虽然个人的发展不是自由、全面和充分的，但却可能会出现"单个人显得比较全面"②的特例。就如马克思所讲，"在发展的早期阶段，单个人显得比较全面，那正是因为他还没有造成丰富的关系，并且还没有使这种关系作为独立于他自身之外的社会权力和社会关系同他自己相对立"。③ 对于发展早期阶段这种显得"比较全面"的单个人，马克思认为这种人并不是真正丰富的人。

第二阶段"物的依赖性"，指的是随着生产力水平的提高和社会分工的进一步发展，商品越来越丰富，那种"原始的圆满丰富"的人不再存在了。因为资本主义机器大工业使得社会分工变得越来越细，每一个工人开始成为整个生产整体的一小部分，人从属于机器，人的劳动也被异化，但与其之前人的依赖（依附）性相比较却是一种进步，人的自主性和自由性开始被解放，人的社会关系从对人的依赖过渡到了对物的依赖关系。这种过渡为人向更高阶段的发展奠定了重要的基础，具有不可忽视的"阶梯性"意义。犹如马克思所指出的，资本主义的生产方式"在生产出个人同自己和同别人的普遍异化的同时，也生产出个人关系和个人能力的普遍性和全面性"④，使得人的社会关系更加丰富和全面。

第三阶段"全面发展自由个性"，是马克思揭示人的发展的最高理想状态，也是马克思作为一个社会发展理论学者所追求的最高价值目标。随着生产力水平的不断提升，旧的社会分工逐渐被消除，私有制被逐渐扬弃，人的束缚被逐渐消解，每一个人都获得了发展。到那时候，人们"在必要劳动时间之外，为整个社会和社会的每个成员创造大量可以自由支配的时间"。⑤ 最终，"代替那存在着阶级和阶级对立的资产阶级旧社会的，将是这样一个联合体，在那里，每个人的自由发展是一切人的自由发展的条件"。⑥ 尽管这个过程可能很漫长，但其必然会有到来的时刻。

人从简单到复杂、从低级到高级、从片面到全面、从不自由到自由的

---

① 黄楠森：《人学原理》，广西人民出版社 2000 年版，第 412—413 页。
② 《马克思恩格斯选集》第 1 卷，人民出版社 1995 年版，第 109 页。
③ 《马克思恩格斯全集》第 46 卷上，人民出版社 1979 年版，第 109 页。
④ 同上。
⑤ 《马克思恩格斯全集》第 46 卷下，人民出版社 1980 年版，第 221 页。
⑥ 《马克思恩格斯全集》第 1 卷，人民出版社 1995 年版，第 294 页。

发展过程，从"人的依赖性"，经过"物的依赖性"，然后再到"全面发展的自由个性"的过程就是人的发展的历程，是一个具体的社会实践过程，实践是决定性的力量。正如马克思所说："全部社会生活在本质上是实践的。"① 可见，人的发展实际上是在一个又一个具体的实践过程中实现的，是一个从自发到自觉、从低级到高级的不断发展过程。

第二节　作为现代性的发展

在一定的意义上看，发展意味着现代性的行进。那么，如何通过纷繁复杂的"现代性"话语的迷雾，看清人类社会发展中的历史与逻辑定位，既不至于无条件超越又不至于无批判地守成，而是在立足人类历史实践发展的辩证思维中把握人类发展的命运。

一　启蒙与现代性

通常，每个时代的人都会标榜自己生活在一个"新的时代"，是"现代"的主人。但人们又把"现代"和"启蒙运动"联系在一起。由早期欧洲思想家（哲学家）建构并获得广泛认同的启蒙运动，既指一个过程，也指一种思想，它可以追溯至 15 世纪，又在 18 世纪由一些古典社会思想家最终完成，并且冠以"现代性"这一名称。简单地说，现代性是指 18 世纪的启蒙理论。但在实际使用过程中，两个概念经常被交叉运用。

吕迪格·比特纳（Rudiger Bittner）在《什么是启蒙?》一文中探讨了"启蒙"的复杂性并给出了理解启蒙的三种方式，启蒙既可以作为一个时代或时期来理解，也可以作为影响人们对当前进行批判教育的过程、观念或态度来理解，还可以作为这个时代一系列特征来理解。② 虽然比特纳对启蒙的概念界定还不足以让我们对启蒙有一个清楚的认知，但他指出的三种方式却有一定的启示意义。

启蒙运动时期的哲学家康德、黑格尔等都认为启蒙是一个理性时代，这个时代的标志就是源于神学或传统教义（学说）的统治自然和社会存在观念的"离去"。启蒙运动以前的中世纪欧洲，"生命"都是依据所谓

---

① 《马克思恩格斯全集》第 1 卷，人民出版社 1995 年版，第 56 页。
② ［德］吕迪格·比特纳：《什么是启蒙?》，载［美］詹姆斯·施密特编《启蒙运动与现代性：18 世纪与 20 世纪的对话》，徐向东等译，上海人民出版社 2005 年版，第 355—367 页。

的"存在巨链"的规定（命令）来存在和组织的。根据"存在巨链"，宇宙仅仅是超自然（神或幻像）的秩序的世俗表现。要理解宇宙中的所有事情，如统治自然的规则、社会秩序和人类存在等，都必须遵从神学教义或宗教书籍。人类理性和科学知识在这个历史时期都不能用于解释自然，更不能对已经存在的权威秩序进行质疑。人们关于天地万物的认识都来自于教会提供的神学教义的宗教解释。作为神学知识的唯一掌控者，教会不仅解释宗教教义而且制定相关法规。这也就决定了那个时代的另一个特征，即神权政治结构。简单说就是权力超越了理性。正如政治学理论所认为的，那是一个专制的时代或神统治的时代。所有的规则都是建立在教会是上帝在尘世的代理人的假设基础上。作为上帝在尘世代表的身份，教会有权力制定法律和管理国家，而不需要征求平民的意愿。平民只有服从的权利而不能表示异议。那些敢于挑战教会权威或违反国家法律的人都会被公开折磨直至死亡，然后他们的尸体会被肢解以维护和炫耀国王的权力。所以中世纪的欧洲人把自己看作是自然和神权统治的客体，因为他们既不拥有解释社会存在和自然界变化的必要工具，也不拥有向神权统治挑战的权利。中世纪的欧洲人只能服从自然规律和国王的权威。

这种由教会和神学教义双重统治的局面在 15 世纪开始衰退。15 世纪的启蒙方案标示着宗教统治下的黑暗时代渐成过去。启蒙运动得到了一批西方思想家的支持，他们开始相信理性的力量，认为宇宙中的所有问题都可以做科学解释。以前的神学解释已不足以对自然秩序进行解释，国王的绝对权威也不再具有合法性。他们吁求通过理性来发现经过实践检验的真理。除了探寻统治自然的科学规律以外，他们还以理性的普适性和科学解释的普遍特征为前提，努力提出了一个关于知识的新秩序。这一过程的结果就是产生了一个知识百科全书，不仅自然科学规律而且知识产生的整个过程都被记录了下来。

因此，我们可以把启蒙看作一个由哲学家引领的教育运动，其目的在于建立一个全新的合乎科学的关于自然、权威、社会存在等规则的讲述。这意味着知识在与宗教意识的较量中取得最终的胜利。哲学大胆地向那些被禁止和被认为是遭天谴的问题提出质疑，比如，谁在控制世界，自然规律形成的基本原理是什么，地球的形状是什么？等等。对于他们来讲，只有通过理性指导下的科学假设，这些问题才能得到科学的解释。启蒙运动中所包含的以理性为基础的面向"现在"的态度来自于不同知识领域的专家。宗教的羁绊在整个 15 世纪发生断裂，欧洲开始进入文艺复兴时期。作家、艺术家和科学家们拥有了新的时代精神，达·芬奇、伽利略、莎士比亚等使那个时代（理性时代）的精神和气质人格化。

从此以后，那些以前似乎神秘的事情开始因科学知识和人类理性而容易解释了。理性和科学知识所需要的是能够使人类未来更加繁荣。因此，启蒙和进步的观念就紧密地结合在一起了。

让－弗朗索瓦·利奥塔（Jean－Francois Lyotard）在其《后现代状况——关于知识的报告》中对整个启蒙方案中知识的核心地位给予了强调。他解释了科学知识在努力使其自身合法化的过程中不经意间引出了现代性话题。他指出了关于"知识合法化叙述"的两个方面，一个是更多的政治兴趣会带来更大的哲学进步。"科学即其本身"这句名言抓住了合法性叙述的本质——科学遵循其自身规律，其自身的进步是由自身逻辑所指导的自身规律来统治的。另一个是更多的关于合法性的政治叙述，有利于对进步的阐释。根据这种叙述，知识就可以在实践中找到其正当性。

从利奥塔的分析中可以认识到，相对于其他话语，现代性话语发展了自己的学习能力，更重要的是指出了知识在获得合法性地位过程中也扫清了政治权威的中心地位障碍，现代性话语得以起源。人性当中关于"好"和"公正"等内容被挖掘了出来。为了保护人性中的"好"和"公正"，必须有更多的政治合法性叙述，以促进人们取得一种把人作为发展主体的新的权力形式。

福柯（Foucault）在其著作《规训与惩罚》中关于现代主体问题起源的解释虽然具有一定的局限性，但对我们理解现代性的产生仍具有帮助。15 世纪欧洲幻象的破灭为新的社会统治形式的出现留下了一定的空间，由权威、宗教构成的对人的约束被摆脱了，以普遍理性为背景的新的知识秩序开始驾驭社会存在。从这个时刻开始，启蒙思想开始沿着两种对立的路径行进，"现代"—"前现代"、"理性"—"非理性"、"西方国家"—"东方国家"。而且这种分类被锁定在不对称的权力关系之中，前者是指那些已经达到人性和历史进步的终点，而后者正在向这个方向转变。所谓前者实际上是对西方国家的婉转说法。正是启蒙运动把人类从非理性和愚昧中解放了出来，赋予他们理性和一个新的知识秩序。所有这些引致了西方社会完成了从前现代到现代性社会的转型，其人民从发展的客体转变成了主体。

　　作为从前现代到现代社会组织方式的历史进化运动或进程在德国古典社会学家斐迪南·滕尼斯（Ferdinant Tonnies）的著作中得到了明晰的学术表述。滕尼斯运用我们非常熟悉的二元对比方法，对礼俗（传统）社会和法理社会进行了界定。他的理论在 20 世纪 50 年代得到现代化理论研究者的进一步深化，认为从前现代性到现代性的转化，就是从礼俗社会向法理社会的转化，是从以家庭或家族为核心的组织结构向以建立在理性基础上的社会分层组织结构的转化。

　　从前面讨论可以看到，启蒙运动可以恰当地看作是人类理性原则的进步或过程。的确，在启蒙运动的演化过程中，启蒙运动存在各种各样的运动，现代性只是其中之一。当代许多思想家都认为启蒙运动已经达到了它的终点，我们现在所处的时代可以称为后现代或后工业化社会时代。尽管各个学派存在很多分歧，但它们都承认如果不能深刻领会 18 世纪欧洲的发展，就不可能完全理解启蒙运动的意义，因为这一时期是启蒙运动最重要的阶段，是现代性阶段。在整个启蒙运动历史进程中，18 世纪的确是一个具有重要意义的时期。

　　第一，这一时期的欧洲出现了一种新的社会形式，民族国家成为社会边界，生产形式无生命化或工业化，社会个性化，城市化，货币经济，官僚化，社会和阶层分化，新的大众文化，新的关于正当、不正当、正义的表达，现代审美观，国家权力工具垄断化，劳动力和社会关系商品化，所有这些都是现代性的标志。

　　第二，卡尔·马克思（Karl Marx）、马克斯·韦伯（Max Weber）、爱弥尔·涂尔干（Emile Durkheim，也被译为"杜尔凯姆"）等古典社会理论家都倾全力对这一时期发生在欧洲的事件从现代性角度给予了理论上的阐释。在欧洲政治、社会转型的同时，一个被我们现代人简单地看作是关于现代性或现代社会理论叙述的知识群也成长起来了。与启蒙运动的目标一致，现代社会理论家们以当时欧洲所发生的事件为基础，理性地提出了关于社会发展、历史和进步的符合逻辑的理论，这些理论主要对 15—18 世纪欧洲社会进步和历史做了精辟的分析。

　　第三，18 世纪之后的古典社会理论家们赋予了发展一种新的含义，即发展可以被看作是现代性的展开，尽管他们所使用的分析工具各式各样。因此，18 世纪以来，发展观变成了现代性、进步的同义词。所有的过程都可以概括为一个词——发展，即工业社会或资本主义社会的产生。

简单地说，18 世纪的欧洲及其现代性话语解释给我们带来了作为现代性的发展观念，而现代性的标志就是资本主义生产模式和社会关系。

第四，现代性阶段的重要意义还在于在这个时期一个普遍的历史划分思想的生成，并催生了欧洲中心主义（欧洲中心论）。现代性话语解释者们依据欧洲历史把所有人类社会的历史划分为三个阶段：古代、中世纪和现代。这与马克思主义者对历史的划分——原始社会、奴隶社会、封建社会和资本主义比较接近。马克思主义者认为，历史发展进程是由物质条件客观决定的。

二　现代性与欧洲中心论

欧洲中心论把西欧的历史进程作为"标杆"，并认为世界各个不同民族和国家在迈向现代化的过程中，都应该经历与遵循这个模式。尽管这种所谓的"历史规律"后来被抨击得体无完肤，但是在那个时代，这种主张的确在人类的经济、社会、文化、政治等各个思想领域造成了深远影响。欧洲中心论历史观是 18 世纪现代性及其话语解释的产物。从 18 世纪现代性以来，西方社会理论都倾向于把欧洲现代文明和历史作为人类发展的目标模式，多元文化图景演变成单一的欧洲文明图景，非西方社会和文化都被描绘为野蛮、退步、不文明、残忍、无理性等。

现代性的话语解释不仅把欧洲放置在世界的中心，而且抹去了其他大陆的历史进程。今天的一些现代社会理论仍然把欧洲以外的其他地区界定为"非历史的、不发达的、前资本主义的、没有工业化的、前现代的"地区。在他们看来，这些地区所欠缺的就是历史、发展、资本主义等，其未来应该是资本主义、工业化，发展，即现代性。现代性理论所表达的意思就是其他地区要想发展，就必须向欧洲学习。当代的"发展经济学"在研究欠发达社会时，采用的就是这种逻辑。

爱德华·W. 萨义德（E. W. Said）在 1978 年出版的《东方学》中，分析了现代性话语解释与帝国主义的辩证关系。萨义德指出，19 世纪西方国家眼中的东方世界是没有真实根据的，是凭空想象出来的东方，西方世界对阿拉伯—伊斯兰世界的人民和文化有一种强烈的偏见。萨义德认为，西方文化中对亚洲和中东长期错误和浪漫化的印象为欧美国家的殖民主义提供了借口。

我们再看看韦伯和涂尔干这两位 19 世纪欧洲著名的社会理论家关于现代性的观点。18 世纪以前，启蒙运动主要是由哲学家引领的一场知识分子的运动，18 世纪之后，启蒙运动的焦点转移到了社会、政治和经济领域。马克思、韦伯和涂尔干都认为，现代性不是一个独立、同质的过程，而是社会、政治和经济的综合体，尽管各个方面交织在一起，但可以单独分析和研究。在他们致力于对当时欧洲社会、政治和经济发展演变过程的研究中，尽管研究重点和采用的分析工具不同，但都认为各方面的发展展示了人类理性原则达到了一个高潮。

韦伯把现代社会描绘为理性官僚主义社会，涂尔干则认为现代社会的核心是社会分化。韦伯把现代社会组织界定为"民族国家"，具有全新的工作伦理，政治、社会和经济安排理性化、官僚主义、暴力工具的国家垄断等特征。韦伯认为，在一个现代社会里，科学和社会行为的理性算计代替了超验的上帝。他甚至在《新教伦理与资本主义精神》一书中认为，宗教是理性资本主义繁荣的必要条件之一。韦伯对资本主义发展过程中宗教的偏爱进一步加大了他与马克思现代性理论的分化。简单地说，韦伯认为，合理性是现代性的基本特征，官僚主义则是这种合理性原则的外在表现。

涂尔干是另一位有建树的现代性学者，是一个机能主义者。他试图用工业化、商品化、原子化等概念来证明现代性的产生。他把社会分工看作现代性的特征。在他看来，社会分工越细，现代性就越强烈。然而，作为一个机能主义者，他最担心的是不断增加的社会分工和个性化会导致社会的瓦解或崩溃。在《社会分工论》这部著作中，他努力探寻面对日益原子化的现代社会如何结合和团结的机能，其答案是"有机团结"。依据涂尔干的观点，伴随现代性而产生的日益扩大的社会分化和角色个性化使社会更加融合，因为当每一个个体自治时，他/她就更加依赖其他个体，只有这样才能满足其多样化的需求。针对这种相互依赖的社会关系，涂尔干提出了"有机团结"这个概念。

尽管这些古典社会理论家在现代性解释上的方式存在差别，但他们都认同如下特征：劳动力商品化、资本主义社会关系、工业资本主义、理性官僚主义、社会阶层化、暴力工具国家垄断化、社会差异和个性化、社会角色专门化等。有意思的是，在欧洲认识到现代性的过程中，启蒙运动并没有结束。人们在挖掘现代性的优点的时候，也遇到了现代性向其他前现代性世界扩散过程中的"道德"责任问题。

三　现代性弊端的反思

作为现代性之发展在推进人类文明发展的同时，也带来了巨大的负面影响，造成了西方社会一系列的经济、社会和生态危机。马克斯·韦伯曾预感到，社会生活将会因为工具理性的高涨而出现价值理性的式微，他甚至还将现代社会形象地比喻为人的"铁笼"。塞缪尔·亨廷顿更明确指出："现代性产生稳定，而现代化却会引起不稳定。"① 日益高涨的"现代性"反思，意味着作为现代性之发展所倡导的"理性"权威在当代发展受到了严峻挑战。作为现代性之发展的主要弊端在于：

（一）忽视了人的价值

作为现代性之发展强化"经济决定论"，把增长当作发展，把人变成了机器，社会进步似乎就是经济富足，只要物和财富的增长，其他一切都可以舍弃。其必然后果是"人死了"，如埃里希·弗洛姆（Erich Fromm）说："19 世纪的问题是上帝死了，20 世纪的问题是人类死了。在 19 世纪，不人道意味着残酷，在 20 世纪，不人道系指分裂对立的自我异化。过去的危险是人成了奴隶，将来的危险是人会成为机器人。"② 丹尼尔·贝尔（Daniel Bell）也指出："经济增长也许是资本主义所特有的'矛盾'根源，而这一矛盾也许是导致资本主义毁灭的祸根"③、"若不把经济发展当作自己的任务，资本主义存在的理由究竟是什么？"④ 以工业化为核心的单一经济增长模式，已经使先发展的西方国家出现了经济生活畸形化、生产活动片面化、产业结构同构化。美国经济史学家 W. 罗斯托（Walt Whitman Rostow）所提出的"经济成长阶段理论"的核心依然是"经济增长第一"。他把一个国家的经济发展分为六个阶段，强调发展的关键在于资本积累，认为有了资本的快速增长就能打破贫困的恶性循环，把社会发展归结为单纯的经济增长，认为物质财富增长就能解决社会发展中的一切问题。而实践的结果仅仅以物和财富增长为中心，忽视人的发展这一根本目的，忽略人的价值与自然价值的统一，必然导致人与社会的对立、人与

---

① ［美］塞缪尔·亨廷顿：《变化社会中的政治秩序》，王冠华等译，生活·读书·新知三联书店 1989 年版，第 49 页。

② ［美］埃里希·弗洛姆：《健全的社会》，孙恺祥译，贵州人民出版社 1994 年版，第 291 页。

③ ［美］丹尼尔·贝尔：《资本主义文化矛盾》，赵一凡译，生活·读书·新知三联书店 1989 年版，第 296 页。

④ 同上书，第 128 页。

自然对立，导致人们实际生活质量和幸福感的下降，最终会危及经济生活和社会生产本身。一个健全的社会应该是一个符合人的发展需要的社会，也是一个符合人性关爱的社会。

（二）造成了社会道德的沦丧

理性的扩张没有给人们带来预期的自由和幸福，却导致非理性的经济力量对人的严密控制以及价值理性的衰微，把个人置于理性化的"铁笼"之中。人本主义与科学主义严重对抗，撕裂了启蒙运动以来资本现代性的根基。"自从禁欲主义着手重新塑造尘世并树立起它在尘世的理想起，物质产品对人类的生存就开始获得了一种前所未有的控制力量，这力量不断增长，且不屈不挠。今天，宗教禁欲主义的精神虽已逃出这铁笼（有谁知道这是不是最终的结局?），但是，大获全胜的资本主义，依赖于机器的基础，已不再需要这种精神的支持了"。① 作为现代性之发展把经济发展当作目的本身，从而把人变成了实现经济增长的手段，使发展失去了方向和意义。安东尼·吉登斯（Anthony Giddens）指出："现代性的一个特色就是道德沦丧。"② A. 麦金泰尔（A. MacIntyre）在《德性之后》一书也阐明了现代性是导致道德败坏的根源，"现代道德理论中的问题显然是启蒙运动的失败造成的"。③ 马尔库塞在《单向度的人》中描述了西方社会只能造就"为了商品而生活"、"把物作为自己生活灵魂中心"的单面人，单纯追求经济利益的"理性经济人"只能是单向度的人，只会根据自己的实际利益对价格信号做出片面反应，其结果是目光短浅、见利忘义，不可能妥善解决经济发展中的人文关怀问题，更不用说揭示社会内部诸要素之间相互作用的客观规律，真正解决人与自然、人与社会、人与人在现代发展中所面临的各种矛盾和问题。工具理性是现代人物化、异化的根源，是不健康的社会中人的心理不健全的根源。它使人丧失了目的性价值，缺乏创造性，成为无根的人，无个性的人，没有安全感的人，把爱与性欲等同，只知享乐，毫无否定意识的人。美国社会学家 D. P. 约翰逊（D. P. Johnson）指出："效率的逻辑残酷地而且系统地破坏了人的感情的

---

① ［英］安东尼·吉登斯：《民族—国家与暴力》，胡宗泽等译，生活·读书·新知三联书店 1998 年版，第 370 页。

② 同上。

③ ［美］A. 麦金泰尔：《德性之后》，龚群等译，中国社会科学出版社 1995 年版，第 80 页。

情绪，使人们沦为庞大的科层制机器中附属的而又不可缺少的零件。"①
20世纪90年代初，英国著名学者达伦道夫（R. Dahrendorf）就一针见血
地指出，在西方社会，贪婪、欺诈、只顾眼前，这些现象过于频繁地代替
了节俭、诚实和长远打算，更不要说为他人打算。

（三）遮蔽了自然生态资源问题

在工具理性支配下，作为现代性之发展必然导致两大后果：一是
"过度生产"，二是"过度消费"。以追逐利润为目的的"过度生产"，使
技术规模越来越庞大，能源需求越来越多，生产与人口越来越集中，职能
越来越专业化，人类对大自然进行无节制的索取，造成资源短缺、环境污
染、生态失衡，引发了大量的发展后遗症；诱使人们以消费为荣的"过
度消费"，使整个社会的消费欲望越来越膨胀，实际上超过了自然界所能
承受的限度。当今世界进入了一个生态危机和自然灾害频繁暴发的时期，
这是需要人们深刻反思的。"过度生产"和"过度消费"破坏了大自然的
生态系统，造成了生态危机，人在"文明"生产和生活面前已经没有更
多的选择自由，我们有意无意地以人类文明发展的名义扼杀了我们所承认
的许多自然权利，破坏了生物多样性的生态环境，也破坏了人类自我发展
的基础。

最近几十年来的发展，特别是市场经济制度在全球的扩展，的确使得
当代世界各个国家的现代性发展性质（前景）问题变得越来越尖锐。当
发展越来越快地走向"现代"之时，现代性和现代文明的新图景却愈加
让人担忧，在已经产生现代性的西方国家如此，在正迈向现代性的发展中
国家（社会）亦是如此。所有的发展都在呼唤对以现代性为内核的传统
发展观和模式进行重新评价和反思，以寻找新的发展路径。

四　马克思对资本主义现代性的批判

马克思尽管没有确切地使用过"现代性"这个词语，但马克思在对
资本主义社会的批判之中明显地反映着现代性思想。

（一）马克思对资本主义现代性的肯定

第一，资本主义现代性促进了人类生产力的巨大提升，扩大了人们交
往的范围。在《共产党宣言》中，马克思曾对资本主义现代性给予了高

---

① ［美］D. P. 约翰逊：《社会学理论》，南开大学社会学系译，国际文化出版公司1988年
版，第292页。

度评价：资产阶级在它的不到一百年的阶级统治中所创造的生产力，比过去一切时代创造的全部生产力还要多，还要大。① 资本主义现代性，极大地促进了社会生产力水平的提高，使人类的生产方式发生了根本性的变革。它第一个证明了，人的活动能够取得什么样的成就。它创造了完全不同于埃及金字塔、罗马水道和哥特式教堂的奇迹；它完成了完全不同于民族大迁徙和十字军东征的远征。② 此外，资本主义大机器工业生产，不仅首次开创了世界历史，使世界范围内不同民族的交往不断扩大，生产、消费的世界性逐渐形成，打破了以往那种封闭的、地方和民族的、自给自足的生产方式，促进了人类社会的巨大进步。

第二，资本主义现代性在人类自由、平等方面具有重要的推动作用。资本主义社会的发展，使劳动者逐渐摆脱了被奴役的状态和人身依附关系，开始具有一定的人身自由。资本主义社会的商品等价交换，确立了主体之间的全面平等……平等和自由不仅在以交换价值为基础的交换中受到尊重，而且交换价值的交换是一切平等和自由的生产的、现实的基础。③ 人们在市场交换过程中具有自由平等的地位，人们可以选择自己的职业和工作，决定自己的生产和消费行为，从而推动了人的精神平等观念的进步。客观地说，资本主义的自由市场经济制度在废除以往的封建特权、促进法律和政治上的平等观念方面具有历史性意义。

第三，资本主义的现代机器大生产推动了世界范围的文化的大交流。资本主义的现代机器大生产不仅使物质生产方式，而且还使不同民族的文化都具有了世界性，"首次开创了世界历史"。各民族的精神产品成了公共的财产。民族的片面性和局限性日益成为不可能，于是由许多种民族的和地方的文学成了一种世界的文学。④ 资本主义现代机器大生产所开辟的世界市场，使原来各自封闭的文化开始在更大范围内得以交流和传播。

（二）马克思对资本主义现代性的批判

资本主义现代性具有双重性，在促进生产力发展和生产方式变革以及人类文化交流等方面有积极的一面，但也存在着资本主义自身无法解决的问题和矛盾。

---

① 《马克思恩格斯选集》第 1 卷，人民出版社 1995 年版，第 277 页。
② 同上书，第 275 页。
③ 《马克思恩格斯全集》第 46 卷上，人民出版社 1979 年版，第 197 页。
④ 《马克思恩格斯选集》第 1 卷，人民出版社 1995 年版，第 276 页。

第一，资本主义的现代生产方式由于把自然当作人类征服的对象，因此扭曲了人与自然的关系，也导致了环境的污染、资源的浪费和生态的破坏等。马克思指出："劳动首先是人和自然之间的过程，是人以自身的活动来引起、调整和控制人和自然之间的物质变换的过程。"① 马克思在这里所谈到的"物质变换"，不仅包括人从自然索取自己所需的资源，同时也包括人类向大自然释放自己的废弃物。然而，由于资本主义是以追求剩余价值为目的，因此其生产方式，不可能正确认识和对待大自然，人与自然之间的这种物质变换也不可避免地会被打破。

第二，资本主义现代性由于过于追求效率，导致了商品拜物教、道德沦丧以及贫困。（1）由于资本主义社会只重视工具理性，而不重视价值理性的发展，从而使人变成了单一的、片面的人，变成了生产的工具和物的附属品。"工场手工业把工人变成畸形物，它压抑工人的多种多样的生产志趣和生产才能，人为地培植工人片面的技巧"。② 人的"活劳动"被"死劳动"所支配和统治，机器成为统治着人的一种异己力量。（2）由于过于注重工具理性的作用，从而使人忘记了自己的真正需求，成为欲望的奴隶。在资本主义社会，几乎所有的资本家为了攫取更多的超额剩余价值而迎合消费者。消费者被各种广告所迷惑，产生了为消费而消费的观念，导致了消费的异化，也最终导致了有限资源的浪费。（3）由于资本主义社会的过度商品化，使人与人之间的关系被扭曲为商品与货币关系，导致了社会道德的沦丧。在资本主义社会，生产的最根本目的便是商品和货币的最大化，"从而把生产者同总劳动的社会关系反映成存在于生产者之外的物与物之间的社会关系"。③ 这也使得货币最富有"拜物教"的性质，人成为了物与货币的奴隶。（4）资本家为了追求更多的剩余价值，不断采用新技术和更新设备，采取各种办法剥削工人，加剧了社会的贫富分化。每一次新技术的变革和固定资本的更新，都会使得资本有机构成提高，使大量工人失去工作，工人的生存境况越来越差。

第三，资本主义社会周期性的经济危机，不仅导致了生产力的巨大破坏，而且导致了更多的社会矛盾。资本家们为了攫取更多的剩余价值，使生产的各个环节都经过"科学"的精确计算，都按照理性化的要求严格

---

① 《马克思恩格斯全集》第23卷，人民出版社1972年版，第201—202页。
② 同上书，第399页。
③ 《马克思恩格斯选集》第2卷，人民出版社1995年版，第138页。

遵循利润最大化原则。然而，由于资本主义的社会生产是没有计划、无政府指导的完全自由市场经济，必然会导致频繁的以生产过剩为特征的经济危机。"社会突然发现自己回到了一时的野蛮状态；仿佛是一次饥荒、一场普遍的毁灭性战争，使社会失去了全部生活资料；仿佛是工业和商业全被毁灭了"。① 经济危机导致的巨大生产力破坏，又会进一步引起社会的普遍混乱和社会矛盾的日益加深。

从马克思的批判中可以看出，资本主义的现代性包含着诸多矛盾，是一个"悖论"，既有积极性的一面，也有消极性的缺陷；既促进了人的自由，也导致了资本对人的压迫和奴役；既推动了政治和法律的平等，也产生了新的阶级不平等和社会冲突。

（三）马克思对资本主义现代性矛盾的超越

通过对资本主义现代性的辩证分析，马克思认为，只有共产主义社会才能超越资本主义现代性的矛盾。共产主义社会仍然是"现代的"，是真正的理性王国。在共产主义社会，现代性所提倡的主体性原则将得到最大程度的发展。马克思指出："在那里，每个人的自由发展是一切人的自由发展的条件。"② 共产主义社会不仅消除了个人自由全面发展的障碍，也为人的自由全面发展奠定了物质基础，提供了强大的制度保证。恩格斯也明确地指出："从今以后，迷信、非正义、特权和压迫，必将为永恒的真理，为永恒的正义，为基于自然的平等和不可剥夺的人权所取代。"③

虽然马克思对资本主义所倡导的工具理性给予了最严厉批判，但并没有一般地给予彻底否定。马克思认为，在共产主义社会，"联合起来的生产者，将……靠消耗最小的力量，在最无愧于和最适合于他们的人类本性的条件下来进行这种物质变换"。④ "靠消耗最小的力量"的劳动是一种既发挥工具理性的作用同时又高度弘扬价值理性的劳动，是一种"最适合于人类本性"的劳动。共产主义社会的"按需分配"原则，不仅内含着对公平价值的追求，同时也反映了一种可计算性科学的生产管理思想，体现了理性原则。只有在共产主义社会，工具理性和价值理性的统一才能最终实现。

---

① 《马克思恩格斯选集》第 1 卷，人民出版社 1995 年版，第 278 页。
② 同上书，第 294 页。
③ 《马克思恩格斯选集》第 3 卷，人民出版社 1995 年版，第 720 页。
④ 《马克思恩格斯全集》第 25 卷，人民出版社 1974 年版，第 926—927 页。

对于马克思所构想的未来社会，马歇尔·伯曼（Marshall Berman）给予了高度评价，"这种共产主义的图景无疑具有现代性，其现代性首先在于它所具有的个人主义性质，但更多的是在于它的发展的理想，将发展的理想视为良好生活的形式"。① 所以，现代性不只存在于资本主义社会，共产主义社会也有现代性，但共产主义现代性和资本主义现代性具有本质上的区别。如阿格尼丝·赫勒（Agnes Heller）所评价的，"对马克思来说，资本主义是现代性的第一个（过渡性）阶段。现代革命始于资本主义。资本主义将一切事物都革命化了，它最终轻而易举地将一个已是彻底的现代的世界提供给无产阶级"。② 因此，超越资本主义现代性并不是要完全否定它，而是要用不同方式、在不同社会制度基础上来发展现代性。

第三节　罗尔斯的社会正义理论

约翰·罗尔斯（John Rawls）所指的正义（justice）是关于社会制度的正义，"正义是社会制度的首要价值，正像真理是思想体系的首要价值一样"。③ "作为人类活动的首要价值，真理和正义是绝不妥协的"。④ 与近现代以前"正义"主要被用来评价人的行为不同，近现代以来的"正义"被看作是社会制度的首要价值，更多地被看作是一种评价社会制度的道德标准。

一　罗尔斯的两个社会正义原则

"第一原则，每个人对与其他人所拥有的最广泛的基本自由体系相容的类似体系都应有一种平等的权利。第二原则，社会的和经济的不平等应这样安排：使它们被合理地期望适合于每一个人的利益；并且依系于地位和职务向所有人开放"。⑤

---

① ［美］马歇尔·伯曼：《一切坚固的东西都烟消云散了》，徐大建等译，商务印书馆2003年版，第126页。

② ［匈］阿格尼丝·赫勒：《现代性理论》，李瑞华译，商务印书馆2005年版，第51页。

③ ［美］约翰·罗尔斯：《正义论》，何怀宏等译，中国社会科学出版社2010年版，第3页。

④ 同上书，第4页。

⑤ ［美］约翰·罗尔斯：《正义论》，何怀宏等译，中国社会科学出版社2010年版，第61页。

第一、第二原则只是罗尔斯正义理论的整体性概括，他还对两个原则进行了充分的论述证明和延伸拓展。他指出，对于这两个原则的地位，只有在具有第一原则所提出的基本自由平等之后，才能考虑第二原则所提出的社会经济利益分配。也就是说，不能为了较大的经济利益，更不能为了最少受惠者的较大利益，来侵害一般公民的基本自由平等权利。功利（经济利益）与基本权利是不允许进行交换的，基本权利具有优先性。经济利益的分配方式，必须符合平等公民的自由和机会的自由。

（一）第一原则——平等自由原则

罗尔斯的"平等自由"并不是哲学意义上的自由，而是政治学意义上的自由。罗尔斯认为，自由是一定社会制度的公开规范体系下确定的权利和自由，并不是为所欲为。比如公民的宗教信仰自由，就是在法律制度规定下的个人可以自由地信奉某种宗教，而其他人不能侵犯其自由时，这时就可说这个人有了宗教信仰自由。再比如政治参与方面的自由，即每个公民都有选举和被选举的自由，别人不能剥夺他的权利。对于每一个公民来讲，这些自由都是基本的自由，是社会制度公开规范体系下确定的权利和自由，所有社会成员都可以"平等"地享有。"平等"内含于"基本自由"之中。

罗尔斯认为，基本自由主要包含信仰自由、政治自由（如选举和被选举权、言论、集会、结社等）、人身自由、保障个人财产的自由，以及由法治原则规定的其他方面的自由。这些基本自由是一个体系，每个人都同等地拥有一种最广泛的基本自由体系，只要他不把自己的自由凌驾于别人的类似自由体系之上，或者为了自己的自由而限制、缩小别人的自由，那么，他就可以享有这份自由。在这里，"平等"具有重要的意义。平等指的是"权利上"的平等，并不意味着每个人实际上都具备享受这些自由的能力。罗尔斯提出的平等自由原则，实质是要求在基本权利和自由方面每个人都应该是平等的。

针对因为各种原因而不能享有平等自由的人们（主要是经济上的贫困），罗尔斯提出了"自由的价值"这个概念。罗尔斯认为，对于那些因为贫穷等不能充分实现自己自由的人们来说，他们的自由并没有受到限制，而只是"自由的价值"降低了。要提升他们的自由价值，罗尔斯提出了第二原则。

（二）第二原则——机会的公正平等原则和差别原则

与第一原则所强调的公民基本权利和自由不同，第二原则主要针对的是收入和财富的分配与每个社会成员的社会地位问题。就收入和财富的分配来说，因为每个社会成员的个人天赋、能力、性格等存在差别，最终会出现分配结果上的不平等。第二原则就是要给这些不可避免的不平等或差别设定一些限制条件。

1. 机会的公正平等原则

所谓机会的公正平等原则，是指各种社会地位和职务要向所有人开放，而且还应使所有的人都享有平等的机会去获得它们。具体来说，就是指那些有类似能力的人也应当有类似的机会、物质基础和途径去获得他们想得到的地位和职务，而不管他们是贫穷还是富裕，也不管他们原来的社会地位如何。与机会的形式平等相比，机会的公正平等原则更进了一步，因为它排除了一些影响机会平等的社会偶然因素，也减少了诸如自然运气、天赋等对分配份额的影响。

机会的公正平等原则的作用在于能保证社会体系实现"纯粹的程序公正"，通过程序公正保证机会的平等和达到公正分配的目的，而不是只考虑具体化的分配公正和确定合适的公正标准。

在第一原则和机会的公正平等原则下，基本自由和经济利益的分配有了基本的保证，但在结果上还没有完全地实现公正。因此，罗尔斯提出了"差别原则"，即通过优先满足最少受惠者的最大利益而尽量达到结果的公正。

2. 差别原则

罗尔斯认为，要做到满足最少受惠者的最大利益，尽量达到结果的公正，进而实现社会正义的目的，就必须消除程序公正的不确定性。具体来讲，就是要使用补偿原则，在社会基本关系的调解、政府政策的制定，以及各种利益的分配等方面都要满足最少受惠者的最大利益这一基本原则。如果能做到这点，那么社会将不仅会实现权利的平等，而且会最大限度实现结果的平等。

罗尔斯的差别原则是建立在社会合作体系基础上的，其所要求的不是对较多利益者的剥夺，而是对较少利益者的一种补偿，是要求较多利益者给予较少利益者帮助。换句话说，就是不要"损有余而补不足"，而是既要"增有余"，也要"补不足"，重点放在"补不足"上。① 罗尔斯认为，社会必须更多地关注那些处于最不利的社会地位和天赋较低的人们，给他们提供更多的条件，创造更多的发展机会，特别是在教育投入上。

二　罗尔斯正义理论的社会意义与缺陷

（一）罗尔斯正义理论的社会意义

罗尔斯正义理论的重要贡献在于他突破了以前自由主义政治学理论的缺陷，开始把自由、平等、公正等范畴联系在一起，引入伦理学和哲学的智慧来思考规范的、客观的价值问题，对政治学的发展作出了巨大的贡献。特别是他关于制度正义的讨论，使人感受到政治学、伦理学和社会学的相互交融，具有一定的理论和实践价值。罗尔斯构建正义理论的一个重要目的是要实现社会的和谐稳定，因为正义感在实现社会和谐稳定中具有根本性的作用。他认为，正义理论会通过一些纯粹原则的实施而逐渐成为人们真正地、自觉地去遵守的内心道德规范，从而使政治和伦理道德结合。

罗尔斯的另一个重要贡献在于其平等观。罗尔斯的平等观，并不是要去除所有人的不平等，而是要去除对某些人不利的不平等。罗尔斯认为，任何不平等存在的条件是它能够促进平等的实现。罗尔斯的平等观是一种新的政治哲学构想，极大地推动了当代政治哲学的发展和平等观问题研究的深入。尽管罗尔斯构建自己的正义理论的目的是为了巩固资本主义制度，但他能把正义原则作为一种社会美德的认识，还是为人类社会树立了一个最高的评价标准，从而为社会正义的实现和财富的分配提供了思路。

（二）罗尔斯正义理论的缺陷

罗尔斯的正义理论虽然极大地推动了当代政治哲学的发展，但也有其局限性，主要有以下三个方面：

第一，他对"公民权利"的看法受到了批评和质疑。比如罗尔斯对社会最不利阶层的偏爱，会使社会最有利阶层产生一种起点意义上的良心自责或内疚，从而导致一种新的公民权利的不自由和不平等。弗里德利希·冯·哈耶克（Friedrich August Hayek）就曾指出，"它没有对基本自由权利为什么拥有优先地位给予有说服力的理论解释，没有解释清楚原初

---

① 何怀宏：《公平的正义——解读罗尔斯的正义论》，山东人民出版社 2002 年版，第 79 页。

状态下的人为什么不同意牺牲某些基本的自由权利以换取更多的物质利益：当正义理论被运用于实际的社会时，没有给出可以将基本自由权利转化为公民政治权利的标准"。①

第二，他所设定的"原初状态"。虽然罗尔斯针对人们进行道德选择时所设定的原初条件和"原初状态"，为其理论增色不少。但也正是这种设定，使得他的理论的应用性大打折扣，对实践的指导也只能停留在理想状态上。客观地说，罗尔斯正义理论具有非常严谨的逻辑性，但他对一些根本的、带有原则性的问题没有很完整的说明，如"原初状态"下的平等基础是怎样形成的？"原初状态"为什么对公平具有强大的吸引力等。

第三，关于他的平等观。罗尔斯的平等观没有处理好自由和平等的关系。虽然他很重视自由，把自由作为自己的理论基石，但他的理论仍然给人留下的是平等主义的感觉，因而遭到了一些人的批评。有学者就指出，"当收入的不平等是选择的结果而不是自然环境影响下的结果的情况下，罗尔斯的差别原则就不是去除不平等，而是产生出新的不公平"。② 补偿原则不可能完全改变和解决不平等，特别是在天赋和社会环境方面。

虽然罗尔斯的正义理论受到了很多的质疑和批评，但其理论和实践价值仍是毋庸置疑的。它不仅为当代西方国家各种社会矛盾的解决提供了理论指导，而且为其他发展中国家公平正义理论的构建和实践提供了很好的思路，具有重要参考价值。当然，我国的和谐社会建设也可以从中汲取很多思想营养。

本章小结

现代性理论起源于 15 世纪，形成于 18 世纪，现在现代性仍然是一个"未竟的事业"。在现代性理论看来，发展是从传统社会向现代社会的转变过程。现代性既带给人类财富，但也带来了道德危机。现代性的行进在一定意义上就是发展，因此要很好地理解发展的本质，就必须把握现代性理论的合理因素，反思其产生的危机，以指导当代的发展实践。当代中国

---

① ［英］弗里德利希·冯·哈耶克：《法律、立法与自由》第二卷，邓正来等译，中国大百科全书出版社 2000 年版，第 151 页。

② 李小兵：《当代西方政治哲学主流》，中共中央党校出版社 2001 年版，第 148 页。

已经步入经济大发展、社会大转型、生活大变迁的时代，这实质上是从传统农业、封闭落后、人治社会、自发的传统人向现代工业社会、开放文明、法制社会、独立自觉的现代人的一系列转变，是构建中国特色现代性的发展。

马克思的人的全面发展理论，思想内涵非常丰富。马克思从人的劳动能力的发展、社会关系的丰富和个性的全面发展三个方面诠释了人的全面发展的深刻含义；在人与社会关系问题上，马克思指出，"人是一切社会关系的总和"，社会是人的全面发展的基础和平台，社会发展推动人的发展；在对人的自由发展上，马克思指出，人的自由发展是人的全部才能的自由发展，是把人作为目的的发展；以及马克思关于"人的发展是一个具体的社会实践过程"的思想等。对于我们在中国特色社会主义现代化建设中，正确认识和贯彻"以人为本"的科学发展观、实现全面建成小康社会宏伟目标都具有重要的指导性意义。

人是发展的主体，也是目的，而社会公正是人类生活得美好的价值基础。罗尔斯的正义理论虽有一定的局限性，但他能够把自由与人的自尊感和价值感结合在一起，并认为追求自由实质上是道德上的追求。在社会制度的安排中，罗尔斯引进了哲学和伦理学的智慧，从而对政治学的发展作出了积极的贡献。可以说，罗尔斯的正义理论对我们研究人的自由全面发展具有重要的基础性意义。

第三章　以伦理看待发展：发展伦理学的缘起和意义

　　发展是人类追求的永恒主题。伴随着第二次世界大战的结束，很多发展中国家逐渐摆脱殖民地和半殖民地控制，首要的任务就是发展本国的经济，摆脱贫穷落后的局面。于是，借助于发达国家的经济学家提供的发展理念和发展模式，这些国家似乎摆脱了经济不发展的局面。然而，事情总是具有两面性。随着经济发展的持续进行，不仅发展中国家，而且发达国家，都遇到了发展中的生态危机、社会危机和人际危机。这种现状促使各国家、非正式国际组织以及有洞察力的学者们不仅深入思考发展问题，而且以不同的视角提出解决发展问题的理论与实践路径。发展伦理学就是这种情况下的理论产物，它是从伦理的角度对发展困境与发展危机的反思和探讨。发展伦理学的产生是人类尝试采用伦理或道德的视角解决发展危机的理论设想。发展伦理学建立在当代社会发展中不断呈现的生态、社会和人态三种危机实践基础上，同时，发展伦理学又是对发展理论与应用伦理学的扬弃，因此，发展伦理学是研究发展哲学与发展伦理之间关系的学科。研究发展伦理学在理论上有助于反思和批判传统发展主义和有助于应用伦理学的发展，在实践上能够为建构人与自然和谐的生态家园，营造和谐的社会环境和构建人的自身和谐发展局面提供重要的理论指导。

第一节　发展伦理学的缘起及依据

　　任何科学理论的兴起都是建立在一定现实依据和理论依据基础上，发展伦理学的兴起也需要现实依据和理论依据。从现实依据看，生态危机、社会危机和人态危机构成发展伦理学的现实反思；从理论依据看，发展理论和应用伦理学是发展伦理学的理论渊源。

一　发展伦理学的源起

20 世纪下半叶，随着众多发展中国家摆脱殖民地和半殖民地控制，发展成为这些国家的首要任务，其中最基本的就是解决贫困问题。除此之外，经济发展中还存在其他的内容，因此，为更加全面地反映世界各国的经济发展状况和人民生活水平，多种衡量社会发展状况的标准相继提出，包括必需品的消费量多少、收入和分配的程度大小、识字率水平高低、健康水平高低和就业状况以及生活质量状况等方面。伴随着越来越多的非经济要素参与发展问题的研究，发展的内涵超越了传统的经济学意义，融入伦理的指导，发展伦理学应运而生。[①]

如此看来，发展伦理学实质是发展中国家和地区的经济建设的目标、手段和方法等方面在伦理上的反映。在这个研究领域中，发展的概念被看成是经济、政治、社会、价值观念等方面的综合，发展的进程被看作消除贫困、人身束缚、各种歧视压迫、缺乏法制权利和社会保障的状况，从而提高人们按照自己的意愿生活的能力，提高发展中国家人民生活水平以及避免发展中国家的环境遭到破坏。[②]

发展伦理学作为一门学科是现代社会发展的产物，主要兴起于第二次世界大战后的西方发达国家。中国的发展伦理学是借鉴和吸收西方发展伦理学的学术成果，在结合中国现实国情条件下发展起来的。

（一）　国外的兴起

发展伦理学的研究肇始于第三世界发展中国家，之后兴盛于一些西方发达国家。从时间看，20 世纪 40 年代，印度、拉丁美洲、非洲等国家的学者，如甘地（Gandi）、劳尔·普雷维什（Raúl Prebisch）和福润茨·法诺（Frantz Fanon）等针对西方的经济增长理论对发展中国家经济实践指导中存在的诸多不良问题，对传统的经济发展模式展开一定程度的批判，并提出实现国家自身的独立与自由，从本民族利益出发，实现国家本土化发展。以上研究构成发展伦理学的萌芽期。20 世纪 80 年代以来，尼格·道尔（Nigel Dower）、奥尼尔（O'Neill）等对发展伦理学的研究也有不少贡献。发展伦理学的目的是运用伦理学的智慧，经济学的理性，通过多学科和跨文化的交流，促进全人类的幸福和不同国家的共同发展。

---

① 韩丹：《当代西方发展伦理学初探》，《哲学动态》2003 年第 10 期。
② 同上。

在发展伦理学领域中，美国的德尼·古莱是一位先锋人物。他先后在美国获哲学学士与硕士学位，在法国获社会计划硕士学位和在巴西获政治学博士学位。他一生致力于发展伦理学的研究，被国际发展伦理学协会尊称为"发展伦理学之父"。他先后去过世界众多国家和地区开展翔实的社会调研，而且在加拿大、美国、巴西等国家从事教学工作。丰富的实践经验和较高的理论创作的能力，使他创作并出版了一些关于发展论的著作，如《发展伦理学：理论与实践指南》、《发展经济学中的伦理分析》、《发展的激励因素：平等的关键》、《残酷的选择：发展理念与伦理价值》等。在这些著作中，古莱阐述了发展伦理学的基本问题，并根据不同国家或地区的发展实践及自己在不同国家参与的活动实践提出了各种发展伦理战略。他试图运用一种超越"常规伦理"的"发展伦理学"价值体系规范发展的目标、性质以及实施战略等多层面的问题，以消解传统增长发展模式给人们带来的伦理困境，将发展导向更具人性的方向。

发展伦理学的研究包括学理型和应用型。如果说德尼·古莱重点从学理上建构发展伦理学，成为"学理型"的代表，那么，戴维·A.克拉克则从应用上从事发展伦理学研究，是"应用型"的代表人物。从创作情况看，克拉克主要是与史蒂芬·司切维进行有效的交流和合作，在2005年写成《发展伦理学与美国国际发展局》的典型研究报告，并提交给"美国国际发展局"。在这个典型报告之中，克拉克重点报告"西方民主制度"、"标准伦理行动"等实践方面，对存在的诸多现实而迫切的发展问题进行了深刻的阐释，并从政策层面提出可行的解决问题的多种方法。克拉克的这个报告具有历史意义和现实意义。以此为契机，美国的一些大学相继开设了发展伦理学课程。在文化全球化的影响下，截止到2005年，至少有9个国家的十几所大学开设了"发展伦理学"课程。发展伦理学的发展态势日益明显，如今发展伦理学如同经济伦理学、政治伦理学、环境伦理学、生态伦理学等学科一样，成为一门国际上的显学。

在德尼·古莱和克拉克的发展伦理视野的影响下，其他国家学者也开始了发展伦理学的系统研究，其中印度学者阿马蒂亚·森就是后期从事发展伦理学研究者中有巨大贡献的代表。1998年阿马蒂亚·森获得诺贝尔经济学奖。他之所以能够获得此项殊荣，就在于他研究的学术领域宽广，大体包括社会学、经济学和伦理学等。从内容上看，学术领域涉及社会选择、社会公正、自由、发展经济学、福利经济学和道德伦理学等重要课题。如果更具体看，这些课题表现为：贫困、饥荒、健康、农村剩余劳动力与工业化、社会保障、技术选择、社会成本—效益分析等。阿马蒂亚·森不仅研究社会学和经济学，而且采用伦理学原则确立起来的发展概念来批判现实社会发展中存在的诸多不平等、不道义、不发展现象，并尝试将经济学和伦理学结合，进而提出处理人类发展中面临的亟待解决的危机和问题的原则和途径。这里重点提及"可行能力"的概念以及相关思想。在阿马蒂亚·森看来，"可行能力"指一个人有可能实现的、各种可能的功能性活动的组合，它是一种"实质自由"，即一个人实现各种不同的生活方式的自由。[①] 可行能力包括健康与长寿、教育水平，以及体面的生活等。在"可行能力"的基础上，阿马蒂亚·森提出了一种以"可行能力/实质自由扩展"为首要目的的发展观。他认为，发展不能仅仅理解为经济增长、工业化或现代化，财富、收入，这些条件是为人的福利、人的目的服务的。因此，它们只是发展的手段，属于工具性范畴，而发展的目的在于人本身。在阿马蒂亚·森看来，发展的根本目的是使个人拥有可行能力从而去追求和实现自己认为有价值的社会生活。由此看来，发展理应是一个与"个人自由和社会承诺"密切联系的过程，是一种逐步扩大人类真正享有的各种经济自由以及其他权利的过程。阿马蒂亚·森指出，"发展可以看作是扩展人们享有的真实自由的一个过程"[②]，"发展确实是对自由的各种可能性的一种重要承诺"。[③] 因而，发展的评估在于考察能够使社会成员去追求他们自己所认为的有价值的生活的可行能力是否得到扩展。可行能力视角被系统化提出后，迅速引起了学术界和国际社会的高度关注和重视。1990 年，在已故巴基斯坦经济学家哈克的带领下，联合国开发计划署发表了第一个《人类发展报告》，以可行能力视角为指导评价世界各国的发展。此后，沿袭这一重要理论思想的年度《人类发展报告》成为最受重视的全球性报告之一，并对世界各国的发展理念和发展范式产生了深远影响。

（二）国内的兴起

虽然近十几年，中国学者才开始对中国发展的现象展开伦理视角的研

---

① ［印度］阿马蒂亚·森：《以自由看待发展》，任赜等译，中国人民大学出版社 2002 年版，第 62—63 页。

② 同上书，第 1 页。

③ 同上书，第 296 页。

究，但已经出现较显著的研究成果。若进行梳理不难发现国内学者的研究视角不同，表现为：关注"类"生存和发展问题和实践、关注人的可持续发展问题、关注发展关系中的伦理问题、关注"发展善"的问题。

在国内，首开发展伦理学研究先河的是吉林大学刘福森教授。1995年，刘教授首次提出"发展伦理学"的概念，在此基础上，对发展伦理学的基本问题、研究对象以及理论品质等方面进行了初步探讨。之后，刘教授发表了关于发展伦理学的一些论文和专著。在这些研究成果中，刘福森主要从"类"的生存和发展的角度论述发展伦理。其一，要对人类生存和发展进行伦理关怀。刘教授指出，研究发展伦理"是要对当代人类在生产和发展问题上出现的各种困境和危机做一点伦理的研究，从伦理的角度补充在发展观研究上的不足。"[1] 发展伦理认为，人作为物种的"可持续生存"理应是发展的最终目的和追求，合理的发展就是要建立在"生存论"理论基础上，不仅保证全体个人以健康生存的需要为基本目的，而且限制以少数富人的挥霍性消费为目的进行的生产。生存类型包括个人生存和类生存，其中类生存的利益的实现是生存原则中的最高原则，因而"人与自然的关系"理应成为发展伦理学研究的主要对象。其二，发展伦理是对生态伦理的超越。刘教授认为，传统生态伦理学包括人类中心主义生态伦理学和自然主义中心生态伦理学。两种理论在社会发展一定阶段上，是对当时社会发展实践中人与自然关系反思的理论，各具有指导人类实践的优势，但双方又具有局限性。人类中心主义伦理学把人类利益作为终极标准，自然生态伦理学则把自然系统的平衡作为人类行为的判定标准。从共性上看，这两种伦理学都没有解决好人与自然的关系问题。因此，在刘福森教授看来，最好的伦理学是建立新的人道主义的伦理学，是把人类的可持续生存和发展利益看成是爱好和保护自然界的价值和伦理根据，是对生态伦理学的超越。其三，通过人与人的关系解决人与自然的关系。基于上述内容，刘教授则认为，要解决人与自然之间的合理的关系，首先要确立真正的"人类中心主义"思想。与以往的"人类中心主义"不同，这种"人类中心主义"旨在从人类的整体利益的角度思考问题，这就需要提升人的主体意识，大力弘扬人的类意识。

---

① 刘福森：《西方文明的危机与发展伦理学——发展的合理性研究》，江西教育出版社2005年版，第298页。

　　针对同一问题可以采取不同的研究角度和研究方法。吉首大学张登巧教授是从人的可持续发展的角度来研究发展伦理问题的。同刘福森教授一样，张登巧教授也不赞成人类中心主义和自然中心主义，提出"人的可持续发展"。他认为，生态中心主义或人类中心主义，由于对人的片面理解，表现为没有从哲学和人学的高度理解真正的人——完整的人、全面的人，因而都未能在理论上达到自洽之目的。而发展伦理学视野中的人学实质是人的发展，价值取向和道德关怀是为人的，人是发展伦理学产生和发展的基础。因此，人的可持续发展观是真正人的发展伦理学，包括以下三层关系：人与自然的关系、人与人的关系（其中包括代内之间的关系和代际之间的关系）、人与自然的关系，在这些关系中，人与人的关系是核心。①

　　林春逸在《发展伦理初探》著作中，从发展的三重关系角度上阐述发展伦理学。他指出，发展的伦理视阈包括人与人、人与自然、人与自身三大基本伦理关系。发展伦理是对发展中人与自然、人与人、人与自身等伦理关系的新领悟和新治理。在领悟和治理这些伦理关系中，发展伦理要解决存在于发展中的三个大的基本道德问题：其一，"能够做"与"应当做"之间的关系问题，即"人类在有限而脆弱的地球应当如何生活"的问题；其二，经济与"公平公正"问题，即"我们应当如何共同生活"的问题；其三，生活美好与物品丰裕之间的关系问题，即发展中"人们应当如何幸福生活"的问题。② 在发展伦理的视阈中，发展危机实质上是发展价值观危机，传统发展价值观是一种发展主义价值观，个人本位人类中心主义价值观，消费主义价值观，对传统发展价值观进行批判和解构，就成为发展伦理的特殊使命。从发展伦理看，发展的最终目的是"为了一切人的发展和人的全面发展"，发展的首要目的是追求美好生活。为了使发展不偏离本来的人的目的，发展必须是有指导、有规范和有约束的发展，这种价值取向是和谐的理念，包括对人与自然和谐的追求、人与人和谐共生的关注以及人与自身和谐发展的关怀，这种伦理原则包括人本原则、公正原则、责任原则和整体原则。

　　中央党校邱耕田教授则从道德善的角度指出，发展伦理学应是以发展

---

　　① 张登巧：《发展伦理学的人学蕴涵——人的可持续发展研究》，《道德与文明》2005 年第1 期。

　　② 林春逸：《发展伦理初探》，社会科学文献出版社 2007 年版，第 171 页。

善为主要研究对象。发展善包括发展价值和发展道德两层含义。因此，邱教授认为，发展伦理学是研究发展价值和发展道德及其相互关系问题的科学。他指出，构建发展伦理学的出发点和落脚点，是追求社会发展人本性价值目标的实现和对人的发展行为的有效约束。①

二　发展伦理学的实践依据

任何一种理论都是建立在一定的实践基础上，发展伦理学亦是如此。从实践角度看，发展伦理学是对现代化发展实践，尤其是第二次世界大战以来，科技化、工业化和市场化造成的发展危机和发展困境进行深刻反思的必然结果。科技革命和以机器大工业的物质生产，带来了物质生产力的极大丰富和人们物质生活水平的极大提高，但随着现代化的深入发展，呈现在人们面前的是生存与发展困境，包括人与自然之间的生态危机、人与人、人与社会的社会危机以及人与自我的人态危机，这些危机构成了发展伦理学的实践依据。

（一）生态危机

马克思主义发展哲学认为，发展不是片面的，而是全面的，是社会发展和人的发展的辩证统一。发展本应是人在地球上诗意般地生存，可是"发展"的后果是人与自然的关系的紧张，社会经济与自然环境的不协调，表现为日益加剧的生态危机。

自从人类诞生以来，劳动成为人类最基本的生产活动。因为，人类只有依靠自然界才能生存和发展，而自然界又不能直接以现成的人类需要品满足人类，人类唯有制造生产工具，进而生产出契合人类需要的产品来。这些产品表征着人类本质力量，是人化的产品。因此，在马克思看来，这种活动就是人类区别于动物，而且每时每刻都需要做的实践活动，其中，生产劳动构成了最基本的社会实践。随着以劳动为基础的生产活动的发展，自然界在广度和深度上不断向人化自然转化，逐渐变为人化的自然系统。生产劳动具有两重性：一方面，人类改造自然的活动中获得巨大物质财富；另一方面，人类改造自然的不合理活动会产生对自然生态系统的破坏。从人与自然的发展史看，工业革命以前，人类控制自然和改造自然的能力较低、规模较小，对自然生态系统的破坏作用不十分明显。工业革命后，科学技术的迅速发展和机器大工业的运行，人类控制自然和改造自然

---

①　邱耕田：《发展伦理学是关于发展善的学问》，《学习与探索》2004 年第 3 期。

的能力迅速提升、规模急剧扩大，对自然生态系统的破坏作用越来越大。第二次世界大战结束以来，科学技术突飞猛进，机器、自动化等生产工具获得国际化的普遍应用，全球物质生产力发展水平极大提高，世界经济总量急剧增加，但绝大多数的发展成果是以损害自然环境和破坏生态系统为代价的。从整体上看，人类的生存与发展逐渐面临自然生态自身系统的破坏、自然环境恶化以及人与自然的生态系统的破坏等严峻挑战。这些破坏的后果导致全球性的资源、环境和生态问题。以环境问题为例，人类目前面临的十大环境问题是全球气候变暖、臭氧层的破坏、酸雨的蔓延、森林的锐减、生物多样性的减少、土地的荒漠化、资源的短缺、水资源的污染、大气的污染、固体的废弃物成灾等。中国作为发展中国家，在三十多年的经济建设和经济发展中，传统的发展模式导致了一系列人与自然的不和谐问题，也面临着与发达国家较为相似的严峻的人口、资源和环境等问题。如中国的城市化建设步伐的加快，环境污染现象逐渐加剧，并且日益向一些农村不断地蔓延。在一些经济发达的地区、人口稠密的地区，环境污染的问题更为突出，而且森林面积的减少、沙漠空间的扩大、草原范围的退化、水土的日益流失、物种大量的灭绝等问题日趋严重。

自然生态系统是人类生存和发展的基础。马克思指出，自然界是人的无机的身体。当自然生态家园遭到不同程度的破坏，人越来越远离作为无机身体的自然界，既破坏着自然界，又远离了自己的生命存在。面对严峻的生态危机，作为有意识力的人类应该作出正确的抉择。诚如蕾切尔·卡逊所言："不是魔法，也不是敌人的活动使这个受损害的世界的生命无法复生，而是人们自己使自己受害。"① 生态危机产生的原因有多重因素，其中工业文明与生态系统之间的冲突是主要根源。而工业文明决定于近代以来科学技术的发展。科学是关于自然界的本质及其规律的认识活动和理论成果。要具有正确的认识活动和成果，必须依赖人的理性能力。因此，近代以来理性和主体性成为重要的价值观念，其结果造成了人类对待自然的价值观和伦理观。这种价值观强调人作为主体的地位，主张人对自然的改造和征服，而不顾对自然采取保护和合理利用，直接造成自然生态的破坏、人与自然的危机问题。发展伦理学就是对传统的对待自然的价值观和

---

① ［美］蕾切尔·卡逊：《寂静的春天》，吕瑞兰等译，吉林人民出版社 1997 年版，第 2 页。

伦理观的反思和发展。

（二）社会危机

伦理学认为，幸福是人的最终价值目的。社会发展本应是满足大多数人的物质文化等需要，是达到绝大多数人的幸福追求的目的。也就是说，社会发展是追求共同富裕的发展。但是在世界各国现代化进程中，"发展"成为少数国家和少数人的特权，"不发达"成了多数国家和多数人的命运，造成了人与人关系的紧张，产生了严重的社会危机。大体上说，当前人类社会面临的危机和不和谐主要表现在宏观和微观两个层面。

从宏观层面来看，社会危机主要表现在国际关系危机上，即国家之间的不和谐，如空间上的东方国家与西方国家之间的矛盾，经济上的发达国家与发展中国家之间的矛盾，结构上的发达国家内部之间的矛盾等，其结果导致国家间、地区间和民族间的小范围的战争和冲突不断。苏联解体后，在新旧政治格局的转折中，东西之间、南北之间、西西之间由于各种利益关系而矛盾丛生，诸如民族矛盾、宗教纠纷、自然资源之争、边界领土之争、商品和劳务市场之争等。各种矛盾诱发了一系列局部战争和武装冲突，不完全统计表明，1993年世界各个地方出现的武装冲突和局部战争有34起，2000年则上升至46起，虽然此后有所下降，但2005年仍高达39起。其中许多局部战争和武装冲突已持续了数十年，且呈现出愈演愈烈的趋势。仅进入新世纪以来，就相继发生了"9·11"事件、中美撞机事件、美伊战争、美阿战争等影响巨大的冲突和战争。此外，巴以冲突悬而未决、朝核问题一波三折、恐怖事件时有发生等是长期影响人类社会和谐的顽症。

从微观层面来看，社会危机主要表现在国内关系危机上，即国内各领域、各地区、各民族、各阶层之间的不和谐。尽管民主化普及程度越来越高，但人们对民主的热情却越来越低；思想开放和社会条件的提高导致了高离婚率，离婚率在一定程度上反映出夫妻双方之间缺少越来越多的责任与宽容，离婚后果造成了大批不幸的家庭，进而形成对"社会细胞"的大量侵蚀和危害；经济因素和社会因素导致的高犯罪率，既破坏社会的团结和稳定，又造成对个体生命的伤害和威胁；工业化使人类生活在钢筋混凝土的"水泥世界"中，工作在光怪陆离的"机械世界"中，结果，人际间的交流越来越少，人在不断地孤立自然，也在不断地孤立人自身。

面对发展的社会危机，我们正在产生一个"病态的社会"？我们还能建设和谐社会家园吗？我们还能共同生活吗？要建设和谐社会家园，保证我们的共同生活，必须寻找发展的社会危机的根源。发展伦理就是对发展中的社会危机的反思和批判，发展伦理认为，这些社会发展问题，是人片面地发展主体性扩张的一面。正是人的贪欲、人与人之间动物式的竞争以及扩张性、宰制性的主体性的张扬，使得国家与国家之间、人与人之间的竞争变为冷酷的竞争，出现了人与人、人与社会的社会危机问题。①

（三）人态危机

马克思主义发展哲学认为，社会发展的最终目的是为了人的发展。马克思恩格斯不是谈论抽象的人，而是活生生的、有血有肉的现实的人。因此，在马克思恩格斯看来，个人的自由而全面的发展是社会发展的最终目的和最高价值。人的自由和全面发展包括人的各种需要的满足、人的各种能力的提升、人的主体性的彰显和人的自由度的提高等方面。然而，在现代发展进程中，人类为了获取更多的物质财富和充分实现自身价值所做的各种努力，在某种程度上已经违背了人的自由而全面发展的目标和宗旨，出现了"人的异化"现象。

这种"人的异化"现象，又称为"人态危机"，即人类自身的危机。在现代社会发展中，人态危机主要表现在以下方面：一是人的精神需要得不到很好的满足。现代社会在某种程度上是一个物欲横流的社会，更多的人被迫选择加入追求物质财富和物质享受的"物化的人"的行列中，而人类需要的安全、审美、认知、交际等精神需要却很少有人主动追求，因而不能得到很好的满足，导致人际关系之间的疏远、道德层面的沦丧和人的精神层面的孤独。二是人的主体性得不到很好体现。马克思主义发展哲学认为，人既是社会发展的实践主体，也是社会发展的价值主体和最终受益者，是社会发展的手段与目的的有机统一。理论与现实往往不一致，在现实社会发展过程中，近代以来由于现代科学技术的广泛应用、机器大工业的发展，加上资本主义的私有制，作为劳动群众的工人阶级的劳动成了异化劳动，不是自由自觉自主的劳动，而是受到限制、自在、被动的劳动。劳动成为工人阶级生产的唯一手段。因此，在这种发展模式下，人的主体性却得不到彰显，人成为发展的手段，成为发展的牺牲品，人越来越成为单向度的人、片面的人。三是人的能力的畸形和片面发展。在马克思

---

① 林春逸：《发展伦理初探》，社会科学文献出版社 2007 年版，第 82—83 页。

看来，人的能力的发展为人的自由而全面发展奠定了坚实的重要基础。所谓人的能力的发展就是要引导和培育人的各种潜能。现代社会发展借助科学技术和机器、自动化等生产工具，人类的生产能力极大提高，创造了巨大的物质财富。在巨大的物质财富面前，个人的生产能力却不能得到真正提高，相反却是片面地发展。同时，与生产能力密切相关的消费能力整体提高的同时，个人的消费能力出现了不同程度的异化。在精神生活方面，追求物质财富和利润的人们，对认知、交往、审美、求善等精神性潜能缺乏足够的重视，精神能力不能得到有效的提高。

扬弃并最终消除人态危机，有多种方案和路径可供选择。发展中造成的人态危机是发展伦理学兴起的实践依据。发展伦理学认为，发展的目的不是为了物、为了神，而是为了人。人的需要是发展的动力和源泉，发展就是要满足人们不同的需要和要求，要满足不同的需要必须进行劳动，发展也使人们在社会的生活当中获得劳动的尊严和地位。从现代的发展实践看，发展的结果带来的却是人的异化和人的片面发展，"人"被疏离于原有的本质地位。因此，只有关注发展中"人"的意义，把人当作目的而不是手段，才能扬弃发展中人的异化问题，这必然涉及发展中的伦理道德问题。

总之，现代社会发展给人类带来巨大的成就，如物质丰富、科技进步、政治民主、思想宽容等；同时也给人类带来生态危机、社会危机和人态危机。这些危机显示出发展过程中人与自然、人与人以及人与自身的紧张关系。虽然从 20 世纪 60 年代开始，人们开始反思现代性，认为现代性限制人们的视野，但这种探究问题的方法缺乏伦理的审视。因此，只有突破现代性的视界，进行一次伦理革命，人类才能走出发展危机，走向新的文明形态。正是在这种反思过程中发展的伦理性特征不断凸显，发展伦理便应运而生。①

三　发展伦理学的理论依据

发展伦理学的兴起不仅依赖一定的社会实践，而且建立在前人研究的理论基础之上。其中，发展理论的研究和应用伦理学是发展伦理学的理论依据。

---

① 林春逸：《发展伦理初探》，社会科学文献出版社 2007 年版，第 82—83 页。

（一）发展理论是发展伦理的理论依据

自 20 世纪 60 年代初以来，"发展研究"作为一门综合学科开始在国际学术界展开。它最初出现在欧美，随后扩展到世界各国，形成全球性的"发展研究"热潮。普遍的发展研究产生了不同的发展理论。从研究成果看，发展理论有狭义和广义两种。所谓狭义的发展理论，是指重点研究发展中国家的现代化问题，包括现代化的内涵、特征、方式和途径等理论；所谓广义的发展理论，则是将现代化作为世界性的历史进程，既研究发展中国家现代化的实现，又研究发达国家从传统农业社会转变为现代工业社会和信息社会转变的机制和动力等方面。我们这里所讲的发展理论主要指广义的发展理论。因此，根据广义的理解，发展理论包括以下学科：发展经济学、发展社会学、发展政治学、发展文化学、未来学、可持续发展理论和发展哲学等。广义的发展理论构成发展伦理学的理论基础。

第一，发展经济学。发展理论最初是从发展经济学开始的，而发展经济学早期主要是"增长经济学"。第二次世界大战后，国际经济形势的深刻变化，发达国家的经济恢复与发展中国家摆脱贫穷的经济发展是经济增长理论受到重视的基本原因。发展经济学主要研究各种经济增长模式和增长理论，给发展中国家如何发展本国经济提供了理论指导。但是这些增长理论绝大多数是以工业发达国家为范本，且把"发展"仅仅视为"经济增长"。这种发展战略使许多发展中国家出现了有增长而无发展的现象，使有识人士对这样的发展战略开始怀疑起来，并提出尖锐批评。在此基础上，发展经济学也注意到非经济因素在发展中的重要作用，致使研究的重心转向社会经济综合发展。

第二，发展社会学。发展社会学是从社会的视角研究发展问题，实质是历史唯物主义在现代社会中的应用。现代社会的本质是传统社会向现代社会的转变，即现代化。因而，由帕森斯为杰出代表的一批美国社会学家创造的"社会现代化理论"构成了发展社会学的最初理论形态。20 世纪 60 年代帕森斯创立了现代发展社会学理论。从方法上看，这种理论继承了西方古典社会学的二分法，即把人类社会的发展阶段划分为传统社会与现代社会，并认为现代化是从传统社会向现代社会的转化过程，这种进化或发展是单线的。在一定意义上，这种理论对于发展中国家如何实现现代化提供了有意义的借鉴，并能对发展中国家的现代化实践进程提供理论指导。但这种发展理论是西方中心论，对于发展中国家而言，由于历史和现实问题的制约，这些国家要实现现代化只有靠西方文明的传播，也就是要走西方现代化的道路。因此，在这种情况下，这一理论遭到来自发展中国家一些思想家的批判，最为典型的是依附论和世界体系论。依附论反对现代化理论仅仅从社会内部的因素来研究发展中国家的不发达问题，认为理应从西方发达国家实施对不发达国家的控制，造成了不发达国家产生对发达国家的依附现象中，来分析和理解发展中国家的不发达问题；同时，坚决反对现代化理论的"西化"模式，主张发展中国家只有与西方国家"脱离"才能实现自身国家的现代化。依附论虽然看到了发达国家对发展中国家的控制是造成发展中国家不发达的问题，只有脱离发达国家才能实现发展，但这种理论没有看到发展中国家的发展离不开全球化的世界。为弥补依附论理论的局限性，以沃勒斯坦为代表的"世界体系论"产生了。这一理论试图克服单纯内因或外因分析的弊端，改从世界体系总体规律来分析体系各个部分（国家、民族）的发展。

第三，发展政治学。早在20世纪50年代，西方开始了对政治现代化的研究，而从60年代，研究方向导向了政治发展。1963年，派伊接任比较政治学会会长后，开政治发展研究之先河。他把政治发展看作政治现代化，并把政治现代化作为经济发展的基础条件，进而从国家的运转、行政和法制的发展、民主制的发展、群众参与、秩序的稳定和变化、动员能力等方面对政治发展进行了具体研究。但政治发展研究并非一帆风顺，到60年代末，面对拉美、中东、非洲等地发生政变、动乱和军人干政局面，部分学者开始重新反思政治发展理论，把政治发展的目的性研究转向政治变革的过程性研究。这一学派的主要代表就是亨廷顿。在他看来，政治不稳定主要是政治参与和政治制度化之间的关系造成的。政治参与的要求一旦唤起便不可能消退，而只能被引导，这样，政治制度化就成了政治发展或衰退、社会稳定或动荡的关键。因此，要合理解决政治参与与政治制度化之间的矛盾是发展政治学研究的基本问题。

第四，未来学。随着技术进步和经济增长速度的提高，现代社会发展中出现生态问题，如环境污染、生态破坏、资源匮乏等，引发了对未来学的研究。这种研究形成两大派别：悲观派和乐观派。以罗马俱乐部为代表的悲观派对经济的盲目发展深表忧虑，提出增长极限论来警示世人，主张实行零的增长来免予世界崩溃。这种理论在分析资源的有限性与人类需要无限性、限制经济增长的观点对于人们合理开发和持续利用自然资源的实践具有重要意义，但是这种理论的结论并不是妥当的，而且提出解决问题的零增长具有生态乌托邦的意蕴，因而引起乐观派的反对。乐观派认为，随着科学技术的进步，人们完全能够创造出人类取之不尽、用之不竭的自然资源，且借用先进的科学技术完全可以消除工业污染和生态破坏带来的灾难。乐观派提出运用科学技术解决资源短缺问题的思想具有重要的理论意义和现实意义，但是过度夸大科学技术的作用和功能，而没有看到科学技术运用的不良后果。这两种观点尽管对立，但实质仅专注于纯技术问题，缺乏社会制度的分析，因而受到不少学者的批判和指责，后来出现了众多的未来学理论和未来发展模式。

第五，发展哲学。从特殊性看，发展涉及经济、政治、文化、社会等实践活动，因而对各种发展问题研究的各种发展学科，如发展经济学、发展社会学、发展政治学、发展文化学、发展未来学等创立非常必要；但另一方面，这些学科的研究视角过于专门，缺乏系统性。因此，要全面而深入地研究发展实践问题，就需要一种宏观的哲学视角的研究。发展哲学正是通过对发展分支学科哲学底蕴的揭示和扬弃，为其提供理论基础和方法论指导的一种哲学。发展哲学主要集中在中国学界。发展哲学不像具体的发展理论那样对发展问题从经济、政治、文化、社会等方面进行研究，而是从哲学角度进行总体研究。正如哲学是自然科学、社会科学和思维科学等本质和规律的普遍的概括和总结，发展哲学的对象是各门具体发展学说的理论概括。因此，发展哲学是对现代社会发展的一般规律的研究学科。从哲学内容上看，发展哲学包括发展本体论、发展认识论和发展辩证法。

发展哲学虽然对发展的全面性、整体性进行研究，甚至对人的发展非常关注，但是缺乏伦理的审视，缺乏对发展价值和发展意义的追问。伦理的最一般形式就是价值，发展理论要与伦理学结合才能做到全面审视各种发展实践以及发展实践中的普遍规律，而且能够对发展的价值和发展的意义进行追问。一方面，发展是全面的；另一方面，发展的最终目标则是人本身，为全人类提供充实美好的人类生活的机会，"发展就是提升一切个人和一切社会的全面人性。"① 因此，发展理论是发展伦理形成的伦理渊源，发展伦理本质上是一种新的发展理论。

---

① ［美］德尼·古莱：《发展伦理学》，高铦等译，社会科学文献出版社 2003 年版，第 8 页。

（二）应用伦理学是发展伦理学的理论基础

伦理学是研究人类道德问题的学科。一般把伦理学划分为四种类型。一是德性伦理学。它以人的德性及其养成为主题，关注"我应该成就什么"，研究个体道德人格的生成和道德行为的自律，探索成为"好人"所需要的内在品质。二是规范伦理学。它以人的道德行为及养成为主题，关注"我应该做什么"，研究道德原则和道德规范的构成及根据，探索为实现"好的生活"所应遵循的道德行为准则。三是元伦理学，它以语言与逻辑为主题，研究道德语言的结构以及逻辑的关联，探讨伦理论证的规则和方法。四是应用伦理学，它是一门新兴学科，其目的是分析现实社会中不同发展领域中的重大伦理问题，探讨怎样使道德规则和规范在具体发展行为中得以实现。应用伦理学是发展伦理学的理论渊源。

在人类伦理思想史上，德性伦理一直是前现代社会中伦理学的主导形态。现代社会以来，规范伦理在伦理学体系中占主导形态，制定具有普遍有效的道德原则和规范是伦理学的主要目的。但是规范伦理学把"伦理学问题"完全等同于"规范问题"，它只关注人的服从外在规范的行为，缺乏内在道德品质的养成，不利于人的全面发展。随着20世纪初的英美分析哲学逐步成为主导地位的哲学形态，规范伦理学让位于元伦理学。从一定意义上说，元伦理学是分析哲学在伦理学领域中的一种应用形态。元伦理学把伦理学定位于对道德语言的逻辑、形式、意义和功能本身的研究，对伦理概念和命题进行语义分析，不需要研究行为、规则及善恶标准，也不必关注现实的道德问题和实践的道德要求。元伦理学在用语言分析和澄清善恶等概念方面的探讨，对完善和发展传统的德性伦理学、规范伦理学有重要价值。但元伦理学将事实问题与语言问题混为一谈，与现实生活的道德问题产生了严重脱节。实质上，道德中的善恶概念不能脱离现实中的道德现象和问题。

20世纪60年代，随着科学技术和社会生产力的快速发展，人类社会发展实践出现诸多现实性问题，如原子能利用、战争、安乐死、体外受精、生态危机等。这些问题对传统的规范伦理学和元伦理学提出了挑战，因为传统规范伦理学和元伦理学都没有涉及以上问题的研究，不能作出有效的解答。伦理学领域中的革命在所难免，应用伦理学就是在这种实践背景下革命的理论成果。

应用伦理学最初产生于美国。第二次世界大战后，美国作为战争中的获益国，经济社会等方面的发展达到了较高程度，但是自 20 世纪 60 年代起，美国出现了经济之外的许多问题。政治上，越南战争中的严重人道主义危机，激起美国民众的强烈争论和反战运动；民族上，长期的种族隔离政策导致的种族冲突和危机，催生了空前的反种族隔离政策；在婚姻和家庭方面，性的开放导致大量的未婚先孕、堕胎、家庭破裂和性传染病等问题，引发社会的恐慌；在生态环境方面，大量化学制品的生产和运用，造成了严重的环境问题和生态问题；在军备方面，核战争军备竞赛的阴影，笼罩在民众心中。这一切社会问题，集中表现为社会道德的混乱与衰退。因此，它极大地推动了应用伦理学在美国的率先发展。自 20 世纪 70 年代起，美国学界出版了大量关于政治、社会、科技领域中道德问题的著作。1971 年罗尔斯《正义论》的发表，是美国伦理界出现的向实践伦理转向的一个重要标志。应用伦理学的研究不仅表现在理论创造方面，而且出现了一系列以应用问题为指向的研究机构，如 1969 年建立的"哈斯丁（Hastings）社会、伦理与生命科学研究所"和 1976 年在华盛顿建立的"哲学与公共政策中心"。经济的全球化推动了文化的全球化，20 世纪 80 年代后期，应用伦理学论著在欧洲大量出现，而且大量的研究应用伦理问题的研究机构和研究中心如春笋般地涌现出来。如德国马堡大学"应用伦理学研究中心"、图宾根大学"科学伦理中心"、波鸿大学"医学伦理中心"、萨尔茨堡大学"应用伦理研究所"。随着西方应用伦理学在我国的传播，20 世纪 80 年代我国学界开始出现环境伦理、科技伦理、经济伦理和生命伦理等研究，90 年代应用伦理学的研究达到了日臻完善的程度。在应用伦理学的研究机构和研究方面，中国社会科学院哲学研究所率先成立研究中心，随后，出现了许多应用伦理学研究机构，应用伦理学已成为许多高校和研究机构的重点学科方向。

这些应用伦理学对人类发展实践的诸多方面和领域的道德问题作出深入细致的探讨，为发展伦理学的形成和发展奠定了坚实的理论基础。但是，应用伦理学的各分支学科仅对独自的学科进行研究，对发展实践缺乏全面的把握和反思。正如卢风教授所说："经济伦理和企业伦理过分顺从了市场经济的私人利益驱动，过分屈从了'经济学帝国主义'，助长了将道德作为经济发展的重要手段之思想。环境伦理，一方面表现为对人类中心主义反思的倾向，另一方面过分依赖人类的道德而缺乏现实的感召力。生命伦理侧重于细微的概念分析，而不能与对人类文明的整体性伦理相联系。科技伦理忙于为科研'制定'道德规范，但缺乏对科学精神和科技本质的深刻反省。经济伦理、环境伦理、生命伦理、科技伦理、行政伦理等分支各自形成研究的'因子'，不同'因子'之间缺乏交流和对话，学科分支之间就没有交叉和渗透，但无论是个人的道德生活还是整个社会道德都是具有整体性的，仅有这种分割式的研究不足以达到对道德生活的深刻理解和正确引导。"① 发展伦理学正是在吸收和整合现有应用伦理学分支学科的基础上，对发展理论和实践中的总体性问题，发展本体论、发展认识论、发展辩证法及发展实践等进行伦理反省和探讨。

　　总之，发展伦理学是新的发展理论和新的伦理形态的结合体。发展伦理的产生主要缘于发展理论学者对发展问题在哲学层面的思考和伦理学对发展问题的思考。发展理论，尤其是发展哲学和应用伦理学是发展伦理学的理论依据。

第二节 发展伦理学的研究对象和基本问题

　　明确了发展伦理学的兴起以及依据之后，接下来就是研究发展伦理学的研究对象和基本问题。确定发展伦理学的研究对象，首先要把握发展伦理概念。发展伦理是发展理论中的伦理性以及发展实践中遵循的伦理原则的统一。发展伦理学的研究对象是发展哲学和应用伦理学的研究对象的结合，是发展实践和伦理道德的统一。发展伦理学的基本问题是发展理论、实践与伦理道德的关系问题，包括两个方面：发展理论和实践中蕴涵着伦理性，发展实践要通过伦理道德规则和规范来约束。

一　发展伦理的内涵

　　探讨发展伦理的研究对象，首要问题是如何理解发展伦理概念。发展伦理是由"发展"和"伦理"两个概念合成的，因此，先要分别把握"发展"和"伦理"的概念，再去界定"发展伦理"的概念。

（一）发展的概念

　　发展是一个在日常生活中普遍使用的多义词。从学术视角看，发展的含义大体有两类：一是哲学意义上的发展，二是社会意义上的发展。从哲

---

① 卢风：《应用伦理学》，中央编译局出版社 2004 年版，第 43 页。

学意义上看，"发展"是上升的运动，即事物从小到大、从简单到复杂、从低级到高级的前进的上升运动。发展的实质是新事物的产生和旧事物的灭亡。从社会意义上看，"发展"有两个特定含义：一是指社会的经济增长以及由此引起的社会变化；二是指传统农业社会向现代工业化和信息化社会的转变，即现代化。① 发展伦理中的发展指社会意义上的发展。发展是一个现代性概念，是指源于 17 世纪以来欧洲的启蒙思想中关于社会"进步"、"进化"的观念。

在古代，古希腊人把历史看作一个循环往复和由盛到衰的过程。在中世纪，基督教历史观占主导地位，这种历史观在一定程度上否定了古希腊关于历史是循环往复的观点，却继承了历史是一个逐渐衰亡的观点。只是到了近代，以培根、笛卡儿、牛顿、洛克和斯密等为代表，认为"发展"是关于社会"进步"的观念。这些观点包括：我们积累的物质财富越多，世界就必然越有秩序；进步就是能带来一个井然有序的世界的物质财富的不断积累；科学技术就是履行积累物质财富，推动人类进步这个使命的工具。②

作为现代性概念，发展意味着"进步"。对"发展"一词的现代定性及其对于现代理性和科学的依托性，利奥塔在其著作《后现代性状态》有过分析，他指出："甚至发展这一概念自身也先设了一种不发展的视野，这种视野假定各种能力全部笼罩在传统的统一体内，没有分解为不同的品质，没有得到特殊的革新、讨论和检验。这种发展与不发展的对立并不一定意味着'原始人'，与'文明人'在知识状态中性质变化的对立……"。刘森林教授也指出，由于"发展"概念与"现代性"的内在交叉，严格意义上的"发展"是指现代社会才具有的一种向着物质富足、科学进步、社会分化、复杂性和完美性逐渐趋于明显等方向不断切近的过程。③ 现在，作为现代性概念，发展的内涵已经超出其初始仅仅是一个单纯的经济概念的范围，最终成为一个完整的现象，即成为集政治、经济、文化、科技、社会等要素于一体的完整现象。即是说，发展是以经济增长为基础的，包括经济、政治、文化、社会以及人的变化过程，尤其是从传

---

① 庞元正：《发展理论论纲》，中共中央党校出版社 2000 年版，第 37 页。
② 林春逸：《发展伦理初探》，社会科学文献出版社 2007 年版，第 25 页。
③ 刘森林：《重思发展——马克思发展理论的当代价值》，人民出版社 2003 年版，第 24 页。

统社会向现代社会的变迁，因此，发展概念同现代化概念又具有相同的含义：发展就是现代化。现代化既是发展的目标，也是发展水平的标志。

作为现代性发展概念蕴涵着价值预设，发展追求的价值就是现代性价值。在技术方面，科技的发展与应用起到了用外部自然力代替人的劳动的自然力的功能；在经济上，追求利润为目的导致市场的无限扩大和经济的无限度增长；在政治上，实现了建立在自由、民主、平等为核心价值理念基础上的民主和法制制度。因此，现代社会中，人们认为发展的价值就是关涉现代性的，对发展作出的评价的标准也以现代性为评价尺度。其结果，凡是符合现代性价值的发展就是"好"的发展。现代性实现得越彻底，发展程度就越高，社会就越进步。① 当我们把"发展价值"同"现代性"概念紧密联系起来时，也就把"发展"同"现代化"概念联系起来，也就意味着发展是追求现代性的发展。

（二）伦理的概念

一般而言，研究伦理的概念，首先要厘定道德的概念。在此基础上，明确两个概念的联系和区别。概念是对事物本质的揭示，事物在运动和发展着，概念是流动的，概念的内涵是变化的。现代社会，伦理概念的内涵和外延都有不同程度的扩展。只有认识现代伦理概念，才能掌握发展伦理的概念。

第一，道德与伦理的概念。掌握伦理的概念，首先要区别伦理与道德。伦理与道德既有区别，又有联系。就道德而言，从词源上看，西方词源中的"道德"来自拉丁文"mores"，意思是风俗、习惯等；古代汉语中"道德"起初是两个分开着的概念："道"与"德"。春秋时代的荀子较早将"道"与"德"两个词作为一个完整概念来使用，其云："故学至乎礼而止矣，夫是之谓道德之极。"这就是说，如果人们学会了"礼"，并且按照"礼"的规则做人和处世，人们就能达到道德的境界。这样，"道德"概念在以后的使用中一般都是指按照一定的行为规范而行动并达到完善的境界。② 从道德的语义看，在西方思想史上，对道德的界定有不同的话语表达。苏格拉底提出了"美德即知识"的命题。康德认为理性才是道德的出发点，因为道德必须是具有普遍有效性的绝对命令。在中国

① 刘森林：《发展哲学引论》，广东人民出版社 2000 年版，第 49 页。
② 万俊人：《寻求普世伦理》，商务印书馆 2001 年版，第 47 页。

古代文化中，道德有外在和内在两个阐释维度，即所谓"道者，人之所共由；德者，人之所自得也"。"人之所共由"指的是作为社会规范要求的道德，是人们在社会中生存所要共同遵守或服从的价值尺度。"人之所自得"则指的是内化为个人品性或情感的道德，体现的是个人在道德操守上的自觉性或自持力。但无论中西方思想上如何界定道德，道德问题的讨论始终是在人与人的关系范围中展开的。

就伦理而言，伦理是指调节社会中人际关系行为的价值原则和规范。从词源上看，西语中的"伦理"一词来自拉丁文"ethos"，意思为驻地或场所。早期希腊哲学家用来表示某种现象的实质或稳定的性质。后来，人们用它来指一个民族的生活惯例，这样就具有了风尚和习俗的意思。从亚里士多德开始，这个词便专门用来研究人类德行的科学。① 早期的思想家没有对道德与伦理进行区分，19 世纪德国古典哲学家黑格尔开始明确区分"伦理"和"道德"这两个概念。黑格尔认为，"道德"是"主观意志的法"，即人的自由意志在内心中的实现，主要包括"故意与责任"、"意图与福利"和"良心与善"三个环节，而伦理则是作为"抽象的法（权利）"（形式的、客观的）与"道德"（实质内容的、主观的）的统一，即所谓客观法与主观法的主客观统一。② 万俊人教授认为，在黑格尔眼中，道德更强调人的"道"，伦理侧重于人之关系的"道"。从古汉语看，与"道德"一词一样，"伦理"一词开始也是两个分开的概念："伦"与"理"。将"伦理"两字连用始于《礼记·乐记篇》一文。其中有云："乐者，通伦理者也。"这里，伦理指一种等级、次序和顺序等关系。

总之，在西语中，"道德"与"伦理"既有相通的词源意义，又有相异的哲学阐释。在中国古代文化中，"伦理"与"道德"存在意义上的差别，而两者又有相通之处，即"道"与"理"的照应。现在人们认同的是："道德"和"伦理"都涉及人类生活和行为的善恶之意和价值规范，都具有调节人类关系和行为的价值规范功能。因此，我们得出关于伦理学的结论，"伦理学是一门探究和研究人与人之间的道德关系的学科，离开了人与人之间的道德关系，也就超出了伦理学研究的范围"。③ "虽然自然

---

① 晏辉：《市场经济的伦理基础》，山西教育出版社 1999 年版，第 14 页。
② ［德］黑格尔：《法哲学原理》，范阳等译，商务印书馆 1961 年版，第 162 页。
③ 傅华：《生态伦理学探究》（序），华夏出版社 2002 年版，第 2 页。

界、物质世界、精神世界都会与人发生关系，但道德关系的最基本关系在于人与人的关系，其他关系只有与此相联系的时候，才构成道德关系的意义。"① 也就是说，"伦理关系"或"道德关系"的最基本关系是人与人之间的伦理关系或道德关系。

第二，伦理关系的拓展。罗国杰教授曾经指出："在很长的一段时间内，伦理学的研究对象只在于研究人和人关系，人和自然的关系不存在于伦理学的研究范围内，这当然是错误的，是应当改正的"，"人和自然的关系，也反映着人和人关系的一个重要侧面，它曲折地体现着人和人之间的利益关系和道德关系"。② 在这里，罗国杰教授充分肯定了伦理学研究范围之人与自然关系的拓展，实际上，一定程度上也承认了人与自然之间存在"伦理关系"，这种"伦理关系"不过是人与人之间的"伦理关系"的一种映射而已。此"伦理关系"非彼"伦理关系"，正如李萍教授所指出的，"最基本关系"是人与人之间的道德关系。而其他关系只有与此相联系的时候，才构成道德关系的意义。③ 把人与自然关系纳入伦理学研究的范围，认知到人与自然之间的伦理关系，这不仅是人类社会发展实践的需要，也是伦理学本身发展的需要。

发展哲学认为，实践是社会发展的本体。从结构上看，实践包含人与自然、人与人和人与自身三种关系，社会发展是人与自然、人与人、人与自身这三种关系的统一，从而决定着人类的生存和发展境遇。当这三种关系表现出协调和统一时，人类才会具有良好的生存和发展环境，才能实现人的自由而全面的发展。因此，社会发展过程中如何调控这三种关系是至关重要的。在现代社会转型中，经济、政治、文化发生了分离，文化中的伦理道德独立出来充当思想的调控、激励等功能。在现代社会发展过程中，伦理成为重要的调节人类各种发展实践的重要手段和方式。它通过诉诸道德义务、良心和道德规范，促使人们的行为从"实然"向"应然"转化，进而成为体现伦理价值的重要方式，以及协调各种关系的重要规范。但是，人与自然、人与人、人与自身关系的确立，与这些关系成为伦理思维的对象，并不是同时的。自人类诞生以来，三大关系已经存在，但在相当长的历史时期中，只有人与人的关系进入了人类的视野，而成为了

①　李萍：《现代道德教育论》，广东人民出版社 1999 年版，第 104 页。
②　傅华：《生态伦理学探究》（序），华夏出版社 2002 年版，第 2 页。
③　李萍：《现代道德教育论》，广东人民出版社 1999 年版，第 104 页。

伦理研究的对象，而且这种人与人之间的关系，是一种狭隘的人际关系，尤其是历史还没有成为世界历史之前，特别是人类生存困境和发展危机没有凸显以前，个体与类的关系、代际关系等并没有涵盖在人与人的关系之中。同时，人与自然的关系也没有成为伦理思维的对象。[①] 只有在人类开始了现代化征程，人类文明发生重大转折之后，工业文明的迅猛发展带来了意想不到的发展危机和发展困境之时，人类对自身的关系状态才开始有了新的更深的认识。20 世纪下半叶人类对于自然、社会和自我认识有了一个重大飞跃。也正是在发展观嬗变过程中，人类有了更多的伦理觉醒，出现了许多新的伦理概念，诸如"生态伦理"、"环境伦理"、"地球伦理"、"全球伦理"等，人与自然之间的关系日益成为伦理研究的对象。在这种情况下，"伦理"和"伦理关系"的内涵和适用范围应当进行拓展。就"伦理"而言，"伦理"之"伦"不仅仅是"人"之"伦"，更是"生命"之"伦"。伦理关系首先是一种生命关系，而不只是人与人之间的关系。"伦理"之"理"首先是生命价值之"理"，这种"理"是一种自然之"道"，即生命的生生不息；其次是一种规律，即生命之间的平等与和谐。就"伦理关系"而言，有人与人之间的最基本的伦理关系，也有生命与生命之间必要的伦理关系。其实，把"人"作为伦理关系是否存在的标准，是有很大的历史局限性的。为了人类的可持续发展，目前国际上逐渐在人类的道德观念从人与人之间的关系扩展到人与自然的关系达成共识。如 1992 年由国际资源和自然保护联合会、联合国环境规划署和世界野生生物基金会组织合编的《保护地球——持续生存战略》报告认为，应把人类的道德观念从人与人之间的关系扩展到人与自然的关系，把保护环境、尊重自然和维持生存作为人类的道德准则。

（三）发展伦理的概念

由上可以看出，发展伦理是发展与伦理的结合，发展伦理是发展理论与应用伦理学的结果。发展伦理是新的发展理论和新的伦理形态。作为一种新的发展理论，它是对发展问题在哲学层面的思考，是对发展哲学的继承和发展。作为新的伦理形态，发展伦理探讨发展实践中形成的人与自然、人与人、人与自身之间的各种伦理关系中的伦理性，提炼出调节伦理关系以及行为的道德原则和规范。总体上说，发展伦理试图从伦理角度把发展理论，尤

---

① 林春逸：《发展伦理初探》，社会科学文献出版社 2007 年版，第 162 页。

其是发展哲学中的本体伦、认识论和辩证法中蕴涵的伦理性揭示出来，用伦理原则规范发展实践过程中的各种问题。发展伦理不仅关注发展中的个别方面的伦理道德问题，更关注发展中存在的总体性伦理道德问题。

二　发展伦理学的研究对象

任何一门学科，必定要有一定的研究对象。对"发展"和"伦理"概念的把握和理解的角度不同，会形成不同的发展伦理学。不同的发展伦理学的研究对象也是各异的。发展伦理的对象是什么？关于这个问题，目前我国学界主要有几种表述：有学者以发展中国家的发展问题和发展实践作为发展伦理学的主要研究对象；有学者以"类"的生存和发展问题和发展实践作为发展伦理学的研究对象；有学者以人的可持续发展作为发展伦理学的研究对象；有学者认为，发展伦理学是关于发展善的学说；有学者认为，发展伦理学是系统研究发展道德的学科。我们认为，发展伦理是关于发展哲学与应用伦理学的结合产物，因此发展伦理的研究对象必然涉及发展哲学的研究对象和应用伦理学的研究对象。

（一）发展哲学的研究对象

发展伦理学作为发展研究的一个跨学科领域，与发展哲学有关。"发展哲学"是发展理论中的一个学科。发展哲学是基于哲学家对在哲学层面对社会发展问题的反思和批判的理论思考。但是对于什么是发展哲学，学者们意见是不一致的，主要有"统摄说"和"反思说"两种。"统摄说"认为，发展哲学是统摄发展理论，包括发展经济学、发展社会学、发展政治学、发展战略学等的哲学方面的总体概括，它旨在解决社会各领域、各要素之间的关系，是"理论化、系统化了的发展观"。"反思说"则认为，以理论化和系统化来界定发展哲学的哲学性质，在发展问题上根本就没有意义，认为谋求合理发展的发展哲学必须拒斥这种追求"宏大叙事"，具有抽象特质的"统摄说"，并认为发展哲学首要的基本问题是对发展理论和发展实践的反思，并起纠偏、校正和调适的作用。①

我们认为，"统摄说"和"反思说"都是正确的，从表面上看二者分歧很大，实质上二者也有统一性。"统摄说"的理论视角是哲学的性质或根本性质，即哲学是系统化、理论化的世界观。而"反思说"的理论视角是哲学的功能或根本功能，即哲学是爱智慧的学问，是通过反思和批判

---

① 林春逸：《发展伦理初探》，社会科学文献出版社 2007 年版，第 41 页。

使人变得更聪明的学问。所以，我们主张，发展哲学既是系统化理论化的发展观，又是反思和批判发展理论和发展实践的哲学学说。社会发展是指以人的全面发展为核心的社会经济、政治、精神、生态及其他各个方面、各领域的发展。因此，发展哲学的研究对象就是广义的社会发展及其规律。

（二）应用伦理学的研究对象

发展伦理学是应用伦理学的一个学科分支，是 20 世纪六七十年代兴起的一门新的学科，其目的是为人们思考现代社会发展中不同领域的重大问题提供伦理视界。应用伦理学是对伦理学一般理论的实际运用问题进行专门性探讨的学科，在西方，它通常是与理论伦理学相对而言的。通过两者之间的比较确定应用伦理学的研究对象。

第一，从两种伦理学的范式看，理论伦理学主要从哲学的角度去研究道德，侧重对道德基本理论的阐释，属于德性伦理学。而应用伦理学关心的是澄清道德争论本意，确定一般原则如何运用于具体实例，属于规范伦理学。

第二，从两种伦理学的研究内容看，理论伦理学比较侧重于道德形而上学、语义学、认识论和规范体系等的研究，主要探讨道德的起源、发展、变化的基本规律及其不同时期的社会作用，研究道德的最高原则和最高理想等有关道德的根本问题，研究有关道德教育和道德修养的基本理论等。理论伦理学当然也要涉及道德规范和实践伦理学方面的问题，但它只对这些问题进行理论的概括，不涉及具体内容。应用伦理学则着重于道德对社会关系调节功能的实践意义，以直接研究具体的、有争议的道德实践问题为主题，如政治、经济、科技、生态等相关的社会公域的伦理问题。研究目的旨在为人们在道德实践中的特殊行为选择提供具体道德原则、道德规范；同时，在人们对新的多样的社会生活现象进行道德评价时，能够提供一定的道德标准和评价标准。在这个意义上，应用伦理学实践的价值是很突出的，它是伦理学理论与社会发展实践相结合的产物，是一种实践伦理学。由于社会生活有不同的领域，应用伦理学就形成了不同的分支学科。

（三）发展伦理学的研究对象

在研究发展哲学的研究对象以及应用伦理学的研究对象之后，我们进行发展伦理学的研究对象的探讨。前已指出，发展伦理的研究对象既不同于发展哲学的研究对象，又不同于应用伦理学的研究对象。就与发展哲学的区别而言，发展伦理学是从伦理学的角度审视发展理论和发展实践，从与应用伦理学区别来看，发展伦理学是关于经济、政治、文化等发展总实践的伦理规范，而不是各分支应用伦理。实质上，发展伦理学的研究对象是发展哲学和应用伦理学的研究对象的结合，是发展理论、实践和伦理道德的统一。

　　发展伦理学既具有发展理论的特征，又具有伦理道德性质。作为一种新的发展理论，发展伦理是发展理论的新阶段。作为一种新的伦理学，发展伦理是发展的伦理化和人性化。发展伦理是当代主体的自觉和跃升，是人类从自发发展走向自觉发展的标志。作为一种新型的伦理形态，发展伦理是指运用伦理的视角揭示发展理论和实践中蕴涵的伦理性，以及提供协调处理发展实践的道德规范和原则。具体来说，发展伦理不仅从伦理学的角度审视发展实践和发展理论，而且运用一套伦理学的基本原则，规范和解决发展中出现的各种问题，包括人与自然、人与人（人际关系、人与社会关系、国家关系、代际关系等）以及人与自身的伦理关系。因此，发展伦理学是研究发展实践和发展理论的伦理意蕴以及协调发展实践中人与自然、人与人、人与社会以及人与自身的道德原则规范和行为活动的学科。

三　发展伦理学的基本问题

　　在关于发展伦理学的基本问题上，国内学术界存在不同的观点和意见。我们认为，发展伦理学的基本问题是发展哲学与应用伦理学的关系问题。

　　（一）发展伦理学基本问题的几种观点

　　作为应用伦理学领域的新秀，发展伦理学的论域十分广阔，对发展伦理学的基本问题也是众说纷纭。这些理论都从特定层面揭示了发展伦理学的重要内容，都是发展伦理学理论宝库中很有价值的学术成果。这里简要梳理国内的三种观点：

　　观点一："能够做"与"应当做"的关系问题是发展伦理学的基本问题。吉林大学刘福森教授认为，"能够做"与"应当做"的关系问题，是发展伦理学的基本问题。[①] 在现代社会发展中，人类的实践能力业已发展到足以毁灭整个地球乃至人类自身的水平，对人的实践行为和结果的评价与约束就非常必要。因此，"有能力做的并非一定是应当做的"必然成为一个重要的伦理原则。这种观点是迄今我国发展伦理学研究中一个较为经典的代表，获得学术界的高度认同。

---

　　① 刘福森：《西方文明的危机与发展伦理学——发展的合理性研究》，江西教育出版社2005年版，第326页。

观点二：发展伦理学是以发展作为研究对象的，以发展的终极目标作为核心问题，因此，发展伦理学的基本问题应该是"如何通过发展使人们生活得更幸福"。这是学者林春逸的观点，他在《发展伦理初探》一书中指出，在现代发展境域中，"如何通过发展使人们生活得更幸福"在事实上转换为三个相互关联的伦理问题：一是人类在有限而脆弱的地球应当如何生活的问题，即"能够做"与"应当做"的关系问题；二是我们应当如何生活的问题，即"发展中的公平公正问题"；三是人们应当如何幸福生活的问题，即发展中生活美好与物品丰裕的关系问题。①

观点三：发展利益与发展道德是发展伦理的基本问题。中央党校邱耕田教授认为，发展伦理学是从伦理道德的视角来研究社会发展问题的应用伦理学的一门分支学科，主要内容包括：发展伦理学的基本问题和学科定位问题，发展道德的起源、本质、演变、功能及具体的准则问题，发展的价值和意义问题，发展善和发展恶的含义及其关系问题，发展义务、发展良心、发展权利、发展评价和发展道德的建设问题，等等。作为发展伦理学基本问题的发展利益和发展道德的关系问题，包括两方面内容：一是发展利益和发展道德间的相互关系问题，二是发展利益间的相互关系问题。②

（二）发展伦理学的基本问题是发展哲学与应用伦理学的关系问题

发展伦理学的基本问题是发展哲学与应用伦理学的关系问题。包括两个方面：其一，发展实践和发展理论（尤其是发展哲学）中蕴涵着伦理意蕴，即从伦理学角度审视发展实践和发展理论。其二，发展实践需要伦理道德规范的约束，即发展实践中存在伦理原则的规约。

第一，发展理论中蕴涵着伦理意蕴，包括发展本体论、发展认识论和发展辩证法三个方面。因此，发展本体论、发展认识论和发展辩证法中蕴涵着伦理意蕴。

（1）发展本体论的伦理审视。发展的本体是实践，实践具有主体性和反主体性效应，实践的反主体性效应就是发展危机，减少实践的反主体性效应要审视发展的合理性，这是从伦理的角度审视发展的本体；从静态看，实践内在地包括人与自然、人与人以及人与自身的三种关系，发展也包括人与自然、人与人、人与自身的三种关系，因此，发展伦理需要从伦

---

① 林春逸：《发展伦理初探》，社会科学文献出版社2007年版，第171页。
② 邱耕田：《发展伦理学基本问题新论》，《哲学动态》2009年第2期。

理的角度审视发展中的三种关系。最后，从动态看，实践包括目的、手段和结果，发展也包括发展目的、发展手段和发展结果，发展伦理需要从伦理的角度审视发展目的、发展手段和发展结果。从发展的目标看，发展绝不表现为单纯地追求经济指标和经济增长，结果却忽视经济之外的其他方面的发展。发展目标日益具有价值意义。把经济增长与人及社会进步和发展联系起来已成为确立发展目标的关键。我们必须把人的发展与社会发展看作是发展的综合目的。而且，从发展角度看，应以人的全面发展为中心，经济社会发展相互协调的综合发展为标准。

（2）发展认识论的伦理审视。发展认识论的理性成果就是发展理论，发展理论的核心问题是关于发展观的问题。所谓发展观，是社会发展主体关于社会发展的目的、内涵、本质和路径的总的观点和看法。不同的历史时代会产生不同的发展观。纵观近现代史，人们对发展的认识而产生的发展观有许多，这里重点介绍经济增长观、综合发展观和人本发展观。①经济增长观。这种发展观从单纯的经济视角把发展界定为物质财富经济指标增长的过程。②综合发展观。这种发展观从社会总体的角度把发展界定为经济与社会协调发展，经济结构、政治体制、文化要素和社会组织形式的整体发展。③人本发展观。这种发展观把发展界定为社会的发展与人本身发展的和谐一致的过程，而且从人的视角把发展界定为人的基本需要的满足，人的能力的全面发展和人的个性的自我实现。上述三种发展观既是源于现代社会发展实践的经验概括，又是指导社会发展实践的理论指导，具有重要的理论地位。但前两种发展观却忽略了发展实践关系中的伦理问题，出现了社会发展的道德滑坡等问题，因此，发展伦理要从伦理的角度审视发展的认识论成果。

（3）发展辩证法的伦理审视。发展哲学认为，发展的辩证法包括：发展与代价、发展中效率与公平、人类发展与个人发展以及发展与异化的关系。这些辩证内容蕴涵着伦理意蕴。

第二，以伦理的原则规范发展实践。现代社会发展的动力因素是综合的。生产力的发展是社会发展的最终决定力量，此外，伦理道德对社会发展提供的道德支撑力量也是非常重要的。伦理为社会发展提供的道德支撑表现在如下几个方面：其一，伦理道德作为一定社会的上层建筑，通过对社会发展作出"善"的肯定性评价，为发展提供伦理依据和道德规范，以此来促进一定社会的良性、健康的发展；同时，伦理道德通过谴责社会发展中的"恶"的现象，保证社会发展的道德方向。其二，伦理道德起着评价社会发展实践等领域的价值判断的功能，并能够为构建理想生活世界提供行为的导向功能。虽然表面上看，它不能直接创造物质财富，但由于内在价值的存在可以作为一种无形资产，通过"应然"的道德原则创造价值，并通过社会绝大多数人对其道德价值的广泛认可实现其价值。其三，伦理道德可以通过道德诚信机制、公正平等机制等制度的设置，赋予社会发展公平、正义等道德内涵，保证发展的公正性。通过伦理道德的约束，人们在追求经济利润和经济效益时，不做出损害社会公正的行为，在追求利润最大化时，能够自觉遵循诚信、公平、公正的道德准则，使社会达到健康的发展。

具体来看，伦理道德是通过人本原则、公正原则、责任原则以及和谐原则等道德原则对社会发展实践发挥道德支撑作用的。

（1）人本原则。人本原则包括以下内容和要求：首先，发展是为了人的发展，人是发展的目的和发展的标准。其次，发展是为了人的利益和人的尊严。发展首先要把维护人的利益和实现人类福祉放在优先地位加以考虑，"好"的发展的一个基本标准就是以人的尊严看待发展。

（2）公正原则。公正原则主要包括以下主要内容和要求：首先是发展中的代内公正，主要指国际公正、区域公正、群际公正、人际公正。发展是各种主体的发展，是权利与义务对等的发展，是机会平等和共享发展成果的发展。其次是发展中的代际公正，是指当代人在实现自己需要的过程中不能损害后代人满足其生存和发展需要的基本条件，保持自然资源基础的完整无损。

（3）责任原则。发展伦理的责任原则包括对大自然保护的责任、对弱势群体的责任、对同代人的责任和对后代人的责任等。首先是保护大自然的责任。人类只有肩负起保护大自然的责任，才能让地球变成使人诗意般栖居的家园。其次是对弱势群体的责任。发展伦理的一个重要任务就是调节强势群体与弱势群体之间在发展中的利益冲突。在发展中，让弱势群体共享发展成果。再次是对同代人的责任。最后是对后代人的责任，赋予后代人不劣于我们所享有的生存与发展环境的义务。

（4）和谐原则。社会发展的最终目的是实现社会和谐。社会和谐是尊重差异基础上达到人与自然、人与人、人与自身伦理关系的和谐。首先，人与自然的和谐发展。它是建立在"以人为本、以自然为基础"的理念上，主张热爱、尊重、保护、合理利用自然，尊重自然生态规律和社会经济规律，尊重人的利益与其他物种的利益。其次，人与人的和谐发展。人与人和谐共生是人类最具有现代意味的合作关系，表征着最具有价值的生存方式和生活方式。在人与人关系问题上自觉遵循"人我互利共赢"的原则，最终实现对人类文明成果和发展成果的"人群共享"。最后，人与自身的和谐。包括对人与自身和谐发展的追求。而人与自身和谐发展至少包括人的精神和谐发展以及人的身心和谐发展。

总之，发展伦理是发展理论中的伦理性以及发展实践中遵循的伦理原则的统一。发展伦理学的研究对象是发展哲学和应用伦理学的研究对象的结合，是发展实践和伦理道德的统一。发展伦理学的基本问题是发展理论、实践与伦理道德的关系，包括两个方面：其一，发展理论中蕴涵着伦理性；其二，发展实践需要伦理道德规范的约束。

第三节 发展伦理学的意义

发展伦理学是一种新的发展理论和新的伦理形态，具有十分重要的理论意义和实践意义。从理论意义上看，发展伦理学有助于对传统发展主义的批判和反思并有助于发展应用伦理学；从实践意义上说，发展伦理学有助于构建人与自然和谐的生态家园，营造和谐的社会环境和构建人的自身和谐发展的局面，从而实现人与自然、人与社会和人与自身的和谐发展。

一 发展伦理学的理论意义

发展伦理学的理论意义包括对传统发展主义价值观的批判以及对应用伦理学的发展两个方面。

（一）对传统发展主义价值观的批判

传统发展主义是与20世纪90年代崛起的新发展主义相区别的发展主义。传统发展主义有这样的信念：（1）把经济增长等同于发展，认为经济增长是一切社会进步的先决条件。（2）将工业化或所谓生产性产业或科技产业置于经济增长以至发展的中心位置，认为依靠工业化和科技进步一定能带来经济增长并提高人们的生活水平。（3）强调发展中国家以增加经济财富为目的，就可以逐渐追上发达国家。（4）不对发展的主体和发展的享受者进行区分，认为发展必定会为所有人带来幸福和利益。（5）只考虑发展的收益，不考虑发展的代价。（6）强调发展意味着进步，任何发展中出现的问题，都依赖于经济的不断增长。[1]

发展伦理认为，正是这种发展主义导致了当前的发展困境和发展危机。首先，传统发展主义最大的缺陷就是发展的"价值迷失"。作为一种意识形态，传统发展主义没有反思这样一系列基本问题：发展为了什么？发展为了谁？经济增长是否增进人们的福祉和改善人们的生活质量？这些问题，恰恰是关于发展的目的、发展的意义和发展的价值问题。传统发展主义那里，发展是自身的尺度，发展既不为什么，也不为谁，发展本身就是目的，其他一切都是发展的手段。这里的发展简单地还原为经济增长，经济增长又简单地等同于 GDP 或人均收入的提高，发展至上或发展是天然合理的等论断又通常被置换为经济增长主义、经济增长是天然合理的。因此，发展危机实质上是发展的价值观危机及关于发展本身的意义危机，是"价值迷失的危机"。

其次，传统发展主义忽视社会问题和生态问题。传统发展主义认为，经济发展可以解决一切社会问题，忽视了社会公平、贫富差距等社会问题，导致了一部分人群、一些地区没有能够实际享受到发展所带来的实际好处。传统发展主义以追求经济利益为目的，在经济发展中以牺牲本国的劳动力和自然环境为代价。在对待环境、生态问题上，传统发展主义的指导信念是发展就要破坏环境和生态；反之，要保护环境和生态，就只能牺牲发展和遭受贫穷。于是，传统发展主义就把自然环境的代价和劳动者健康的代价排除在企业内部的成本之外，其最终结果导致环境危机和生态危机。[2]

最后，传统发展主义一定程度上误导了发展中国家追求自身的发展，造成这些国家的发展困境。在传统发展主义指导下，工业化、现代化和"发展"被看作是"包治百病"的救世良方，被广大发展中国家广泛运用。然而发展导致了始料未及的社会和政治难题。因为传统发展主义是一种"生产中心论"、"工业中心论"、"科技中心论"。实际上，工业化或生产性产业或科技产业并没有人们想象的那样能带来经济的快速发展，而且就历史来看，18 世纪和 19 世纪的英国"工业革命"对经济增长的贡献

---

① 林春逸：《发展伦理初探》，社会科学文献出版社 2007 年版，第 190 页。
② 同上书，第 193 页。

也是十分有限的，人们的生活水平也并没有得到多大提高。譬如，牛津大学经济史学教授范斯坦（Feinstein）的研究表明，英国的"工业革命"时期，整体上工人的生活水平没有实质上的提高。因此，将"工业化"与经济增长紧密联系起来，实质上是一个很大的误会。源自于发达国家发展主义通过对工业化、市场化和城市化等方面的阐述，对广大发展中国家在如何发展等问题上产生了很大的影响。就中国而言，改革开放以来，中国作为发展中国家在发展主义的影响下，国内生产总值（GDP）被看成是唯一的社会进步的指标，经济发展过程中导致一定程度的自然资源短缺、环境污染和生态失衡等生态问题。①

总之，传统发展主义秉承"增长至上"理念，指导现实的经济发展，造成发展成为"见物不见人和自然"的畸形发展，造成了生态危机和社会危机。发展伦理学的出场就是对发展主义进行纠偏。发展伦理学的根本宗旨，是立足于人本的、人道的角度，从人类的可持续生存和发展的需要出发。与发展主义追求经济增长至上不同，发展伦理学关注的是发展的意义，即"为了什么发展"和"什么样的发展才是好的发展"这一价值论的问题，从而对传统发展主义的批判和反思具有非常重要的理论意义。

（二）有助于推动应用伦理学发展

发展伦理学之所以可能成为应用伦理学新秀，首先在于其具有与生态伦理学、经济伦理学、政治伦理学和生存伦理学等其他应用伦理学所不同的特质和对发展问题独到的反思视角，这种特质和反思视角是在对当代人类发展面临的各种困境和危机的伦理反思中形成的，是在与生态伦理学、经济伦理学、政治伦理学和生存伦理学等其他应用伦理的对比中彰显出来的。因此，研究发展伦理学有助于推动应用伦理学的发展。

第一，从生态伦理学到发展伦理学。生态伦理学"是关于人和自然的道德学说，亦即是生态科学、环境科学与人的价值学说综合而成的一门新兴伦理学科，是如何对待生态价值、如何调节人们与生物群落之间、如何调节人们与环境之间关系的伦理学说。"② 生态伦理学主张将人与自然同等地看待，认为自然也是价值的主体，具有自身的内在价值，因此，人类在改造自然时，要尊重自然、善待自然，以此来履行对自然的伦理义

---

① 林春逸：《发展伦理初探》，社会科学文献出版社 2007 年版，第 195 页。
② 曾建平：《环境哲学的求索》，中央编译出版社 2004 年版，第 132 页。

务，达到人与自然和谐相处的目的。生态伦理学在尊重自然和保护自然方面的主张给人类盲目改造和征服自然的行为以一定的约束和控制，但由于这种主张实质上是要求人关心自然、依赖自然乃至顺从自然，而脱离了人对实际利益的追求，消解了人的主体性的地位，因此，在实践中不能产生应有的作用，更难以遏制不断恶化的自然环境污染和自然资源短缺等生态失衡趋势。发展伦理学是对生态伦理学的超越和发展。发展伦理学也关注人与自然之间的关系，它将人与自然之间的关系纳入人与人之间的关系中加以考量。发展伦理学认为，当今世界的根本问题不是人与自然的关系问题，而是人与人的问题。发展伦理不是抽象地和孤立地理解人与人之间的关系，乃是将自然纳入人与人之间的关系，形成"人—自然—人"的关系。伦理是处理人与人之间关系的规范和原则，因而人与人的伦理关系必定包含着人与自然的伦理关系，以至于把生态伦理的良好愿望与传统人际伦理的有效约束有机结合起来。自然环境恶化的罪魁祸首是人，是一部分人、一部分地区在发展实践中没有看到自然背后的另一部分人、另一部分地区的生存与发展权益。解决问题的核心和要旨为用发展伦理来引导人、规范人，使人的经济社会发展实践受道德规范和伦理约束，协调好人与人、人与自然的关系。从生态伦理到发展伦理的根本旨趣在于，把处理人与自然的关系重新回到处理人与人的关系，发展伦理是对生态伦理批判继承基础上的超越。

　　第二，从经济伦理学到发展伦理学。经济伦理学是经济学与伦理学的交叉学科，是应用伦理学的一门分支学科。经济伦理学是指在经济活动中形成的各种伦理关系以及协调处理这些伦理关系的道德原则和规范的总和。具体来说，在现代社会发展中，由于社会经济活动在生产、分配、交换和消费的过程中进行，经济伦理就是研究生产、分配、交换和消费这四个领域中的道德现象。在这四个领域中，分配领域是经济伦理的重要领域，成为学界研究的重点。经济伦理着重研究分配中的公正性。公正是公平和正义的统一，公平研究个人与个人之间的分配量的比例，正义是社会分配制度表现对个人与个人的财富分配的不偏向趋势。因此，经济伦理学中分配公正根据什么原则进行分配才是合乎道德的，才是公平合理的。现代社会发展中，分配领域中的不公主要表现为贫富差距扩大。经济伦理学对贫富差距问题的思考较多从经济公正的角度进行，更多的是追求经济与效率意义上的公平，其结果自然是效率多于公平，贫富差距不断扩大。

发展伦理学是对经济伦理学的超越和发展。从发展伦理看来，贫富差距不仅是一个经济问题，更是一个伦理问题；贫富差距扩大背后的实质是社会的严重不公，一部分人、一部分地区侵犯了另一部分人、另一部分地区的生存与发展权。发展伦理对贫富差距问题的审视更多是从人道的角度进行的，更多的是追求社会与人道意义上的公平、公正，即谋求所有人的基本需求的普遍满足，人的尊严和自由的基本实现以及最终实现共同富裕。从经济伦理到发展伦理，表明的是人类对自身的全部活动的反思、整合和规范，而不仅仅是经济活动，相比于经济伦理，发展伦理关注的视野和调整的范围更为宽广。

第三，从政治伦理学到发展伦理学。政治伦理是政治学与伦理学相交叉的学科，是应用伦理学的又一分支学科。"政治伦理是为了实现和维护一定的政治理想与政治秩序，在政治实践中形成的有关政治活动合理的、适宜的系列价值观念、行为规范与从政者道德品质的总和。"① 由此可见，政治伦理学以政治活动存在的诸多道德现象作为研究对象，目的是实现与经济活动相适应的政治理想和政治秩序。人是社会存在物，人与人之间的结合和合作形成社会各项活动中的社会关系，人类社会是各种社会关系的总和。由于人与人之间的关系有合作的一面，也有冲突的一面，社会关系的调节和控制不可或缺，良好的社会关系形成了社会秩序。政治活动既是生产新的社会秩序和维持旧的社会秩序的社会力量，也是解决很多现实中的各种矛盾和问题的社会手段。因此，人类社会的发展就是在不断发现不和谐、化解不和谐过程中建立起一种新的理念、制度和秩序，并达到新的和谐。当前人类在发展进程中面临的种种不和谐表明，人类过去的发展道路、发展方式等偏离了发展的价值核心，也表明政治伦理在实践中并没有充分发挥其应有功能，并没有实现其所追求的政治理想和政治秩序。与政治伦理学所不同的是，面对各种社会不和谐现象，发展伦理主张以和谐的方式促发展，发展伦理学是对政治伦理学的超越。和谐既是一种美德，也是发展的崇高境界。在发展伦理看来，人与自然的关系不是征服与被征服的关系，而是和谐相处的关系；国与国、地区与地区的关系不是朋友与敌人的关系，而是合作伙伴关系；经济、政治、文化的发展不是相互冲突，

---

① 戴木才：《政治文明的正当性——政治伦理与政治文明》，江西高校出版社 2004 年版，第 33—34 页。

而是相互促进、相互协调。

第四，从生存伦理到发展伦理。生存伦理是生存哲学与伦理学的结合。虽然生存哲学古代时期就已存在，但真正的生存哲学产生于现代。现代哲学实现由过去的本体论向生存论的转向。生存论兴起的现实根据是人的生存危机，人的异化。生存哲学关注人，关注人的现实、人的命运、人的存在，但现代西方生存哲学视野中是个人的，而不是现实的历史的人，所解决的人的问题只是个人的情感、意志、生命等，缺乏伦理道德的指导。在这样的情况下，生存伦理产生了。生存伦理是生存哲学与伦理学的结合。但只有生存伦理学对于人的自由而全面的发展还是有限的，因为人的生存不能代替人的发展。人是自然存在物和社会存在物决定着人有自然意义上的生存和社会意义上的生存，人的自然意义上的生存与动物本能地适应环境的生存没有多大区别，然而社会意义上的生存就必须以发展作为参照系。① 发展伦理学不仅是对生存伦理学的继承，而且是对它的发展。发展伦理不仅关注人的生存中的伦理道德问题，更重要的是强调人的全面发展中的伦理道德问题，旨在实现人的自由而全面发展的最终目标。

二 发展伦理学的实践意义

在现代社会发展中，科学技术在生产中的应用，机器大工业的发展，市场经济在资源配置中的作用，一方面造成生产力的极大提高，物质财富的增加；另一方面造成人与自然不和谐、社会不和谐以及人自身的不和谐等问题。因此，发展伦理学的实践意义在于建构人与自然和谐的生态家园，营造和谐的社会环境和构建人的自身和谐发展的局面，从而实现人与自然、人与社会和人与自身和谐发展。

（一）建构人与自然和谐的生态家园

人作为自然的存在物，来自自然界。人类的生存和发展要依赖自然界。但自然界绝不会自动提供人类所需要的各种物品，人类要通过生产实践活动，同自然界进行各种物质、能量和信息的交换，从而来满足自身的生存和发展需要。因而，人与自然的关系是每个社会和时代必然面对的基本问题。人与自然环境的物质变换并不是自然的简单的改造与被改造的关系，而是双重关系，人类改造自然，自然也影响和制约着人类。马克思曾

---

① 张登巧：《发展伦理学的产生及其历史演变》，《湖北民族学院学报》（哲学社会科学版）2005 年第 2 期。

论述人对自然界的依赖性，他指出，人靠自然界生活……所谓人的肉体生活和精神生活同自然界相联系，也就等于说自然界同自身相联系，因为人是自然界的一部分。①

自人类诞生以来，人与自然环境的物质变换就持续不断地进行。传统社会中，科学技术落后，生产工具简单，生产力落后，导致人与自然环境的物质变换问题不大。近现代以来，尤其是 20 世纪以来，人类在征服自然、改造自然并取得巨大成就的同时，也产生了一系列危及自身生存和发展的严重问题，如自然资源短缺、自然环境的污染、温室效应、物种灭绝等生态环境问题日益严峻。这些问题影响着人类的生存，人与自然的关系呈现出紧张失衡的状态。如何解决这些生态问题，如何处理好人与自然的关系，成为当今世界各国亟待解决的重大问题。

这种状况虽然很大程度上是由于科学技术、市场制度等因素造成的，但人类关于人与自然的观念，尤其是人类中心主义价值观造成的原因不可小视。要改变这种状态，既依赖于科技投入、制度建设等方面，也依靠伦理道德的启迪。发展伦理学是运用伦理道德的力量来处理人与自然之间关系的理论。发展伦理认为，人与自然环境并不必然是互斥关系，而是和谐共生的，为此应做到以下几个方面：

第一，在发展实践中，要尊重自然、不伤害自然。在过去发展中，我们过多地强调对自然的征服，破坏了自然环境生态平衡。因此，我们要尊重自然，应当维护生态系统的物质循环，尊重生态系统的整体性。要尊重自然，必须做到不伤害自然世界中的事物，要限制自身无限膨胀的物质欲望，不以某种原因杀害野生动物，不以单纯的经济发展而牺牲环境资源。人与自然的关系不是独立而纯粹的存在，它要建立在人与人的关系上，受到人与人之间的关系的制约，反过来，人与自然的关系制约和影响着人与人的关系，因而人与自然及人与人的关系是辩证统一的。发展伦理认为，我们不仅要平等地看待自然界，而且要公正、公平对待三种类型的利益冲突：要处理好不同群体之间在自然环境的开发和利用方面的利益冲突问题、发达国家与发展中国家关于自然环境问题的责任和义务问题、当代人与后代人在自然环境方面的利益分歧问题。

第二，加强生态环境教育，注重道德实践。保护自然环境不仅要转变

---

① 《马克思恩格斯全集》第 42 卷，人民出版社 1979 年版，第 95 页。

传统观念，而且要增强环保道德意识和注重道德实践的开展和践行。一方面，要采取多方面措施营造出良好的社会道德氛围，注重关于自然环境的公德意识的培养。保护生态环境有赖于广大公民的共同参与，实现人与自然的和谐发展要有全民生态伦理道德的支撑。另一方面，要大力提倡环境道德的倡导性规范，开展丰富多彩的实践活动。在具体的操作层面上，不仅要大力提倡诸如爱护绿地花草动物、尊重自然、节约资源等倡导性规范，而且要积极通过不同的途径和方式开展各种道德教育实践活动和生态伦理道德教育实践活动，激发人们尊重自然、热爱自然和保护自然的道德情感，使全体公民养成良好的"生态德性"，最终实现人与自然关系的和谐与健康，从而走向人与自然的"双赢"发展。①

　　第三，强化政府的生态责任，做好公正的制度安排。实现人与自然的和谐，不仅需要公民道德品质的养成，更依赖于政府的作为。首先，政府应将生态环境作为一种生产要素，运用到市场经济中，从而解决经济发展过程中短期利益与长远利益、局部利益与整体利益之间的矛盾。其次，通过不断完善经济体制，制定和完善有利于自然资源开发和自然环境保护的生态补偿机制，建立合理的资源价格体系。再次，要制定和修订有关促进自然资源有效利用、环境保护和生态平衡的法律法规，规范各种执法主体行为，加大执法的力度。最后，将资源消耗、环境损失和生态失衡纳入经济发展的评价体系，制定出切实可行的各种评价标准，并作为衡量和评价各个地区的经济发展指标内容。总之，通过设计和制定保护环境的科学制度，使生态环境保护制度化，使社会具有自觉保护生态环境的机制，协调人与自然的关系，实现人与自然的和谐发展。②

　　（二）营造和谐的社会环境

　　社会发展的可能性空间在于自然环境，人与自然环境的和谐是社会发展的首要基础。在人与自然环境基础上，社会发展内容逐渐增多，不仅有经济发展，而且还有政治发展和文化发展。在现代社会发展中，经济、政治、文化中不和谐因素增多，导致经济发展、政治发展和文化发展中出现许多不利于人的生产和发展的因素。因此，发展伦理的实践意义还在于指导和实现经济和谐、政治和谐和文化和谐，实现社会和谐，营造和谐的社会环境。

---

　　① 　刘丽等：《人与自然关系的伦理审视及道德思考》，《广东广播电视大学学报》2009 年第 1 期。

　　② 　王玲玲等：《发展伦理探究》，人民出版社 2010 年版，第 61 页。

第一，实现经济和谐。经济和谐是指在社会经济发展过程中，物质生产的效益得以充分的体现，经济发展与自然生态发展达到平衡，不同社会群体之间的利益分配的公平得到极大的关注，社会全体成员能在经济活动中各尽所能和各得其所。① 其中人的生存和发展与经济的和谐关系是经济和谐的核心和本质。因为经济的发展并非最终目的，人的生存和发展才是经济发展的最终目的，这是由社会经济发展的规律所决定的。在人类历史发展阶段上，自近代以来，以机器为生产工具标志的工业社会以其强大的运行逻辑把社会发展的全部内容置换为对经济增长的单纯追求，以至于后现代思想家认为现代工业社会患有严重的"经济增长癖"。它认为，经济增长是没有限度的，因而经济增长是天然合理的，经济合理性是衡量一切社会发展的唯一标准。这种发展模式偏离了人们的实际生活需求，加剧了社会的诸多不平等，造成贫富分化的悬殊越来越大的不良局面②，导致了经济发展与人的发展的不和谐。

如何实现人与经济和谐健康的发展？具有意识能动性的人类必然要找出解决问题的办法。发展伦理学就是对经济不和谐问题解决的努力尝试。发展伦理认为，人的衣食住行等物质需要是经济活动的基本动力，经济活动的最终成果要保障和满足人的基本物质需要。人是经济活动的主体，要通过自身的活动创造出适合于人类需要的各种物质产品，这些物质产品的功能是要满足人的需要。经济活动的目的和归宿应该是人自身，而不是单纯的经济增长，更不是少数人的富裕。如此看来，经济只是人类生存和发展的手段，离开人，经济没有任何独立的价值。因此，经济发展要为人的全面自由发展提供物质基础，是实现人自身发展的物质手段和工具。从发展伦理视角看，实现经济和谐需要：

（1）政府部门制定经济发展战略和政策时，必须体现人的完善与发展这一根本价值目标。要把促进人的全面发展本身作为整个发展总体目标，并与经济发展有机结合起来，此外，把经济发展中可能出现的有害于人发展的问题，通过制定有效的政策和立法措施加以控制和解决，尽量使其对人发展的消极影响减小到最低限度。③

---

① 庞德英：《文化和谐伦纲》，《陕西行政学院学报》2013 年第 1 期。
② 艾华：《发展悖论及其消解——发展伦理学的价值论根据》，《延安大学学报》（社会科学版）2003 年第 6 期。
③ 张小媚：《经济发展与人的发展关系探析》，《理论导刊》2003 年第 12 期。

（2）尊重和保护广大人民群众的自由劳动与创造。劳动创造了人和人类社会，人和人类社会的存在和发展仍要建立在劳动基础上。马克思认为，人类的本质是自由自觉的劳动。显然，劳动具有自由和自觉性。自由劳动的创造是经济社会持续健康发展的不竭动力和源泉，而劳动创造的主体是广大人民群众，因而调动广大人民群众的积极性和能动性是关键因素。发展伦理认为，尊重广大人民群众的创造欲望和激发广大人民群众的创造热情，是一种伦理意蕴上的劳动价值观。因此，无论体力劳动还是脑力劳动，简单劳动还是复杂劳动，只要有益于国家富强和人民富裕的劳动，都要受到尊重和保护。

（3）关注弱势群体的权利要求。在现代社会发展中，自由、民主、平等构成了每一个公民的基本权利，每一个公民都可以争取自身的基本权利。但是由于不同的公民在身体素质、知识水平、能力、社会地位等方面存在差异，必然造成社会发展中争取基本权利的区别。社会上总是存在着一定的相对弱势的群体，但他们需要社会给予公平的财富分配和权利分享。只有他们的基本权利得到保障，一个和谐的社会，一个和谐的经济状态才能形成。发展伦理认为，在经济社会发展中，社会要对弱势群体的权利要求给予充分重视，社会要建立公正合理的分配制度，实现社会各个阶层的共赢共荣，公平分享社会经济发展的成果。

第二，实现政治和谐。政治和谐，是指在社会政治生活中，社会主义民主得到充分发扬，依法治国基本方略得到切实落实，人们的权利得到充分尊重，义务得到充分履行，各方面积极因素得到充分发挥。[1] 其中，国家权力与公民权利的关系的和谐是政治和谐的核心和实质。

国家权力指依法由公共机关及其附属组织掌握和运用的那部分社会权利，公民权利是指受到政府保障的公民所拥有的合法权利，国家权力与公民权利二者是对立统一的关系。公民权利是第一位的，国家权力是第二位的；公民权利是国家权力的基础和来源，但其实现需要国家权力的保障；国家权力受到公民权利的监督和制约，公民权利也应当在一定界限内行使。两者相互依存、相互制约。[2]

在传统社会中，由于社会秩序维持的需要，执政者常常采取怀柔加暴

①　庞德英：《文化和谐论纲》，《陕西行政学院学报》2013 年第 1 期。

②　王科：《国家权力与公民权利之关系探析》，《法制博览》2014 年第 8 期。

力惩罚的方式达到公民权利和国家权力和谐之目的，这种"和谐局面"之实质，仅仅对掌握国家的执政者有利，公民没有参与进来。同时，这种所谓的和谐局面因没有从公民的角度思考问题而难以持久。在现代社会里，推翻了封建专制制度，而把自由和民主视为核心政治理念的资本主义国家，充分考虑到国家权力与公民权利的互动因素，因而在一定程度上给予民众一定的政治地位，并试图建立起一种公平对话的机制，从而让民众参与国家社会事务，并为民众提供宣泄其不满情绪的渠道，使民众保持安定平和的心态。但实质上，由于资本主义社会中，国家仍然代表统治阶级的资产阶级的利益，工人阶级的政治权利在诸多方面是很难实现的。这是因为，单纯地在政治领域来理解和解决国家权力和公民权利的问题是有局限性的，还需要将伦理道德纳入政治领域中。发展伦理就是从伦理角度上对国家权力和公民权利问题的努力尝试。

发展伦理认为，国家权力和公民权利的良性互动，既依赖于政府保持社会和谐，来维护国家利益和发展，又取决于公民有一个和谐的政治空间，达到利于生存和发展之目的。如此看来，为保障和实现公民权利之目的，从而实现国家权力与民众权利的互动，首要的是采取一定的措施对国家权力进行规范和制约，同时改变政府工作人员的行政观念，从"管理"转变为"服务"理念；还要克服长期以来的人治思想和作风，树立法治观念，尊重民众权利，规范权力的行使，做到真正依法行政。

（1）尊重民众的知情权。民主的知情权是实现政治和谐的重要条件，因为政治的各项管理事务实质上是在社会民主的共同意志和意愿基础上形成的。发展伦理认为，尊重民众的知情权，需要政府通过各种途径公布有关信息，包括工作职责、日常事务、办事程序，以及财务方面，并接受全社会对权力的监督。民众对政府的所作所为了解情况后，增加对政府的信任和认可，实现政治和谐。

（2）尊重民众的监督权。民众的监督对政府权力正确行使和避免滥用权力行为起着重要的监管和督察作用。政府应该自觉接受广大民众的监督行为，要对广大的民众负责，广大的民众通过不同途径对政府权力使用情况进行监督。现代社会进入了信息时代，广大民众就可以通过网络、新闻传媒等各种方式更好地行使监督权，改善国家权力和公民权利的状况，从而使政府权力与民众权利保持一致。

（3）尊重民众的参与权。民众的参与权是政治和谐的核心因素，因为民众参与了政治活动，意味着公民权利的行使。政府应该广开各种渠道，建立起社情和民意的反映制度和完善专家咨询制度，通过座谈会和听证会等各种形式，倾听社会意见，疏通社会矛盾，增强政务透明，推进民众决策。

第三，实现文化和谐。唯物史观认为，文化是社会结构的重要组成部分，是对社会经济和政治等方面的反映，并利用其相对独立性来指导经济和政治。因此，在社会发展过程中，经济的发展和政治的发展，都离不开文化的导引。文化不是单一体，而是由反映不同实践造成的多种文化的统一体。所谓文化和谐，是指各种文化之间相互影响、相互作用的协调、平衡状态，包括不同形态的文化之间和谐并存、相互借鉴、共同发展和各种文化资源、各种文化门类和各种文化要素之间协调推进。文化和谐是社会和谐的一个重要方面，缺乏文化的和谐，就谈不上社会的和谐。① 文化和谐的本质是不同文化要相互尊重、取长补短；相互促进、共同发展。

从国际视野看，当今世界在经济全球化浪潮推动下，形成了文化全球化浪潮，不同国家和民族的文化传播和文化交流成为不可避免的现实。在文化的传播和交流过程中，不同范式的异质文化之间会产生一定的文化冲突，造成文化之间的不和谐。在内容上，文化冲突主要表现为传统文化与现代文化、东方文化与西方文化、强势文化与弱势文化等方面的冲突。② 合理解决文化冲突，达到文化和谐，发展伦理学就是这样一种尝试。发展伦理学从和谐的伦理原则看待和解决文化间的和谐问题。发展伦理学认为，多元化文化共生和谐是解决文化冲突的关键。文化共生是多元文化之间的紧密联结和共存的文化状态，以多元文化的和谐发展为旨趣，给不同国家、民族和地区的文化之间提供可能性发展空间。③ 从发展伦理看，文化共生和谐原则包括平等、尊重和宽容。

（1）做到文化间的平等。共生和谐的基础首先要用文化平等政策处理文化问题。不同民族的文化在其哲学价值上是平等的，而现代化与全球化过程中西方文化的霸权地位是以损失人类文化的多样为代价的。文化秩序和相互对话必须建立在平等的基础上。历史和现实证明，在社会文化结构中，通过消除其他文化来保留一种占据统治地位的文化的做法，是对本国文化发展的不明智做法，注定要失败；同时，通过种族灭绝政策使主导

---

① 庞德英：《文化和谐论纲》，《陕西行政学院学报》2013 年第 1 期。
② 闫少华：《多元化视野中的文化冲突与共生》，《求索》2010 年第 1 期。
③ 邱仁富：《文化共生论纲》，《兰州学刊》2008 年第 12 期。

文化成为唯一的文化的举措，是对文明的摧残和毁灭。事实上，各种文化之间虽然存在不同的差异和导引功能，但各种文化在社会文化结构中占据一定的位置，文化之间的地位应该是平等的，各文化间应该展开平等对话。①

（2）做到文化间的尊重。文化间的平等与否取决于文化间的尊重。文化尊重是人们在文化交往中，基于特定的视角关注、认识、评价某种文化，并对其认可和接受的一种情感和态度。在不同的文化交流中，文化多样性是客观存在的。文化多样性包括产生的多样性和内容的多样性。就产生的多样性而言，文化产生和发展的基础是一定社会特定的地理环境和生产方式，而不同的社会和国家的地理和生产方式也是不同的，因而形成多样化的文化样态。就内容的多样性来看，文化既包括语言、文学艺术、科学，也包括生活方式、价值体系、宗教信仰、工艺技能、传统习俗。在这个意义上说，无论从传统和现代的时间的角度，还是从东方和西方的空间的角度，文化的多样性已经成为文化交流和传播中遇到的现状。针对文化多样性，发展伦理认为，要尊重文化的多样性。只有尊重文化的多样性，才能实现文化的平等交流，实现文化的和谐。

（3）做到文化间的宽容。文化的和谐不仅需要文化间的尊重，还需要文化间的宽容。文化宽容是人们在文化交往中实际体验怎样处理不同文化之间的交流与合作才有益、有效的基础上形成的思考方式，是一种选择性的判断和认定，是人们应当坚持的文化态度。发展伦理学认为，文化宽容为各民族地区和国家的主导文化的发展提供良好的环境和广阔的发展空间。在文化交流中，文化宽容要打破先前规则的人为控制，使多样化文化在公平、平等的秩序中直接面对面交流、对话，来达到文化的和谐。

因此，我们必须努力追求在不同文化之间通过平等、尊重和宽容基础上交流对话，以和谐共荣来促使人类文化的真实发展。

（三）构建人的自我和谐发展局面

在社会发展中，无论是人与自然的和谐，还是经济和谐、政治和谐及文化和谐构成的社会和谐，其出发点和落脚点是人的自身和谐。发展伦理学有助于在实践中构建人的自身和谐发展的局面。

人的自身和谐就是人的身心和谐。身心和谐就是指每个社会成员对自

---

① 庞德英：《文化和谐论纲》，《陕西行政学院学报》2013 年第 1 期。

己，包括精神追求、需要层次、思维方式、个性特点和行为方式等，能够保持一种和顺的状态。① 现代社会发展，一方面，给人们带来较之过去丰裕得多的物质生活和休闲时间，把人从传统等级与宗教的束缚中解放出来，带来思想解放，可以自由选择，从而使个人获得了空前的进步；但另一方面，现代社会的发展导致人性的物化和道德的丧失，使人失去支撑精神生命的价值根基和精神家园，陷入深刻的精神迷惘和危机之中，导致身心发展失衡和失去自我和谐。从伦理角度审视人的自我和谐，并尝试解决人的自我和谐问题是现代社会发展的必然要求，发展伦理学承担着这样的学术使命。发展伦理学认为，实现人的自我和谐发展需要：

第一，大力培育人的主体责任意识。个人是人的社会活动现实的主体存在形态，社会活动的主体活动，都是在个人主体及其活动基础上组织和展开的。在现代社会中，市场经济的存在使从事各种社会活动的个人成为独立的个体，这些独立的个体关心的是个人是否存在主体性、如何成为主体，以及自身存在的意义。概言之，主要关心个人的主体性的生成。人的主体性是个人在社会发展实践中表现出来的自主性、自觉性和自由性。在前资本主义社会，生产力的落后、分工的不发展、人依赖人的社会现状，结果是个人的主体性缺乏。在现代社会，由于以经济利益为中心，个人的自我主体性表现突出，但个人对社会的主体性表现缺乏，换句话说，主体的社会责任意识缺乏，在一定程度上导致个人的社会价值没能很好实现，使个体感到生活无意义等心理状态。因此，要实现人的自我和谐，就需要大力培养人的主体责任意识。②

第二，以重建现代道德信仰体系为支撑。现代社会激烈的竞争、复杂的利益关系、多元的价值观和伦理观，使现代人的思想道德观受到强烈的冲击，甚至导致原有道德信仰体系的坍塌。社会上普遍存在着价值观扭曲、道德失范、诚信缺失等不良现象，同时，公民的社会责任意识和职业道德有所弱化，现代社会道德信仰危机已是不争的事实，给实现现代人自身的身心和谐造成严重威胁，因而必须以重建现代道德信仰体系为支撑来实现现代人的身心和谐。

第三，以确立公平正义的社会制度为保障。个人是社会存在物，个人

① 鄢本凤：《现代人身心和谐及路径优化》，《重庆社会科学》2008 年第 1 期。
② 李高君：《人：从自我矛盾到自我和谐》，《齐鲁学刊》2007 年第 4 期。

只有依赖社会才能实现自身的生存和发展，同样，个人只有依赖社会才能实现自身的和谐。因此，实现人的身心和谐，不仅要求社会个体具有良好的心态，而且更依赖社会制度的合理设计和良好安排。个人与个人之间形成社会关系，社会关系的总和构成社会。如何调整好个人与个人之间的利益关系是实现个人自我和谐的基础。社会制度是协调个人与个人之间利益关系的保障，而社会制度的设计和安排建立在一定的社会价值理念或价值观基础上。公平正义是协调好个人与个人之间利益关系的核心价值理念。因此，要实现人的自身和谐，必须构建以公平正义为基本价值理念的社会制度。因为社会制度的公平正义，使社会个体感到个人尽管没有取得他人的成绩，但具有与他人相同的社会权利与机遇，使个体感到自己的劳动创造被社会尊重。

本章小结

发展概念是现代社会的产物。随着经济的发展，世界各国都遇到了发展中的生态危机、社会危机和人际危机。发展伦理学是应对发展实践中各种危机的理论产物。发展伦理学又是建立在发展理论，尤其是发展哲学与应用伦理学的基础之上。发展伦理学是研究发展哲学与发展伦理之间关系的学科。研究发展伦理学在理论上有助于反思和批判传统发展主义，有助于应用伦理学的发展；在实践中能够为建构人与自然和谐的生态家园，营造和谐的社会环境和构建人的自身和谐发展局面提供理论指导。

第四章　以伦理看待发展：
发展的本体思考

发展哲学包括发展本体论、发展认识论和发展辩证法，以伦理审视发展哲学，首先是以伦理审视发展本体论。实践是发展的本体，因此，发展本体论的伦理审视是对实践本体论的伦理审视。实践是人类能动地改造客观世界的物质性活动，实践的历史发展构成社会发展的具体内容。在现代社会发展进程中，实践具有主体性效应和反主体性效应。在过去发展实践中，实践的反主体性效应越来越强烈，导致发展中的各种危机的发生。因此，发展本体的伦理审视，就是对实践的反主体性效应的伦理审视。实践是由实践主体、客体和中介等要素构成的复杂结构，可以从静态和动态来把握实践的结构。从静态看，实践内在地包括人与自然的关系、人与人的关系和人与自身的关系；从动态看，实践包括实践目的、实践手段和实践结果。因此，从伦理的角度审视发展的本体论，既包括对发展中人与自然、人与人和人与自我的审视，又包括发展目的、发展手段和发展结果的审视。

第一节　发展本体的伦理审视

在马克思之前，传统哲学在关于发展的本体方面表现为自然主义本体论和理性主义本体论。在继承和发展前人的本体观基础上，马克思创立了科学的实践观，解决了发展的本体问题。因此，以伦理审视发展的本体，就是从伦理的角度审视实践过程。

一　实践是发展的本体

（一）关于发展的本体之争

本体论属于哲学的范畴，因而发展的本体之思主要集中在哲学方面。

在马克思主义哲学之前，西方传统哲学主要有唯物主义和唯心主义两种流派。在社会发展方面，无论是旧唯物主义，还是唯心主义，都是以还原论的方式寻求和预设社会及其发展的本体。旧唯物主义分为自然唯物主义和人本学唯物主义。自然唯物主义以自然物质性和人的生物性为基础，采取还原论的思维方式，抹杀物质与精神、人与动物、自然与社会的本质区别，将世界还原为自然物质，并将自然物质看作是万物的本原和发展动力，视为一切变化的实体。这样一来，无论是社会，还是自然界，都要服从铁的规律。以费尔巴哈为代表的人本学唯物主义较自然唯物主义有所进步，不仅恢复了唯物主义的宝座，而且把人作为现实世界的基础，作为理解思维与存在、社会与自然、精神与物质之统一的原则和根据。在一定意义上，从自然物质转向感性物质的人，是人类在理解和发现现实本体的精神历程中的一大进步，但费尔巴哈由于没有认识到实践是人的存在方式和社会生活的本质，所理解的人只是抽象的、非主体的人，他视野的社会是具有自然属性的人的总合体。正如马克思所说："从前的一切旧唯物主义（包括费尔巴哈的唯物主义）的主要缺点是：对对象、现实、感性，只是从客体的或者直观的形式去理解，而不是把它们当作感性的人的活动，当作实践去理解，不是从主体方面去理解。所以，和唯物主义相反，能动的方面却被唯心主义抽象地发展了，当然，唯心主义是不知道现实的、感性的活动本身的。费尔巴哈想要研究跟思想客体确实不同的感性客体；但是他没有把人的活动本身理解为对象性的活动。因此，他在《基督教的本质》中仅仅把理论的活动看作是真正人的活动，而对于实践则只是从他的卑污的犹太人活动的表现形式去理解和确定。因此，他不了解'革命的'、'实践批判的'活动的意义。"① 总之，费尔巴哈乃至一切旧唯物主义者不了解实践活动在社会发展中的作用，无从揭示社会生活的本质，了解社会存在和发展的本质、基础、形式和内在动力，即不了解社会发展的本体。

作为主体的人的"能动方面却被唯心主义抽象而片面地发展了"。② 这里的唯心主义主要指理性唯心主义，古代始于古希腊的柏拉图，近代终于德国古典哲学学派的黑格尔。理性唯心主义将理性作为世界本体。古希

---

① 《马克思恩格斯选集》第 1 卷，人民出版社 1995 年版，第 54 页。
② 同上。

腊的柏拉图在苏格拉底的追求普遍的本质和概念的思想影响下，把整个世界分为现象世界和理念世界。在柏拉图看来，理念世界是现象世界（包括人类社会）的本质和依据，现象世界则是理念世界的表现。德国古典哲学家黑格尔把绝对理念作为事物存在和变化的本质和依据，自然界、人和人类社会都是绝对理念运动的产物。自然界和人类社会的客观存在被看作精神性的存在。虽然黑格尔把绝对理念看成是变化的主体和目的，把人看成绝对理念展开和实现自己的工具，在一定意义上，黑格尔肯定了人的主体地位，但他把人当作绝对理念实现自己的工具，实质上否定了人作为发展的活动主体和价值主体的地位，更难以看待客观的实践性活动是社会发展的本体。总之，与旧唯物主义不同，理性唯心主义抽象地发展了人的主体能动性，为人的现实世界和社会的存在和发展奠定了基础，但另一方面却忽略了作为社会发展本体的人的实践。

（二）实践是发展的本体

"要从费尔巴哈的抽象的人转到现实的、活生生的人，就必须把这些人作为在历史中行动的人去研究。"① 马克思将实践引入社会历史问题的研究，实现了哲学主体的根本性转变，标志着由传统哲学向现代哲学的转型，同时科学地解决了社会发展的本体问题。

首先，社会实践是社会关系形成的基础。马克思认为：社会不是由人构成。而是表示这些个人彼此发生的那些联系和关系的总和。② 这些社会关系是自然关系、经济关系、政治关系、思想关系等构成的复合体。社会关系是由人的活动形成的，这种活动就是社会实践。在社会实践活动中，生产劳动是最根本的实践活动。因为，劳动作为生产劳动的体现，不仅创造了人自身，而且使自在自然界转化为人化自然，构成了全部社会结构的最深刻的基础。人们为了创造历史，必须能够生活，而为了生活，必须以自身的活动改造自然，进行物质生产。为了生产，人们就必须结成一定的物质关系并互换其活动。他们的物质关系是其他一切社会关系的基础，而这些社会关系"不过是他们的物质的和个体的活动所借以实现的必然形式罢了"。③ 在人的实践活动结束时得到的结果，在这个活动开始时就已经在实践者的头脑中作为目的以观念的形式存在着，"这个目的是他所知

---

① 《马克思恩格斯选集》第4卷，人民出版社1995年版，第241页。
② 《马克思恩格斯全集》第46卷上，人民出版社1979年版，第220页。
③ 《马克思恩格斯选集》第4卷，人民出版社1995年版，第532页。

道的，是作为规律决定着他的活动的方式和方法的"①。实践作为一种总体性的活动包括三重关系：人与自然、人与人以及人与自身。这些关系构成社会的技术结构、经济结构、政治结构和观念结构。② 因此，社会实践是社会关系形成的基础。

其次，社会实践的内容构成社会发展的内容。人类最初的实践活动是进行物质生产资料的物质生产。物质生产是人与自然、人与人的统一体，人与自然的关系表现为生产力，人与人的经济关系表现为生产关系，因此，物质生产方式是生产力和生产关系的统一体。物质生产构成社会发展的经济发展的基本内容。社会发展不仅包括经济发展，还包括政治发展和文化发展等，而这些发展内容也是建立在实践基础上的。人们的物质生产需要个人与个人之间的合作和劳动交换，同时众多的人进行劳动需要控制和调控个体的目的性选择行为，这就需要建立一定的政治关系，从事政治关系的活动就是政治实践活动。在阶级社会，政治实践活动主要包括革命活动和改革活动，政治实践活动构成社会发展的政治发展层面。无论是物质生产实践还是政治活动实践，都需要一定的理论作指导才能取得成果，而且在阶级社会，统治阶级为了更好地从思想上控制和说服被统治阶级服从统治，由一定的精神生产者创造出对自然、社会和人本身反映的理论成果，形成社会的精神生产实践，构成社会的文化发展层面。从内容上看，精神成果包括自然科学、社会科学、思维科学和人文科学。随着人们实践活动的范围的扩大和程度的加深，实践内涵越来越丰富，社会发展的内容日益逐渐增加。在现代社会，社会发展内容不仅在于生产的发展和物质财富的增长，而且还在于社会的高效协调运转、人类生存环境质量的改善和优化以及人的精神世界的日益丰富。③

最后，实践活动具有一种历史连续性，构成社会发展的历史进程。马克思指出："蜜蜂建筑蜂房的本领使人间的许多建筑师感到惭愧。但是，最蹩脚的建筑师从一开始就比最灵巧的蜜蜂高明的地方，是他在建筑以前，已经在自己的头脑中把它建成了。"④ 蜜蜂建筑蜂房的活动，是其本能的表现，这种本能造成所有的蜂房基本上都是一致的。因为蜜蜂属于动

---

① 《马克思恩格斯全集》第 23 卷，人民出版社 1972 年版，第 202 页。
② 杨信礼：《发展哲学引论》，陕西人民出版社 2001 年版，第 39 页。
③ 同上书，第 41 页。
④ 《马克思恩格斯全集》第 23 卷，人民出版社 1972 年版，第 202 页。

物系列，动物有其自身的种的尺度，它只能按它所属的那个种的尺度进行本能活动。所以，在本能的驱使下，动物只能生产自身，一代一代地复制自己，而不能拥有自己的"历史"。对动物来说，个体的成长史与整个种族的进化史是同一的。而人"不仅使自然物发生形式变化，同时他还在自然物中实现自己的目的"。因而人有"历史"，历史不过是追求着自己目的的人的活动而已。① 人的活动就是各种实践活动，因此，人的实践活动具有一种历史连续性。人类实践活动的历史连续性构成了人类社会历史发展的真实内涵。实践在社会生活中的根本性作用，就是通过有目的、有意识的创造性活动，创造出了属人的、感性现实的世界，使社会存在从有机生命存在中产生出来，成为一种新的存在类型，并开始了有别于原生自然界和生物界的特点与规律的社会发展过程。从这个意义上来说，整个所谓世界历史不外是人通过人的劳动而诞生的过程，是自然界对人说来的生成过程，所以，关于他通过自身而诞生、关于他的产生过程，他有直观的、无可辩驳的证明。因为人和自然界的实在性，即人对人说来作为自然界的存在以及自然界对人说来作为人的存在，已经变成实践的、可以通过感觉直观的，所以，关于某种异己的存在物、关于凌驾于自然界和人之上的存在物的问题，即包含着对自然界和人的非实在性的承认的问题，在实践中已经成为不可能的了。② 人的连续不断的感性劳动、物质生产、能动创造，是整个现存世界的非常深刻的基础"，因此，我们也应当"把感性世界理解为构成这一世界的个人的全部活生生的感性活动。③ 如果说自然史是社会史的前提，那么，社会史则是通过以此为前提而追求生存与发展目的的人类劳动而诞生和演进的过程。马克思说：我们仅仅知道一门唯一的科学，即历史科学。历史可以从两方面来考察，可以把它划分为自然史和人类史。但这两方面是密切相连的；只要有人存在，自然史和人类史就彼此相互制约。实践活动的历史连续性可以使前一代人创造的物质文化、制度文化、精神文化等生产力形成在历史中连续和累积，直接影响下一代人的生产和生活，使下一代人可以得到这种"获得性状的遗传"。这种生产力的连续和累积"把经验的主体从个体扩大到类，每一个体都必须亲自去经验，这不再是必要的了，个体的个别经验在某种程度上可以由

---

① 《马克思恩格斯文集》第 1 卷，人民出版社 2009 年版，第 295 页。
② 《马克思恩格斯全集》第 42 卷，人民出版社 1979 年版，第 131 页。
③ 《马克思恩格斯选集》第 1 卷，人民出版社 1995 年版，第 78 页。

个体的一系列祖先的经验结果来代替"，后代人站在前一代人的肩膀上创造出本代人的历史，使前代人、当代人和后代人的活动形成人类的历史。随着生产力以及社会关系的日益发展，这个历史便成为人类社会发展的历史。

总之，社会实践是社会关系形成的基础，是社会发展内容的来源，是社会发展历史进程的展现，构成了社会发展的本体。

二　现代发展实践中的反主体性效应与反发展

实践是人类存在的基本形式，是社会发展的本体，发展是一个不断实践的过程，通过不断的实践活动，人类创造了自己的生活世界和享受着创造的实践成果。实践成果是为满足人类的不同类型的需要，必然会产生满足和不满足两种状况。实践结果对于人的生存与发展具有正效应和负效应的双重性。实践正效应是指在实践中产生对人的生存与发展具有肯定的和积极意义的成果；实践负效应是指在实践中产生的，对人的生存和发展具有否定的、消极意义的成果。在历史发展进程中，人类更需要的是实践的正效应，但实践的负效应在不同的时代都会存在。正如恩格斯就曾严厉地告诫人们："不要过分陶醉于我们人类对自然界的胜利。对于每一次这样的胜利，自然界都对我们进行报复。"① 这表明了人类在改造外部世界的实践中，在享受着自然界"胜利"成果的同时，也累积着自然界对人类的"报复"。随着当代人类实践活动的日益拓展和深入，实践中的反主体性效应越来越明显，造成了发展实践中的反发展。

（一）实践的主体性效应

实践是人类生存和发展的根本方式，人的主体性是实践过程中逐渐形成的。人通过实践活动引发外部自然界和人类社会发生合乎人类目的的变化，创造出各种社会产品，从而满足人类的不同社会需要，这种变化就是实践的主体性效应。实践的主体性效应建立在人类的主体能力基础上，主体的能力越强大，实践的主体性效应越突出。在现代社会发展中，科学技术在生产中的广泛应用，使以机器为生产工具的大工业成为现实，使人类的科学技术经验和技能显著提高，使人类改造实践对象的范围增大和程度加深。从整体看，人类实践的主体性效应迅速增强，在实践的对象、自然界的人化程度和人与自然的整体性作用等方面表现尤为突出。

---

① 《马克思恩格斯选集》第 4 卷，人民出版社 1995 年版，第 383 页。

首先，人类的实践活动是对象性活动，现代人类实践作用和影响的对象，已经达到了前所未有的广度和深度。从广度上看，实践的范围不仅包括宏观层面，还包括微观和宇观层面；从深度上看，实践的程度从直接利用自然力和自然过程，进入到转化自然力和自然过程为主要形式的阶段，从人工控制、培育自然物阶段到人工创造自然物阶段。

其次，在现代社会发展中，实践造成的自然界的人化程度越来越高。马克思恩格斯认为，人与自然的关系是对象性关系。实现这种对象性关系就是社会实践活动。在实践活动中，人类用自身的工具或人造工具作用于自然对象，使自然对象发生形式或形态的变化，来适合人类的需要和目的，这样的自然对象变成了人化自然。它是现实的人类学的自然界。从人类历史进程看，自然界人化的程度必然随着人类的实践能力的提高而日益增强。在传统社会，人类对自然界的改造能力比较低，改造的对象主要是以土地为生产资料的农业。但随着现代社会的科学技术的大发展，改造自然力的能力越来越强，自然环境已经成为一个日益膨胀的复杂的人化系统。

最后，人与世界相互作用的整体性增强。在实践中，人与自然和人与人的关系是统一的，人与人的关系建立在交往基础上。在传统社会，人类实践的方式和界限为自然所限定，人与自然的关系和人与人的关系都是狭隘的，社会实践集中在狭隘的地域中发展，人与世界主体性效应的发挥非常有限。现代社会中，随着生产社会化及发达的世界经济分工，日益发展的通信和交通等科技手段，日益打破地区和国家间的界限，把世界各国连成一体，形成了生产一体化和全球资源共享的趋势，导致实践整体化趋势的增强。①

（二）实践的反主体性效应与反发展

人类实践活动创造出人类所需要的社会产品，表现出很强的主体性效应，但是人类实践活动也存在反主体性效应。所谓实践反主体性效应，就是指在实践中产生的，对人的生存和发展具有否定的、消极的意义的成果。

马克思曾经用"异化劳动"概念来揭示反主体性效应。从根本上说，"异化劳动"的实质，就是劳动活动的负效应。在马克思看来，异化劳动

① 孔圣根：《当代人类实践的主体性效应和反主体性效应》，《社会科学》1996 年第 4 期。

表现在以下四个方面：一是劳动同劳动者本身相异化，亦即劳动者"在自己的劳动中不是肯定自己，而是否定自己，不是感到幸福，而是感到不幸，不是自由地发挥自己的体力和智力，而是使自己的肉体受折磨、精神遭摧残"。二是劳动结果或劳动产品同劳动者相异化，即"劳动所产生的对象，即劳动的产品，作为一种异己的存在物，作为不依赖于生产者的力量，同劳动相对立"。三是人同自己的"类本质"相异化，即人只有在劳动之外才感到自在，而在劳动中则感到不自在，他在不劳动时觉得舒畅，而在劳动时就觉得不舒畅。① 四是人们相互间的异化，即人同人相异化。可见，"劳动异化"产生了自己的对立面、产生了负效应。马克思明确指出，资本主义私有制是造成劳动异化的根源，理应从资本主义社会经济关系中探求劳动异化问题。马克思的劳动异化理论，揭示了实践的反主体性效应现象在现代社会发展层面的集中表现。

进入 20 世纪以来，社会发展实践中的反主体性效应、"负效应"或"反发展"问题更为突出，在各个领域中都有呈现。物质生产实践中的生态危机如资源的短缺、环境的污染、生态的破坏；人口生产实践中的人口爆炸、劳动力过剩等；政治实践中的侵略战争和极权主义等；精神生产实践中的道德衰败、信仰缺失和价值观危机等。对此，英国学者斯科特·拉什概括到，在现代资本主义社会："现代化变成其自身的挥之不去的幽灵——被市场交换打开后的公共领域变成了与其对立的具有分层结构的垄断资本主义公司；政治生活中的民主个人主义变成了法律理性官僚体制的机械性非人格；美学现代主义的先锋创造性动力变成了 20 世纪 60 年代的牢狱塔楼和住房建筑计划；经典物理学的反教权的具有解放性的潜能变成了 20 世纪末破坏自然的科学。"现代发展中的"反发展"现象已经达到了一个极为严重的程度，以至于当代德国社会学家乌尔里希·贝克说："我们正生活在副作用的时代。"② 他提出"自反性现代化"概念，以指称当代发展实践的负效应。所谓"自反性现代化"，是指现代社会的飞速发展具有了"创造性地（自我）毁灭整整一个时代——工业社会时代——的可能性"。"自反性现代化"是对工业革命以来现代化实践的负效应的呈现，是对工业社会"自我冲突"的反映。但是，"自反性现代化"也意味着，

① 《马克思恩格斯全集》第 42 卷，人民出版社 1979 年版，第 94 页。
② ［德］乌尔里希·贝克等：《自反性现代化》，赵文书译，商务印书馆 2001 年版，第 144 页。

"由另一种现代性对工业社会形态首先进行抽离，接着进行重新嵌合"，它"为现代化的转折敞开了另一种可能性"。① 从这个意义上说，"自反性现代化"也是力图克服现代"反发展"现象的一种努力。

三　发展的合理性——发展实践的伦理规定

前文已述及发展中的实践反主体性效应"实践负效应"或"反发展"问题，发展伦理学就是在应对当代发展中"实践负效应"所呈现的总体性发展危机过程中产生和兴盛起来的。发展伦理学所说的发展，是一个总体性概念，它是一个包括政治、经济、文化、技术、环境、生活、人本身等在内的发展诸领域相互作用、整体推进所构成的总体实践活动。发展伦理学从总体性实践活动中概括出关于总体发展的最一般伦理原则，来克服和消解实践中的反主体性效应，达到伦理审视之目的。这个原则概括地说就是合理性。

（一）合理性含义

从一般意义上看，合理性就是合乎理论理性和价值理性。理论理性和价值理性是两种理性形式，都有其既有理论传统。近现代以来，两种理性在哲学上分别表现为理性主义、科学主义流派与人文主义流派。人文主义哲学家从价值理性角度批判以黑格尔为典型代表的理性主义的理论理性思想。实际上，两种理性是不可分割的，正如韦伯提出的工具理性和价值理性是统一的。因此，合理性问题也成为现代社会学者们研究的热点问题。合理性问题是在对理论理性和工具理性的反思和批判中提出来的，其目的在于消除理论理性和工具理性的绝对性，恢复对于理性的正确理解。德国思想家赫伯特·施奈德巴赫指出："当我们谈到合理思想、认识、行为和行为效果的时候，作为现实人的合理的思想、认识、行为之能力的合理性，往往是预先设定好了的……如果没有人的'合理性'的安排处置，世界也就无所谓合理的东西。"② 这就是说，"合理性"不是一个描述概念，而是一个规范概念，是对人的思想、行为及其结果的理性评价、约束和规范而言的。合理性包括两个方面：一方面是指人的思想、行为及其结果合乎规律、合乎理性等，实质就是合规律性；另一方面是指人的思想、

---

① ［德］乌尔里希·贝克等：《自反性现代化》，赵文书译，商务印书馆 2001 年版，第 122 页。

② ［德］赫伯特·施奈德巴赫：《作为合理性之理论的哲学》，载《德国哲学》第 7 辑，北京大学出版社 1989 年版，第 171 页。

行为及其结果合乎目的、合乎道德等，实质就是合目的性。因此，合理性就是合规律性与合目的性的统一。合理性不仅体现在人们对目的的正确理解、对行为结果的预见和权衡上，而且体现在对目的与手段之间关系的调节上。

（二）发展的合理性——以伦理审视发展的本体

发展的合理性，是合理性在社会发展问题中的具体表现。对发展合理性的研究说明了人类从伦理角度对发展及其效应的反思。以伦理审视发展的本体，就是努力消除现代发展实践活动中所出现的负效应，确保发展实践具有合理性。在伦理看来，发展的合理性表现为：合目的性和合规律性的统一、发展进步与发展代价的统一、社会发展与人的发展的统一。

第一，发展是合目的性和规律性的统一。合规律性是指人类社会发展和自然界的发展一样，具有不依赖人的主观意志为转移的客观规律性。社会主体要在遵循和利用社会发展规律上进行社会实践活动。与自然规律不同，社会发展规律不是自发产生的，而是社会主体各种实践的产物，因此，社会发展又具有合目的性。所谓合目的性，是指社会发展是有意识有目的的人们合力作用的结果，是人们的发展目的、理想现实化和对象化的过程。因此，从伦理的角度看，发展是合目的性和合规律性的统一。

第二，合理性发展是发展进步与发展代价的统一，以尽可能少的代价来实现最大进步的发展。实践的主体性效应造成社会发展的进步的一面，但理论和现实都表明，实践的反主体性效应造成社会发展总是要以付出代价为基本条件的。发展代价，是社会发展主体为实现社会进步作出的一种牺牲或一种损失，以及必须承担的消极后果。发展必然要付出代价，进步总是伴随着退步。因此，合理性发展就是代价最小、进步最大的发展。

第三，合理性发展是社会发展与人的发展相统一的发展，是以人为本的发展。实践是人类能动地改造客观世界的活动，实践内容的丰富性构成社会发展内容的多样性，因此，实践的历史进程就是社会的发展。社会的发展包括经济发展、政治发展、文化发展等。个人构成社会的最小细胞，个人由于自身力量有限，只有联合起来形成群体才能进行社会实践活动，实践活动内容决定人与人关系的类型，物质实践产生人与人的经济关系，政治实践活动产生人与人的政治关系，精神实践活动中产生人与人的思想关系，因此，实践活动是以人为核心，内在地包含人与自然、人与人以及人与自身的关系。实践的最终目的是为了人，实践结果是人的本质力量的体现。实践的主体性效应是人的本质力量的提升和发展，实践的反主体性效应或实践的负效应是人的本质力量的毁坏或丧失。因此，社会发展的核心和目的是人的发展。从哲学的角度看，人的发展是人的需要、能力、关系的发展。从伦理角度看，人的发展大体包括两层含义：第一，人的发展不是少数人的发展，而是我们这个星球上全体居民都应得到公平的发展。从国际看，这里的人民既包括发达国家的，也包括发展中国家的；从国内看，人民既包括发达地区的，也包括不发达地区的。第二，人的发展不仅包括当代人的发展，而且包括子孙后代的可持续发展，总之，合理性发展是社会发展和人的公平、持续的发展。

总之，马克思主义社会发展哲学以实践为基石合理地解决了社会发展的本体问题。在马克思看来，实践是社会发展的本体。因为，实践是社会关系以及社会结构的基础，是社会发展内容的体现，是社会发展的历史条件。实践是主体运用中介条件作用到客体的过程，主体性是在实践活动中表现出来的人的本质力量。实践的结果具有双重效应：一方面，造成对实践主体的合理目的、需要的满足，这是实践主体的正效应；另一方面，造成违反实践主体目的、需要的负效应。现代社会发展中的各种问题和危机就是实践的反主体性效应的表现。因此，要克服和消除实践的反主体性效应，需要从伦理的角度审视发展实践。从伦理的角度看，发展应是合理性的发展，表现为合目的性和合规律性的统一、发展进步与发展代价的统一、社会发展与人的发展的统一。

第二节　发展关系的伦理审视

实践是主体能动地改造客体的活动。主体是人，客体是自然、社会和人，因此，实践包括人与自然、人与人和人与自我的关系。实践是发展的本体，发展是社会实践的历史性过程，因此，发展也包括人与自然、人与人和人与自我的关系。从伦理的角度审视发展的本体，还需要从伦理角度审视发展中的三重关系。

一　人与自然关系的伦理审视

在发展实践中，人与自然的关系作为最根本的因素，使得人与自然的关系问题成为人类探讨的一个古老而永恒的话题。在传统意义上，人与自然关系的认识仅局限于哲学层面，近代以来，人对自然的认识成果构成自然科学的具体内容。在培根的"知识就是力量"和笛卡儿的"我思故我在"思想影响下，人的主体性、理性逐渐发展起来。伴随着自然科学在工艺技术中的应用，人类的改造自然力的主体能力逐渐增强。社会发展带来的成果，一方面表现为物质财富的增加；另一方面表现为人的异化问题、自然环境的问题日益凸显。这些负面问题影响人与自然、自然与社会的协调发展。为解决人与自然关系的问题，一些西方环境伦理学家、生态伦理学家，从伦理视角来透视人与自然的关系，致使人与自然关系逐渐进入伦理学的领域。当然，上述专家和学者的观点主要表现为自然中心主义的伦理观。从发展伦理看，人与自然关系确实存在一定的伦理，但这种伦理关系是扬弃了自然中心主义的伦理观。

（一）现代发展实践中人与自然关系的危机

人类的诞生、生存和发展，决定着人与自然之间存在永恒的物质变换的关系：一方面，对于人作为自然存在物的受动性而言，自然界是人以及社会发展的基础和源泉；另一方面，对于作为社会存在物和精神存在物的能动性而言，人类要改造自然，使其适合自身需要，以此推动人的发展和社会的发展。因此，人与自然之间是辩证统一的关系。人与自然的关系要建立在人与人的关系的基础上，人与自然之间的关系是历史性的。伴随着人类社会物质文明的发展，人与自然的关系经历了从敌人到榜样，从榜样到对象，从对象到伙伴的变化。在远古社会，刚诞生的人类，在物质生产方面，由于工具缺乏，只能以采集和狩猎现成的自然物为生存方式。落后的物质生活决定落后的精神生活。在精神层面，原始人只有感性和直觉能力，不具备理性认识能力，因此，面对自然界的威力和自然界作为人类的巨大异己力量，原始人采取神话、自然宗教等方式表现出对人与自然关系的认识。在原始人看来，自然是赖以生存之地，同时，又是神秘而危险的对方。尽管在这一时期，原始人要顺应自然，具有崇拜自然和敬畏自然的态度，但在一定意义上原始人与自然也是一种敌对关系。到了农业文明时代，青铜器和铁器制成的生产工具，取代原始的石器，人类改造自然的能力增强，实践的范围逐步扩大，积累了一定的生产和生活经验，加上人们的认识水平有所提高，使人们逐渐摆脱对自然的敬畏，开始学习和模仿自然，自然成了人们模仿的榜样。

近代和现代以来，科学技术的迅猛发展以及在生产过程中的应用，造成机器和自动化为生产工具的大工业，使生产主体的科学技术水平和素质逐渐加强，人与自然的关系得到空前广泛的发展。当自然科学不断揭露出自然的本质和规律、技术作为科学的应用成果日益渗透到生产力的各要素之中，自然界中劳动对象和劳动资料的范围扩大和程度加深，人类的思想和行为走向了极端。人与自然界的关系由崇拜和学习的榜样关系成为被征服和被支配的奴仆关系，自然界被看成是人类的无限制的征服对象。人与自然界的关系被看成"主客二分"的关系，主体是人，客体是自然。人与自然关系的转变致使人类对自然界过度开发和利用，形成资源短缺、环境污染和生态失衡等严重的全球性的生态危机问题。这些紧迫而严重的问题促使人类重新审视人与自然的关系。

（二）从人类中心主义到自然中心主义

人们通过反思认识到，日益严重的生态环境问题在认识论层面上与近代以来的人类中心主义理念是相关的。人类中心主义是人类对待自然的世界观和价值观。人类中心主义没有系统的理论架构，是多种流派的综合。从历史过程看，人类主义大体分为：强式人类中心主义、弱式人类中心主义、达尔文式的人类中心主义、神学人类中心主义等。从发生学上看，人类中心主义的思想源流可以追溯到康德的"人是目的"命题。在康德看来，人最初不过是自然目的链条中的一个没有任何特殊性的环节，和其他动物一样要面对瘟疫、饥饿、天灾的威胁，但人之所以最终成为自然的主人，就在于人是世界上唯一具有理性并能作出目的性选择的存在者。于是，在此基础上，康德提出了"人是目的的口号"。自康德之后，人类中心主义形成了多种流派。尽管多种流派的立足点和阐述的内容是不同的，但在人与自然的关系上表现出一定的相同点。

首先，在人和自然的地位上，人类中心主义主张人起主导作用，人是凌驾于自然之上的主宰者，人类可以无限制地改造和征服大自然。之所以有此认识，就在于人类中心主义把人类的利益作为价值评价的核心和根本标准，把人类作为社会发展实践的唯一主体，将人类之外的自然界仅看作具有工具性价值的客体。其次，在人与自然关系是否存在伦理上，人类中心主义认为，伦理关系属于社会关系的一种，它仅仅存在于人类社会内部，存在于人与人的关系中。因为，在自然界中，其他生物只有维持生命存在的本能的活动，虽然具有感觉、心理等活动，但没有人类所具有的理性；同时，自然界又不具备道德主体性，不能够承担道德义务并享有道德权利，因而就不可能与人构成伦理关系。

20 世纪 70 年代以后，全球性日益加剧的环境危机造成了人类的生存和发展的威胁，一些学者和思想家对环境危机的根源进行了大量的研究，产生了非人类中心主义，或自然中心主义。非人类中心主义不是一个统一的理论体系，包括各种复杂的思想主张，有大地伦理学、动物权利论、深生态学等流派。与人类中心主义相同，虽然非人类中心主义流派不同，但在环境危机的根源、人与自然的伦理关系上有着一致的看法。首先，在环境危机的根源上，非人类中心主义把人类中心主义看成是危害环境的根源所在，认为要合理地对待人与自然的关系，必须摒弃人类中心主义思想。其次，在自然界有无价值上，非人类中心主义认为，自然界无论是有机体还是无机体，都是有价值的，价值包括对人类的有用性和本身具有自在的价值。最后，在人和自然的伦理关系上，与人类中心主义不同，非人类中心主义认为自然界是一个生态系统，人类是自然生态系统的一个子系统，人与人之间存在道德伦理关系，整个自然因素应成为道德伦理关系中的对象。虽然自然界中其他物种不是道德主体、伦理主体，但是伦理客体。尽管它们不像人类一样有意识地承担责任和义务，但人类作为自然界的产生，自然界之子，属于自然界的一部分。因此，人类在改造自然和自然界过程中，必须承担对自然和其他物种的伦理和义务，要做到尊重自然、热爱自然和保护自然。

如果说人类中心主义征服自然的观念极端强调人的主体性，那么，非人类中心主义则以放弃改造自然的观念消解了人的主体性，其实质就是要人放弃自己的生存和发展条件，放弃表征着人本质力量的主体性。因此，要建立新的人类中心主义，必须超越传统的人类中心主义，又要超越非人类中心主义，发展伦理就是这样一种范式。

（三）发展伦理范式下人与自然关系的审视

从发展伦理看，人与自然的关系是和谐、共生的关系。它倡导共生和谐理念：一方面，以人为本，以自然为基础，发挥人的主体性，利用和改造自然；另一方面，以自然制约人的主体性的无限放大，热爱、尊重、保护、合理利用自然。它既遵循自然生态规律，又遵循社会经济规律，以此实现经济和环境的发展相和谐。这种"人与自然和谐共处"实质上是一种新的发展范式，突破人类中心主义和非人类中心主义的理论范式。

第一，在这种发展范式下，人类能正确地对待自由、社会公正和尊重大自然三种不同的伦理价值观，并合理解决三种价值观的关系。"这些价值观中没有单独一个具有绝对价值；更重要的是，每一种只能在关系到其他两者时才能确定并规定它的正确界限。"① 在发展伦理的视角下，我们看到，唯有既能实现人类自由，又能保护大自然，并且促进经济社会良好健康发展，才称得上是整体的发展。在现代社会发展实践中，经济获得了快速的发展，但发展过程中出现了经济公平的问题以及自然生态环境问题，因此，要做到关心保护大自然又关心促进经济公平，既要追求人类自由又不能牺牲环境为代价。在这样的意义上说，发展"既是经济问题又是政治问题，既是社会问题又是文化问题，既是资源与环境问题又是文明问题"。或者说，发展的核心问题就是"界定美好生活、公正社会以及人类群体与大自然关系的问题"。②

第二，发展伦理认为，发展价值观和生态价值观都不能工具地对待，"两者都是终极价值观"。③ 与这种发展范式相对应的发展伦理，就是这样的伦理："真实发展的伦理就是生态智慧的伦理。健全发展并实施生态智慧，正如生态智慧（整体和全面地理解）也促进健全和和谐的人类发展"。④ "发展伦理学的必要任务是使得发展决策和行动具有人道。它要肯定，在发展旗帜下发动的痛苦变革不会导致破坏大自然、人类文化和个人以及造成过分牺牲的反发展。"⑤

第三，在这种发展伦理下，人不是自然界的主宰者而是自然界的保护者和守护神。这种发展伦理观要求人类是来自大自然，是自然的一部分；人类不是大自然的无限征服者，而应该是大自然的守护者。因此，就人与自然界的关系来看，人类应与自然和谐共处，而不是向自然无限度扩张和征服。为此"必须摆脱人与其他生灵之间的隔离；摆脱人对大自然的统治；摆脱严重破坏大自然的生活方式以及那些出于经济效益的生产方式；摆脱那种为了私人的利益而破坏万物的完整性的个人主义。"⑥

---

① ［美］德尼·古莱：《发展伦理学》，高铦等译，社会科学文献出版社 2003 年版，第 153—154 页。

② 同上。

③ 同上书，第 151 页。

④ 同上书，第 150 页。

⑤ 同上书，第 162—163 页。

⑥ ［瑞士］汉斯·昆：《世界伦理构想》，周艺译，生活·读书·新知三联书店 2002 年版，第 88 页。

第四，在这种发展范式下，发展是有节制的发展。发展伦理认为，生产力是社会发展的根本力量，社会中经济增长的出现是人类生存和发展的必然要求，但经济增长不是无限度的增长。自然界本身就是一个生态系统，能够保持自我调节和自然修复能力，但无限的经济增长要建立在无限的自然生产条件和不对自然界的生态产生影响的基础上。实质上，自然生态系统中，一些自然资源是不可再生和自然调节和修改能力有一定的限度，要保持自然生态的平衡，自然界的持续发展就需要有限度的经济增长。发展伦理认为，不仅自然界要持续发展，而且人本身也要持续发展。人的持续发展要求当代人与后代人之间的动态联系，发展要做到既能满足当代人的生存和发展需要，又不能对后代人的发展能力造成影响。

二　人与人关系的伦理审视

自人类产生以来，在发展实践中不仅发生人与自然的关系，而且形成人与人的关系。人分为个人、集体和类，自近代以来，从横向和纵向角度看，人与人的关系分为个人与个人之间的关系，个人与社会、国家与国家、当代人与后代人的关系。

（一）个人与个人的伦理审视

物质生产实践不仅包括人与自然的关系，而且人与自然的关系要建立在个人与个人的关系基础上，由此形成了最基础的人与人的关系——人际关系。所谓人际关系，是指在血缘、地缘、业缘为连接纽带基础上个人与个人之间的交往关系。人际关系的形成要建立在人际交往基础上。人际交往是历史的变化的，因此，人际关系也是历史的发展变化的。

在传统社会中，个人主要依赖群体，个人与个人的交往、人际关系发展的程度非常低。在原始社会，刚刚脱离了动物界的原始先民，由于采用低下的石器作为改造自然的基本工具，生产力十分低下，人类在大自然面前显得非常渺小，人与自然之间的关系是狭隘的依赖关系。这种狭隘的人与自然的关系决定和影响着个人与个人之间的关系，造成了个人没有主体地位，只能依赖氏族共同体才能生存的局面，个人与个人的交往非常缺乏。在以自然经济为主的奴隶社会和封建社会里，以金属为材料的手工生产工具取代石制工具，促进了以农业为主的生产力的发展，土地成为重要的生产资料，固定的居住地造成地缘关系成为人与人之间连接的纽带，其结果是个人与个人的联系，无论在范围上还是在程度上都有所进步。但社会关系中的私有制度仍然没有改变人直接依赖人的现状。虽然存在地缘关系，但血缘关系还是占主导地位，并形成了建立在一定伦理道德基础上的人际关系原则。比如，在古代中国，人际关系的特点是以人伦、人缘、人情、人身依附为核心，讲究仁者爱人，父慈子孝，兄爱弟敬。

在现代社会，工业化和市场化是社会的主要特征。建立在科学技术基础上的大工业的生产方式创造了人们生存和发展所需要的社会物质财富。社会化的大生产以及以资本为轴心的生产关系，促使传统社会中简单商品经济发展成为普遍的商品经济和市场经济。在市场中，市场的主体是自由的、平等的，主体之间通过市场中的契约和商品交换来实现，降低了人际关系的直接性。契约、商品交换的产物主要是商品或货币。因此，在市场社会中，人们由重视"人"变为重视"物"，最终变为对"物"、"金钱"的追求，并造成了人际关系中的一些问题，制约和谐的人际关系的形成和发展。其一，人际关系的金钱化倾向。在现代社会发展中，工业化、市场化是经济生产和交换的主导形式，市场经济作为一种资源配置的手段，其目标是追求效率，追求价值最大化。效率和价值最大化的结果就是获得更多的货币，这就极易产生对金钱崇拜的观念和行为。当金钱至上的观念渗入人际关系当中，原有的血缘、地缘或业缘的人际关系由赤裸裸的金钱关系所取代，人际危机和人际冲突不断产生。其二，人际关系的冷漠化倾向。在现代社会发展中，市场经济强调在生产中自主、独立经营，在交易中实行等价交换，有利于个人利益的实现和主体意识的觉醒，是现代主体性人格发展的必然结果。但个人主体性的增强可能导致"自我中心化、他人边缘化"倾向，在人际关系中缺乏感情交流，极易导致人与人之间关系的冷漠化。其三，人际关系的失信化倾向。在现代社会发展中，市场经济是竞争经济，市场主体在竞争中生存和发展，但竞争的结果就是优胜劣汰，必然会产生两极分化。一些市场主体为避免竞争失败导致破产的不幸，导致社会上一些人急功近利，弄虚作假，造成传统社会信用的普遍缺失，更加深了人们之间的矛盾，瓦解了人们之间的信任关系，导致现代社会出现人际关系失衡。

如何解决以上问题？诚然可以用制度设计或生活交往的合理性来规范人际关系，但人际关系更需要伦理道德来约束和指导。因此，从发展伦理看，和谐的人际关系要建立在个人与个人之间的平等、诚信、宽容和友爱的基础上。

第一，个人与个人之间要实现平等。在社会中，每个人都扮演着某种社会角色，处于一定的社会地位。传统社会中，由于人依赖人的人际关系的存在，人与人之间不是平等的关系，而是差异性的等级关系。在现代社会中，市场经济要求市场主体的平等性，因而平等是人际关系、人际交往中的最基本伦理原则。在人际交往过程中，一方只有平等地尊重对方的人格与权利，自己才可能得到对方的理解和尊重，同时，自己的交往需要可能被对方所接受，形成良好的人际关系的局面。因此，发展伦理认为，在人际交往中，交往双方要遵循平等的伦理原则进行。

第二，个人与个人之间要诚信对待。诚信是复合词，由诚和信构成。诚是真诚，要求个人与个人的交往要言行一致、表里如一。从伦理角度看，诚实是为人之本，是建立和谐人际关系的道德基石。因此，人际交往中要做到诚实。信是守信，要求在人际交往中遵守并实践诺言。守信是重要的伦理道德规范。如果一个人在人际交往中不讲信用，既可能给对方带来一定程度的损失，也会给自己造成不可避免的损失，甚至会进一步影响人际交往的持续和深入进行。因此，发展伦理认为，在现代人际关系交往中，交往的双方要彼此诚信对待对方。

第三，个人与个人之间做到宽容。事物的存在和发展总是不平衡的，个人与个人之间存在很多差异。因此，个人与个人的交往，不是求得一致，应当放在尊重差异、容忍差异上。这就需要采取宽容的伦理态度。通过宽容别人，特别是宽容对待那些曾伤害过自己的人，才能达到相互宽容与谅解，建立起人际间最密切的关系。

第四，个人与个人之间要彼此怀有爱心。友爱是人类互助合作的德性本能的体现。人是类存在物，又是社会存在物。因为只有团结起来的人类力量，才能抵御自然的风险；只有人类的友爱才能维持人类的生存。因此，友爱是一种重要的伦理原则。友爱是双向的，人们对待友爱的方式和态度，取决于如何对待自身。因此，发展伦理要求在个人与个人的道德实践中，人人要怀有爱心，奉献爱心，以此来增强力量、增加信任和加强团结，从而实现人际和谐。

（二）个人与社会的伦理审视

个人是社会的细胞，虽然人际关系是最基础的关系，但人与人之间的经济、政治、思想等社会关系构成最主要的关系层面。因此，个人与社会的关系是人类面临的一个基本问题。近代以来，个人与社会之间的关系比传统社会有了巨大的进步，但在社会发展中也出现个人与社会关系的异化，因此，需要从发展伦理角度进行审视。

一般来说，个人与社会是辩证统一的：一方面，社会是人的社会，因为人是社会存在物，社会是人们在生产实践基础上交互作用的产物；另一方面，人是社会的人。因为人的现实本质是社会关系的总和，人离不开社会。个人与社会的关系是辩证的，不仅仅因为两者是一个矛盾关系，而且还因为这两者关系又是一个动态的过程。

原始社会时期，个人与社会是原始的同一。这时，由于生产力水平极度低下，劳动工具十分简单，人们为了获取物质生活资料，必须联合起来共同劳动，共同占有产品。人们此时只有依靠集体的行动才能生存下去。人们此时完全依赖于社会，个人没有任何独立性，个人与社会达成的是原始的同一。在阶级社会中，私有制造成统治阶级与被统治阶级的尖锐对立，统治阶级控制社会，其结果必然造成人与社会的相互排斥与对立。譬如，在奴隶社会，奴隶主占有社会生产资料，奴隶没有生产资料和人身自由。奴隶作为被统治阶级，为了自身的生存不得不在奴隶主的奴役下进行劳动，而且劳动的成果都被奴隶主所攫取，因此，个人与社会之间的关系是对抗的。在封建社会，地主阶级占有社会生产资料，虽然农民、农奴等较之奴隶有了一定的人身自由，但仍无生产资料，加之严格的等级制度将人们限制在等级金字塔的固定位置中，通行的是农奴对农奴主普遍的人身依附关系。只有到 18 世纪，在'市民社会'中，社会联系的各种形式，对个人说来，才表现为只是达到他私人目的的手段，才表现为外在的必然性。随着资本主义生产方式的确立，资本主义社会首次实现了"人对人的依赖关系"的解放，这种解放既造成资本所有者成为独立的市场主体，又造成雇佣劳动者也成为自己劳动力的所有者，人的独立自主性凸显出来。但是，在科学技术发展和资本增值驱动下，工人从事异化劳动，是片面化、畸形化的发展，而以追逐利润为目的的资本家，也成为金钱的奴隶，整个资本主义社会处于普遍的物化的社会关系中，人与社会的关系处于对抗当中。

如何解决个人与社会的关系？传统的伦理道德是为调节个人与社会关系的需要而产生的，但在现代社会发展中传统的伦理道德需要进一步发展。从发展伦理看，构建人与社会的关系可从以下几个方面做起：

第一，要围绕生存法则进行。在自然界中，生物界要围绕生存法则进行，人作为高于动物的自然生命体，也要求人的最基本的活动围绕生存法则进行，即解决好人类的吃、穿、住、用、行等物质生活问题。因此，社会应尊重个人的生存权，满足个人的生存需要，为个人提供生存的基本条件。

第二，要树立正确利益观。马克思认为，利益是人类活动的动力和源泉。利益的本质是社会关系。从利益的主体看，利益分为个人利益和社会利益。从辩证的角度看，个人利益和社会利益是统一的：一方面，个人利益形成社会利益，社会利益是个人利益的总和。因为，个人是社会存在的细胞，个人形成群体，个人利益形成社会利益。另一方面，社会利益是个人利益实现的条件。个人的力量是弱小的，唯有形成群体的力量才能实现改造世界，满足自身利益。作为个人，不但要最大限度发挥自己的主体性，尽可能地为社会多做贡献，而且要把为社会多做贡献作为自己的义务和责任。作为社会，既要采取一切措施创造优势条件，尽最大可能让个人为社会作出更多的贡献，又要有准确衡量个人贡献大小和分配的尺度，让社会中的每一个人，做到贡献和享受的统一。

第三，要实现双方共赢和共享。从概念看，"共"表示要兼顾主体与主体间的利益，"赢"表示要获取基本利益，"享"表示要分享基本利益。因此，"共赢"就是对和谐互动关系的最佳落实，表现为三方面：共赢的目的是要充分保证权利和义务的分配成正比，共赢的手段是通过社会的再分配对社会发展中存在的不平等情况进行调节，共赢的结果要有利于社会发展和人的基本权益的发展。共赢的最终目的是要达到共享，共享是要社会每个成员相互关爱，社会应当给社会成员提供共享科技、共享信息、共享文化、共享资源、共享公共空间、共享公共服务等。

（三）国家与国家关系的伦理审视

近代以来，资本主义开创了世界历史时代，国家与国家的关系成为发展中的重要问题。国家与国家的关系称为国际关系。在发展实践中，国际关系之间的伦理问题日益成为当代国际关系研究的理论对象，也是深刻影响国家间关系的现实问题，进而影响着发展实践的效果。① 因此，需要从发展伦理的角度审视国家与国家的关系。

国际关系的伦理是历史发展的过程。国际体系的变化发展是国际关系的伦理产生的历史前提。唯物史观认为，国家不是自原始社会以来就有

---

① 邢亚玲：《国际关系伦理浅析》，《阴山学刊》2005 年第 6 期。

的，而是原始社会末期在生产力、分工和私有制的基础上一定历史的产物。原始社会的关系主要建立在血缘关系上，因而原始社会的共同体分别是氏族、胞族、部落和部落联盟。原始社会后期，以青铜器为材质工具的出现促进生产力的发展，造成三大分工和部落间的交换，形成剩余产品和私有制，出现阶级之间的矛盾。为解决阶级之间的矛盾的国家应运而生。在国家形成的最初，超越部落联盟方式的雅典式、罗马式和日耳曼式等构成其主要国家形态。但是早期，由于生产力的落后以及国家间交往的局限性，国家与国家之间利益纠葛，伦理道德处于萌芽状况。资本主义社会的机器大工业和普遍交往开创的世界历史时代，造成了享有主权的"国家"的真正产生，而且国家之间的关系成为国际问题。18 世纪以来，随着"市民社会"的发展，"古典的"、"殖民化的"、"后殖民的"、"现代化的"诸国家形式均以独特方式参与世界历史的进程。在历史进程中，国家与国家的交往难免遇到一定的危机和风险，但每个国家为了自身的国家利益，力求最大限度摆脱危机和预防风险，因而出现了为自我保存的相互依赖性伦理道德的建立。①

　　在现代社会发展实践中，国际关系的伦理又面临一些挑战。首先，国家利益的表达具有多元性特质。利益的多元性源于处理国际事务主体的多元性。在现在社会发展中，活跃在国际事务中除了代表国家的政府组织，还有许多非国家组织。这些组织的发展和活跃，打破了国家在建构国际关系伦理的支配地位，而这些组织是以自身需求和利益来界定自己的国际关系伦理。因此，国家利益的表述不再是国家一元性，而是多方参与的多元性特征。其次，大众参与政治的深入造成国家对外政策的取向发生变化。在现代社会发展中，自由、平等民主政治的深入发展，出现众多民众积极参与政治的态势。但各国公民更为关注他们自身经济性需求获得满足的行为偏好，其结果极大地影响了国家对外政策的取向——从传统的军事利益、政治利益向经济利益、生态问题、失业问题的转变。

　　既然国际关系伦理是当前社会发展中存在的问题，从发展伦理角度看，处理国家关系要把类伦理作为标准和尺度，并且做到国际关系中的公正。

　　第一，要将类伦理作为处理国家关系的标准和尺度。人是社会存在

---

① 余潇枫：《伦理视域中的国际关系》，《世界经济与政治》2005 年第 1 期。

物，也是类存在物。现代社会发展的一大趋向就是建立在生产和交往基础上的全球化浪潮。在这种情势下，国家与国家的关系是建立在全球化基础上，全球化事实催生了全球伦理，这种伦理标志着人类进入"类时代"，形成了"类伦理"。因此，在处理国家与国家的关系中，"类伦理"成为重要的指导原则，既应成为人类共同体的整体价值尺度，又应成为国家间伦理建构与实践原则。"类伦理"要求体现"规制性"和"融合性"的伦理精神：一方面，国家之间开展协作性活动，每一方都可在确保安全与公平的前提下开展竞争；另一方面，类伦理还要求体现"共和性"、"归一性"的伦理精神，从国家主义转向全球主义，寻求全球治理的合法性基础与建构一体化治理机制，让联合国或者"新全球治理机构"发挥更大的作用。[①]

第二，要做到国际关系中的公正。公正是公平正义的合称，是一项重要的伦理原则。当代不同的思想家由于考察视角不同，形成不同的公正观，最为典型的是罗尔斯的正义观和诺齐克的正义观。罗尔斯主张的"均衡正义"，对分配进行干预以保障分配结构的均衡，而诺齐克主张"程序正义"是主张机会平等而不顾后果。从发展伦理角度看，两种正义观，既有合理性又有局限性。发展伦理要求，在利用公正原则处理国际关系时，必须做到均衡正义和程序正义的结合，而不能纯粹地坚持一方而否定另一方。[②] 具体来说，应该能满足以下两个条件：既能反映世界各个民族的物质和其他需求，保证国际社会处于良性运行状态；又能够保证国际社会中个体间的共存、安全和公正的价值资源分配。

（四）代际关系的伦理审视

在社会生产中，人自身生产，即繁衍后代的生产占有重要的地位。马克思把它看成与物质生产、社会关系生产处于同一层面。人自身生产就涉及后代人的生存和发展问题。如果从联系的角度看，人与人的关系表现为当代人与后代人的关系。这种关系称为代际关系。代际关系包括两个维度：一是在家庭关系范围内的代际关系。二是超出家庭关系，从国家、民族乃至人类的高度去看待当前活着的人与过世的人和未来的人的关系。

从代际关系的历史看，传统的伦理关系包括家庭中代际关系的内容，

---

①　余潇枫：《伦理视域中的国际关系》，《世界经济与政治》2005 年第 1 期。

②　邢亚玲：《国际关系伦理浅析》，《阴山学刊》2005 年第 6 期。

它是建立在家庭血缘关系的基础上，对家庭成员双向的道德要求。近现代以来，资本主义社会成为主要的社会形态，随着工业生产和商品交换日益深入，历史成为世界历史，经济活动越来越一体化，人类社会日益成为一个相互依存的整体。在现代社会发展过程中，作为来自不同国家和地区的同一个地球村的村民在享受全球化带来的生产力发展和生活水平提高的同时，必须共同面对全球问题，如粮食安全问题、能源短缺、环境污染、人口增加、贫穷问题、政治安全等。这些问题是影响整个人类生存和发展的大问题，需要整个全球的每个成员作为一个整体共同应对，更需要在考虑眼前利益的同时兼顾子孙后代的长远利益。这是需要优先对待的伦理问题，它超出狭隘的家庭范围，从整个国家、整个民族乃至整个人类的生息繁衍的角度去看待的伦理问题，即现代代际关系伦理问题。①

如何解决现代社会发展中的代际关系问题？从发展伦理看，需要做到道义与功利相统一、整体与和谐相一致、生存与发展相协调。

第一，要做到道义与功利相统一。道义是对人的需要、权利等方面的尊重和捍卫，具有一种形而上的"应该"之意。道义体现出"人是目的"的内涵，其核心范畴是公正、平等和权利。现代社会发展中，道义原则能够贯彻到人类代际关系之中，贯彻到当代人与后代人的关系之中，并作为人类处理代际关系的一个基本原则。功利则是把人的现实世界，人的现实利益作为基点，强调人的社会发展主体地位，提倡人要把追求个人的快乐、幸福和功利作为目的，并赋予功利、幸福、效用以美德和善的意义。在传统的认识中，道义和功利是互斥的。从发展伦理看，道义与功利在代际关系方面应该统一。道义对人类后代权利的辩护经受各种指责，而功利原则对这些指责能提供逻辑上的反驳；同样，功利所产生的上述后果难以达到代际公正，而道义原则在代际公正和代际平等的追求下，反映了这一问题。②

第二，要达到整体与和谐相一致。整体是事物各个部分构成的一个统一体。和谐是不同事物多样性的统一，和谐不是抽象的统一，而是差异的统一。整体只有内部各个方面达成和谐状态时，才是真正的整体。发展伦理认为，处理代际关系，要从和谐和整体出发。从整体看，人类关系整体

---

① 汪堂家：《代际伦理的两个维度》，《中州学刊》2006 年第 3 期。
② 王倩：《代际伦理——一个现代性的问题研究》，《辽宁行政学院学报》2009 年第 12 期。

不仅包括当代人之间的关系，也包括当代人与外部自然界的关系，还包括当代人与后代人的关系。因此，我们应该将人类的后代置于人类整体的范畴之中，要做到考虑当代人的利益时，不能忘记后代人的利益。只有在这种人类整体意识中，才能实现和谐关系，整体与和谐达到统一。

第三，要实现生存与发展相协调。社会的进步和发展要满足人类的生存和发展，这里的人类不仅包括当代人，而且包括后代人，因为作为当代人的个体总是有生有死，后代人是继续前代人的基业的力量，因此，后代人的生存和发展也是社会发展中所考量的因素。社会发展观作为指导社会发展实践的理论和观念应该把后代人的生存和发展纳入思考对象，应该是可持续的发展观。然而，近代资本主义工业文明形成的传统发展观是一种不可持续的发展观。在这种发展观指导的发展实践下，当代人在某种程度、某个范围解决了满足物质需要层面的生存问题，在更多方面导致了人类"生存危机"，尤其是导致了人类后代的生存危机，造成生存与发展的对立。因此，从伦理的角度审视代际关系，实现生存与发展的协调，就必须实现几个转变：（1）从个人本位向类本位的转变，也就是"个体之代"与"类之代"的关系。（2）从享乐意识向生存意识的转变，必须提倡适度的、节约型的消费，以提高健康的生存质量为终极目的。适度和节约的消费观归根结底体现了当代人对人类后代的伦理关怀。（3）从现世主义意识向未来意识的转变。树立关注"人类未来"和"未来人类"的未来意识以救偏补弊，并根据人类生存和发展的未来（可持续性）需要约束和规范现在的发展。这恰恰是代际伦理的本质要求和根本原则。①

三　人与自身关系的伦理审视

马克思主义实践观认为，人类的实践过程，不仅是人与自然的关系，人与人的关系，而且包含人与自身的关系。人作为一个实体，是身体和精神的统一体，人与自身的关系就是人与身心的关系。在传统社会发展过程中，社会伦理观是人与人之间的范畴，缺少对人与自身关系的伦理考量。而社会发展的不良实践后果，又造成现实发展中人与自身的异化。因此，必须从伦理角度审视人与自身的关系。

（一）实践基础上人与自身关系的界定

在人类思想史中，对人与自身关系的探讨主要集中在哲学方面。从哲

---

① 刘福森：《论发展伦理学——可持续发展观的伦理支点》，《江海学刊》2002 年第 6 期。

学史上看，古代的柏拉图、亚里士多德等哲学家对人与自身的关系作出一定的贡献，但关于人与自身关系的研究主要集中在近现代哲学领域。从近代的笛卡儿到现代的叔本华、尼采、弗洛伊德等，这些哲学家都对这一问题进行了深入思考。

笛卡儿从"我思故我在"出发，阐述了精神的我与物质的我。叔本华的"生命意志"、尼采的"权力意志"从意志角度说明了精神的我与身体的我的关系，最为著名的是弗洛伊德，他用"本我"、"自我"、"超我"解释人的人格结构，"本我"与"自我"的关系，是自我意识与个体的生理需求和心理需求的关系。但人们在探讨人与自身关系的主要方法和基本视角是认识论的。他们将主体和个体分开，进而又将人与自身分开，并且认识论推演的方法是分析的方法，而认识论的探讨注重的是概念和范畴。① 从认识论角度分析人与自然、社会和他人关系中的主体境遇问题，势必造成人独立于自然、社会、他人，人自身最终也会被独立出去，身心二分就不可避免了。

马克思创造了科学的实践观，合理地解决了人与自身的关系。从实践看，人自身就是客观存在与主观存在的统一。人的客观存在既包括自然性存在，又包括社会性存在，前者是生物性存在和需要的体现，是人的躯体及生理活动，后者是社会实践和社会关系在人身上的凝结。无论人的自然性和社会性存在，都是物质性的存在。人的主观性存在源于人是精神存在物，人的主观存在就是在现实中不断反思自己存在的外界世界，而且对自身的客观存在进行再反思。马克思指出：动物和它的生命活动是直接同一的。动物不把自己的生命活动区别开来。它就是这种生命活动。人则使自己的生命活动本身变成自己的意志和意识的对象。② 总之，人不仅是主体，而且又是自身的客体，是物质性存在和精神性存在的统一。这是人在人与自我矛盾中体现的双重性质。因此，人与自身就是人的身心的关系，包含三个方面：一是身体和谐，指的是人的身体健康无病，各种机能良好的状态。二是思想和谐，指各种思想之间的和谐。三是行为和谐，指受思想支配行为的和谐，也指思想与行为的和谐，心平德行。人的身心和谐的这三个方面是密切联系、互相影响的。③

① 胡军：《从生存论哲学看人的在世方式》，《新视野》2004 年第 2 期。
② 《马克思恩格斯全集》第 42 卷，人民出版社 1979 年版，第 96 页。
③ 鄢本凤：《现代人身心和谐及路径优化》，《重庆社会科学》2008 年第 1 期。

（二）现代发展中人与自身关系的异化

人与自身的关系的变化和发展内在于实践之中，因而随着人类社会的各种实践发展，人与自身的关系发生了历史的变化。尤其是现代社会的发展实践中，机器大工业基础上分工和商品经济中的物化，使得人与自身的关系发生强烈的异化。

在原始社会时期，满足人自身的衣、食、住、行等生理需要是首位的，氏族成员时刻需要劳动才能满足人们的生存，人们关注的是自身的物质性存在。物质的匮乏，认识工具的缺乏，交往的狭隘性，精神生活的贫乏。因此，这一时期人与自身的关系是原始的统一。在文明社会，社会生产力的发展造成了体力劳动和脑力劳动的分工，导致了体力劳动者专门从事物质生产，相应的脑力劳动者则从事精神生产的后果。但无论是奴隶社会还是封建社会，总体来说，生产力部门主要是农业、手工业，生产工具落后，生产力不发达，造成人们的物质生活不丰富。另外，精神生产和精神生活也较为落后。在社会形态中，又出现统治阶级和被统治阶级的差别，虽然占少数的统治阶级的身心能得到发展，但大多数被统治阶级身心却是片面的发展，人与自身不和谐。

近代社会以来，在科学技术的深刻变革基础上，以工业为主的资本主义社会生产力得到极大提高，物质财富获得极大丰富，人们物质生活上的显著提高，人的物质性的自我获得发展。20世纪中叶开始的新技术革命和新型工业革命浪潮向纵深发展，社会生产力获得了空前发展，作为主体的人在自然面前的创造力得到尽情发挥，人们的物质生活、物质消费大量增加。现代性的发展似乎带给人类美好幸福的生活，但实则很快又陷入更大的困惑之中。在现代社会发展中，市场经济是竞争的经济，因此，随着现代社会竞争的增大，工作与生活节奏的加快，与以前任何社会相比，现代人承受着更大的压力，人的身体处于亚健康状态、心理失常的人越来越多。人自身的发展也越来越失去平衡性，暴力、吸毒、色情、青少年犯罪，这些困境威胁着人自身的生存与发展，人自身的基本精神也在不同程度地逐渐缺失，出现了人的自身异化问题。

（三）从发展伦理审视人与自身的关系

现代社会人与自身异化产生的原因之一就在于没有从伦理角度审视人与自身的关系。按照传统伦理学观点来看，伦理关系的范围是人与人之间，人与自身之间不存在伦理关系。因此，我们应该从发展伦理角度审视人与自身的关系。发展伦理认为，人与自身的关系应该纳入伦理关系中。

第一，从伦理发挥的机制角度分析，人与自我之间的关系是人与自然、人与人之间伦理关系实现的重要条件。如前所述，人与人之间存在伦理关系，人与自然的关系通过人与人的关系产生伦理关系，但这两种伦理关系最终要反映到人与自我之间的关系中来。因为，这几种伦理关系的伦理主体都要与其"实然"的、"原有"的伦理自我发生"对话"，产生一定的善恶矛盾与冲突，而这必然导致对伦理主体肉体和精神的影响。经过善恶意识的冲突与调适，通过伦理主体与自我"身"（肉体）、"心"（精神）的相互作用，最后协调一致，进而发生外在的伦理行为。

第二，从伦理主体自身矛盾运动来看，人与自我身心之间具有丰富的伦理蕴涵。伦理主体与自我身心之间的关系有两个层次：主体与自"身"和主体与自"心"。就前者而言，肉体是生命的物质载体，是精神的居所。伦理主体一旦形成，就具有一定的相对独立性，对自我肉体产生支配作用。这种支配既能顺应肉体的生活方式，也能逆着肉体生命内在规律而行，从而片面追求和满足自身的各种感官享受。就后者而论，伦理主体的自"心"即精神自我，包括伦理主体的思想、伦理、心理、人格等多种综合因素。伦理主体与精神自我也是一种相互矛盾的伦理关系，精神自我会对主体自身产生一定程度的善恶、有利或有害的影响。当伦理主体加强自身的道德修养，注重产生对社会的奉献以及对人类的人文关怀等道德情感时，就能不断提高精神层面的自我层次，向更善的伦理道德境界提升。因此，发展伦理认为，认识到人与自身的两层伦理关系对于培养正确的伦理道德品质有着重要的指导意义。

第三，从伦理的"身"和"心"关系而言，伦理主体自我的"身"与"心"要和谐发展。人与自身的伦理关系，实质是伦理主体的"身"和"心"的统一关系。从发展伦理角度看，伦理主体如果加强自身的伦理修养，既有利于心理意识的养成，也符合生理运动规律，对于人的生命肉体健康水平的提升有着至关重要的主导作用。反之，肉体健康层次的高低也对主体精神状态起着重要的制约作用。因此，在人与自身的伦理品质养成中，伦理主体的自"身"与自"心"是相互影响和相互制约的。发展伦理认为，伦理主体应顺应生理和心理、肉体和精神相互作用的规律，使二者相互促进、和谐发展。

第三节 发展过程的伦理审视

实践构成社会发展的本体，从静态看，实践包含人与自然、人与人和人与自身的关系；从动态看，实践是实践目的、手段和结果构成的总体活动。因此，社会发展包括发展目的、发展手段和发展结果。发展目的是发展主体对发展应然状态的理论构想，是解决发展"为什么"的问题。发展手段解决怎样发展的问题，是为发展目的服务的。发展结果是发展目的的实现，发展结果需要进行评价，有一定的评价标准。因此，发展的本体论审视还包括对发展过程中的发展目的、手段和结果评价的伦理审视。

一 发展目的的伦理审视

发展目的是发展主体对于发展应然状态的理论构想，探讨的是发展为什么的问题。发展目的引导着发展实践。近现代社会发展中，发展主体将发展目的仅看作经济增长，造成了发展中的经济、生态等方面的问题，需要从伦理的角度审视发展目的。

（一）现代发展目的以及后果

发展哲学认为，发展目的是一个历史的范畴，在不同历史阶段，不同的社会发展主体根据发展实践的具体情况，提出不同的发展目标。第二次世界大战以来，资本主义发展中造成对于发展目的单一化理解，将经济增长作为发展的唯一目标。这种发展观被称为经济增长发展观。这种发展观把经济增长作为发展的唯一目的是建立在"发展是天然合理"的哲学信念上。这种信念没有对发展的合理性进行论证和说明，相反却认为发展就比不发展好、发展得快总比发展得慢好。因此，发展天然就是好的，发展本身没有好与坏的区分，不需要对发展进行审视和反思。于是，在这一发展理念的指导下，人们仅是追求如何发展得"更多"、"更快"、"更强"的问题，而不会考虑"为谁发展"和"怎样的发展才是应当的"等问题。对于发展的决策者们，他们常常把经济增长的发展视为理所当然。其实，经济增长不等于社会发展，经济增长的成果也不一定使社会中的绝大多数人受惠，恰恰相反，经济增长给社会带来了经济悖论：一方面是物质产品和财富极大丰富，另一方面是大多数人因购买力相对下降而无力购买；一方面生产和生活社会化程度的增加使人们之间的社会联愈越加紧密，另一方面由于这种社会联系表现为物与物的联系，人与人之间的关系也基本成为人与物（财富）之间的关系，而真实联系被"物"隔离了。

（二）发展目的批判的伦理理论

这种理所当然所造成的负面影响让人类开始怀疑：难道持续的经济增长、物质财富的丰富本身都是美好的吗？面对这样的发展的负面现象，人们开始发现发展本身并不是天然合理的，甚至要深刻反思发展的目的。于是，一些发展伦理学者开始对发展目的进行批评和反思。

发展伦理学先锋人物、美国学者德尼·古莱指出："取得发展并不是一种自我生效的绝对目标，而是一种相对较好的、只是取得某种特定生活意义上较为可取的状况。正是没有看到这种相对性，使得许多人把发展变化进程等同于它的目标，这样就把一个工具性目的错认为成就性目的。虽然在某些方面，发展本身是追求目的，但在更深层面，发展从属于美好生活。"① 因此，对于"发展为了什么"的问题，德尼·古莱认为，发展应该是为所有人提供基本需求而不是优先于满足少数特权阶层的需求。②

阿马蒂亚·森则提出了一种以"可行能力/实质自由扩展"为首要目的的发展观。他认为，发展不能仅仅理解为经济增长、工业化或现代化，财富、收入等是为人的目的服务的，只是发展的手段。他阐述了发展的目的在于人本身，认为发展的目的是使人更有可行能力去追求他们自己认为有价值的生活，"发展可以看作是扩展人们享有的真实自由的一个过程"，"发展确实是对自由的各种可能性的一种重要承诺"。③

国内学者刘福森主要从"类"的生存和发展的角度论述发展目的。刘福森提出对人类生存和发展的伦理关怀，指出研究发展伦理就是要对当代人类社会发展问题上产生的各种困境作出伦理视野的研究，进而从伦理视角补充在发展观研究上的缺陷和不足。张登巧认为，人这种物种的"可持续生存"是发展的终极目的，合理的发展要建立在"生存论"基础上，发展要以保证所有个人的健康生存需要为目的，同时要限制一些为少数富人的挥霍性消费目的而进行的物质生产。这种生存论的价值观包括个

---

① ［美］德尼·古莱：《发展伦理学》，高铦等译，社会科学文献出版社 2003 年版，第 43 页。

② 同上书，第 45 页。

③ ［印度］阿马蒂亚·森：《以自由看待发展》，任赜等译，中国人民大学出版社 2002 年版，第 1、296 页。

人生存和类生存，类生存利益的实现是生存原则中的最高原则。

（三）发展目的伦理审视

作为发展伦理学家的德尼·古莱认为，发展目标具有不同的层次，"对于'发展为了什么'的问题可以从两个层次提出来：终极意义的层次和实际选择的层次"。[①] 在这里，"发展为了什么"的问题，就是发展的目标问题，包括终极意义上的最终目的和实际选择的具体目标。就终极意义而言，发展的最终目标或最高目标是实现人的自由而全面发展。人是发展的实践主体，又是发展的价值主体，还是发展的最终受益者。诺贝尔经济学奖获得者阿马蒂亚·森指出，"扩展自由是发展的首要目的和主要手段……必须把人类自由作为发展的至高目的"。[②] 就实际选择的层次而言，发展的具体目标是实现人与自然、人与社会、人与自我的和谐，就是要实现经济、政治、文化、自然以及人自身的协调而全面发展。这种层次的发展目标是全面的、整体的、可行的。在发展伦理学之前，早在20世纪60年代中期，西方一些发展经济学者和发展社会学者，看到传统经济增长观把增长作为主要目标的局限性。在他们的著作中，详细地论述了社会发展的总体情况，包括经济增长、社会公平、政治民主和自由等方面。

但是，从发展伦理来看，发展目的主要有两个层次：美好生活是发展的基础目的，人的自由而全面发展是发展的终极目的。

第一，美好生活是发展的基础目标。发展伦理认为，对于生活而言，提高收入和增加财富并非发展的首要目的。在阿马蒂亚·森看来，财富的作用在于帮助人们实现自由。德尼·古莱认为，发展所追求的应该是美好生活，因此，人们需正确对待生活美好与物品丰富的关系。发展伦理认为，发展的目的是要改善好人类的生活和社会的安排，使人民过上美好幸福的生活。这种美好生活包括：以生存看待发展和以尊重看待发展。首先，以生存看待发展。马克思把人的吃、穿、住、行等物质性需要作为最根本的生存需要，发展伦理认为，发展最重要的目的之一即是使人民摆脱原始贫困，同时提供基本需要。所谓基本需要，就是满足人民群众健康生存的基本生活资料的需要。其次，以尊重看待发展。尊重，是人们对于自身受到的尊敬和重视，他人没有违背自身的意愿达到其目的的心理感受。

① ［美］德尼·古莱：《发展伦理学》，高铦等译，社会科学文献出版社2003年版，第45页。
② ［印度］阿马蒂亚·森：《以自由看待发展》，任赜等译，中国人民大学出版社2002年版，第30、31页。

发展伦理认为，以尊重看待发展，就是把人当作人看待，尊重人的基本权利，让人过上真正人的生活。从本质上看，这既是一种内源式发展，又是参与式发展。"内源式发展"是联合国提出的一种新发展观。"内源式发展"就是指"在形式上，发展应该是从内部产生的；在目的上，发展应该是为人服务的"，"内源式发展的首要含义是：尊重文化的同一性和各国人民享有自己文化的权利"。① 内源式发展，实质上就是一种参与式发展。参与式发展主要解决发展过程中"谁是发展的主体"、"谁是发展的受益者"这样的问题。参与式发展核心是"参与"，关键是"赋权"。参与式发展强调在发展过程中，要倾听发展主体的声音，尊重当代人的发展权和发展的自由权，让当地人对本地区发展有充分的参与权、发言权和决策权，让发展主体在发展中优先受益。

第二，最高层次就是人的自由而全面的发展。诚然，社会发展是人类社会从低级到高度，从简单到复杂，从落后到文明的过程，但社会发展的最终目的是为了人的发展。人的自由而全面的发展是社会发展的最终归宿。早在 19 世纪 40 年代，马克思恩格斯作为马克思主义理论的奠基人，在批判资本主义社会中资本逻辑造成人与自然的危机，人与人的危机和人与自身的危机的基础上，提出社会发展目的是人的自由而全面的发展。他们认为，人不仅仅是社会发展的主体和推动力量，更是社会发展的最终目的和归宿。

20 世纪 50 年代，为解决发展中国家的发展问题，发达国家的一些经济学家提出了经济增长发展观。虽然这种发展观在一定程度上为发展中国家的经济增长提供了理论指导，但因这种发展观把社会发展的目的归结为经济增长，造成了社会的片面发展和人的片面发展。于是，"综合发展观"、"可持续发展观"和"以人为中心的发展观"等纷纷出现，尤其是"以人为中心的发展观"标志着人类发展观的人本转向。这种人本主义的发展观，强调社会发展应一切以人为中心，一切从人的需要、利益和发展出发，人是最高目的。正如佩鲁在《新发展观》中指出的，"发展同作为主体和行为者的人有关，同人类社会及其目标和显然正在不断演变的目的有关"。因此，发展伦理学在借鉴马克思恩格斯的自由而全面发展思想以及人本主义发展观基础上，从伦理角度审视发展目的。社会发展目的最高

---

① 联合国教科文组织：《内源发展战略》，社会科学文献出版社 1988 年版，第 2 页。

层次是人的自由而全面的发展。

二　发展手段的伦理审视

对于发展主体来说，实现自己的发展目标是通过发展手段而完成的，在现代社会发展中，发展的手段是多样的，包括科学技术、市场经济、政府管理以及消费等。马克思主义矛盾观告诉我们，任何事物是矛盾的统一，任何发展手段也具有两面性。从现代发展的事实看，发展手段除带给人类经济、政治和文化等善的成果外，还由于手段的极端化造成许多恶的例子，严重影响了自然生态以及人的生存和发展。因此，社会发展手段理应受到伦理的度量和约束。

（一）科技手段的伦理审视

科学技术活动是指人类认识自然、利用自然和改造自然的一种社会活动。近代以来，科技成为社会发展中的重要手段，在带来物质丰富、生活提高等成果基础上，也带来了一系列的科技异化问题。因此，需要从发展伦理角度审视科技手段。

科学是人们在实践活动基础上形成的关于自然界、社会和思维发展规律的知识体系，技术是人们利用科学成果，改造客观世界的方法和手段的总和。传统社会，科学与技术的联系不密切，因为科学是在技术基础上发现的。近代以来，在培根提出"知识就是力量"的号召下，生产中对科学的需要造成了自然科学的大踏步前进，科学带动了技术的产生，由此，科学与技术形成了相互作用的局面。尤其是20世纪70年代的第三次科技革命，科学与技术互为前提、互为基础的趋势更加明显，导致科学技术化和技术科学化。科学技术在现代社会发展中的作用更大，表现为：在生产过程中，科学技术作为渗透性的要素，渗透在劳动者、劳动资料和劳动对象等生产要素中并推动它们的变革，带来了社会生产力的空前发展；科学技术使人类创造出数量更多、品质精良的物质生产资料和生活资料，不断提高着自己的消费水准和更新着自己的消费结构；科学技术在日常生活中的多方面应用，既极大地拓展了人类的活动空间，又开辟了新的人类交往方式；既丰富了人类的生活内容，又增进了人类健康和延长人类寿命。由此看来，科学技术是推动社会发展和提高人类生活的强大动力，正如马克思所说：科学是一种在历史上起推动作用的、革命的力量。①

---

① 《马克思恩格斯选集》第3卷，人民出版社1995年版，第777页。

近代以来，科技活动带给人类社会生产的丰裕、社会生活和思维方式转变的同时，也带来了科技异化，集中表现在科学技术对自然的异化、对社会的异化和对人本的异化这三个方面。在自然方面表现为资源缺乏、环境污染和生态失衡等；在社会方面表现为人口膨胀、技术统治、政治异化、文化冲突等；在人本方面表现为人际关系疏远与隔阂、人格分裂、道德沦丧、精神空虚等。

关于科技异化的原因，国内外学者研究的视角不同，提出的结论也相异。西方学者主要认为科技异化的实质是技术本身的异化造成的，而我国大多数学者强调科技异化的原因是社会异化和人的异化造成的。从发展伦理视角看，科技异化与伦理的缺乏有一定关系。因此，要从遵循科技发展的规律性和目的性、认识科技伦理的全球性、维护社会公正的途径来消除科技异化。

第一，对待科技，我们既要按照科学技术自身的发展规律来开展科学技术活动，大力提高科学技术水平，又要正确地解决科学技术在应用过程中所产生的社会伦理问题。因为，科学技术本身没有善恶之分，科学技术的应用才会出现善恶的道德问题。同时，在科学技术活动中，科技工作者要培养良好的伦理品质，如公正、责任等，从而要客观地面对科学技术成果应用的善恶问题。

第二，要正确认识科技伦理的全球性。科学，尤其是自然科学是对自然界的本质及其规律的正确反映。自然科学代表全人类的成果，是全人类的财富，具有国际性特征。在现代社会发展，经济全球化已经成为不争的事实，科学和技术成果的应用也是国际性的，尤其是第三次科技革命中，计算机网络技术业已将全球所有的国家和民族联结成"地球村"。为此，要建立全球科技伦理，这种全球科技伦理是承认全人类共同的价值观及其伦理规范。

第三，增进人类利益，维护社会公正。要尊重人类生命，维护人类尊严，就必须尊重追求完美人格，展现完善人生的倾向，实现人的全面发展，增进人类利益，就必须创造一个有利于人类进步、利益得以实现的良好的社会环境和良好的生存条件，即公正、人道、和谐的社会。人类的一切活动都要以此为宗旨，高科技的发展也不例外。依据这一原则，我们赞同为增进人类利益，促进生命发展，不损害他人利益，不对生命造成危害的前提下发展生殖技术、克隆技术和基因技术，反对利用这些生物技术制造新的社会不平等，甚至以此为武器制造新的人类灾难。依据这一原则，我们主张公平和平等地分配宇航利益，反对殖民主义向宇宙的扩张。①

（二）市场手段的伦理审视

近代以来，市场经济成为社会发展的重要手段，但市场失灵也造成了更大的发展代价。因此，需要从发展伦理角度审视市场手段。

现代社会发展的机制是市场经济。从经济学角度看，市场经济是人类迄今最有效的经济组织方式和资源配置方式。从发展手段看，市场经济把市场调节作为资源配置的基础，利用价格信号提供经济活动的信息，引导市场供求自动趋于均衡，实现资源配置的最优化和生产的最优化。但在社会发展中，市场经济造成如下后果：第一，市场经济表现出一种物化性质，造成经济主体的自我意识的丧失。市场经济是自由的、自觉的活动，因而市场经济既促进人格独立，又提升主体自我意识，但由于市场经济中交换价值成为生产和交换的动机和目的，使市场主体受商品和货币的奴役与支配，从而降低独立的人格，丧失了自我意识。第二，市场经济的求利本性，使经济主体走向极端利己主义和道德虚无主义。市场经济建立在竞争基础上，竞争表现为市场主体双方经济利益的争夺，市场经济又以追求效率最大化为目的。因此，市场经济本质上是一种求利性经济，具有强烈的趋利性。在趋利性影响下，每个市场主体带有追求利益最大化的目的进入市场，在市场优胜劣汰方式竞争机制下，市场主体之间存在不同程度的主客观条件的差异，生产过程中市场主体的效率有高有低，必然导致收入分配上出现差距，甚至极端的两极分化现象。为了能够在残酷的市场竞争中超越对方，市场经济的这些负面影响有可能使一部分人利欲恶性膨胀，为攫取当下的暴利和自己的私利，采取反伦理道德的方式从事经济活动，从而走向极端利己主义和道德虚无主义。第三，市场经济导致商品意识和市场意识的泛化，对商品的交换价值和金钱无限追求，诱发出一些社会的腐败现象。市场经济把市场的求利、交换和市场等原则渗透到社会生活的不同领域，甚至能够把生活价值、人的尊严和良心变成可以标价出卖的商品，导致市场意识和商品意识的泛化，生成权钱交易的一系列腐败现象和丑恶行为。第四，市场经济必然导致两极分化。市场经济追求高利润、高

① 周庆华：《和合之镜——中国当代社会和谐发展的伦理基础研究》，吉林大学出版社2007年版，第283页。

效率，但单纯的市场经济机制却难以兼顾社会的公平分配，任其自发调节必然导致贫富差距拉大，出现"两极分化"现象。

这些现象称为市场失灵，尽管政府管理是克服市场失灵的手段，但从发展伦理的角度看，市场经济是一种文化伦理现象，有其自身内在的伦理要求。

第一，市场经济具有平等的伦理要求。公平是市场秩序中的最重要原则。早在古希腊时期，亚里士多德就对公平问题进行过阐述，他认为，公平就是按比例报答：如果商品之间有了比例的均等，互惠的行动就会发生，否则交换就是不平等的，也是不能进行的。马克思指出，"商品是天生的平等派"。① 市场交换以其特有的方式抹去了人与人之间的等级关系和等级意识，客观上要求交换各方权利是平等的。市场经济不承认任何血统、身份和特权优先地位，在交换过程中，交换主体之间一律自由和平等。市场经济不仅要求平等，同时市场经济也创造平等。市场经济平等要求每个市场主体权利平等、机会均等。

第二，市场经济实现自由与责任的统一。在市场活动中，有意志自由，并具有参与市场活动能力的经济主体是市场经济存在和运行的根本前提。经济主体不仅有独立利益，而且有自主权。经济主体的自主权即是意志自由权，表现为选择的自由权、决策的自由权、生产的自由权和经营的自由权，也表现为各种生产要素包括资本、劳动力、人才等资源能够自由流动的权利。这些自由权可以归结为自由的参与市场、自由竞争的权利。因此，市场经济不但要求平等，而且也要求自由。市场经济要求自由的同时，也规定了责任。在自由规定的前提下，任何经济行为首先要考虑可能发生的后果，要承担起责任。因为在市场活动中，任何经济交换行为可能涉及与他人、社会和国家的关系，而他人、社会和国家的关系与市场行为主体的关系的共赢共利是市场主体能够成功追求自身利益的重要条件，因此，任何市场行为者都应当承担相应的市场责任、经济责任和法律、社会伦理责任。

第三，市场经济肯定诚信行为。诚信就是诚实守信。讲求诚信，既是市场经济对参与市场主体的伦理要求，也是市场交易秩序得以维系和完善的伦理要求。诚信首先是对每个市场主体必然的要求。市场经济的诚信诉

_____

① 《马克思恩格斯全集》第 23 卷，人民出版社 1972 年版，第 103 页。

求不仅是单个参与者的内在良知，而且是市场整体社会性的伦理意识或伦理规范，这就要求在道德正义的强大约束力量面前，市场主体养成诚信的契约精神，使诚信作为一种市场经济的伦理规范，更重要的是要自觉转化为自身的自律行为，从而进行良好的道德自觉和道德实践。

第四，市场经济是一种契约伦理。市场经济是一种交换经济。无论是在个人之间的交换，还是在个人与集体、集体与集体之间的交换，都需要一种双方认同的价值，以便降低交易成本和减少交易风险，这种共同的价值标准就是"契约"。这种价值准则蕴涵着市场主体的伦理价值判断，既对自己"能"和"不能"做出客观评价，又对自己"应该"和"不应该"作出价值评判。因此，市场经济蕴涵着契约伦理。

（三）政府手段的伦理审视

政府是国家权力机关的执行机关，其主要职责是维护统治阶级的利益和管理社会公共事务。在现代社会发展进程中，虽然经济的运行靠市场，但市场本身的盲目性、滞后性等特征造成市场失灵的现象，为避免市场失灵影响经济和社会发展，政府扮演着社会发展中的管理主体，在社会发展管理中的地位和作用逐渐显现出来。但社会发展中政府管理也会出现政府失灵现象，因此，需要从发展伦理的角度审视政府作为社会发展的手段。

从发展手段看，政府在社会发展中的作用有以下方面：第一，提供社会公共产品与服务。随着经济的发展以及生产社会化程度的提高，人民的需求发生变化，尤其是人们对各种公共产品和服务的需求逐渐增加，但是作为市场主体的私人企业由于公共产品和服务的利润较小，而不生产这些产品和提供公共服务。于是，政府就充当生产和提供这些公共产品和服务的角色。第二，建立和保持市场竞争机制。竞争机制是市场经济得以运行的重要因素，但市场经济中的竞争并不是完全自由的，甚至在某种程度上出现了限制竞争的因素。政府发挥建立和维护市场竞争制度的作用。第三，调节经济运行过程。在早期的资本主义社会，由于自由竞争占主导地位，经济活动完全依靠市场这只看不见的手，来调节资源的配置和经济的运行，市场之外的政府很少参与对社会经济活动的调节行为。但随着现代市场经济的发展和进步，市场的外部性、自发性和滞后性造成了经济中的不良后果，因此，政府必须参与经济调节过程，以此维护市场秩序，规范各经济主体的行为，达到对宏观经济的调控目的。第四，提供收入再分配和社会保障。市场经济中必然造成分配不公和两极分化现状，靠市场经济难以解决这类问题。因此，政府有责任以政权的力量，来提供社会的收入再分配和社会保障，以使社会公平地分配成果，实现社会公众所追求的社会公正目标。

尽管政府在社会发展中发挥着重要作用，但政府管理也会出现"政府失灵"现象，即政府的行为不能完全纠正市场失灵，甚至会使资源配置愈加缺乏效率和出现不公平。在社会发展进程中，对于发展中国家，政府失灵现象更为严重。第二次世界大战后，由于本国经济发展的需要，大多数发展中国家都选择了国家干预型的经济发展方式。这种经济发展方式的运用虽然在一定程度上促进了其经济增长和发展，但这种经济发展方式不注重发挥市场对于经济发展的作用，较多地依赖政府的行政干预，其后果是造成经济上活力缺乏，妨碍了经济增长和发展。此外，发展中国家因资本短缺，在资本积累方面，除向国外发达国家借外债之外，国内通过强迫民众储蓄等手段积累资本，还从农业部门获得资本积累，结果影响着生态的平衡和环境的发展；大力发展的重化工业又造成环境污染等问题。显然，这种以政府性为主导的经济发展方式是以对自然环境的损害为代价的。在人民生活方面，积累的加强导致消费的减少，人民的生活水平长期不能得到改善。在企业经济活力方面，主导计划调节、排斥市场调节的政府行为，导致企业缺乏经济自主权，其结果是经济缺乏活力。另外，政府官员的私利行为和"寻租"现象，造成官员道德品质的缺失和人民对政府的不信任等。

造成政府失灵现象的原因有许多，从发展伦理角度看，政府应与伦理联系在一起，需要做到以下几个方面：

第一，政府制定的公共政策要体现民主原则。从根本上讲，公共政策是为了谋求公共福利最大化，政府决策规则和程序要体现民主原则。因此，政府制定公共政策和制度时，设计的规则和程序一定要突出"公共性"，使政府的决策更好地体现公众意愿，从而实现公众的各种利益。

第二，政府要保证公正。设立政府要以"公平施政"。罗尔斯认为，公正是社会制度的首要价值，而社会制度的制定和执行者是充当管理角色的政府及其人员。发展伦理认为，政府管理者要承认社会公民拥有的平等权利。这些平等权利并不因个人的地位、性别、种族、收入等方面的差异受到侵害。同时，政府所提供的社会福利尽可能采用公平分配原则在社会成员之间进行，保证在施政的过程中平等和公正地对待当事人。

第三，政府要发挥好服务的作用。从发展伦理看，政府的最大目的在于提供公共的服务，政府是公共服务的机关。政府代表和谋求的是社会的公共利益，不是个人的、集团的和地区的特殊利益。因此，政府管理人员要成为真正"公仆"的角色。

第四，政府要具有责任意识。责任是一项重要的伦理原则。在政府管理中，政府行为应该包括政府的责任行为。从内容上看，政府的责任除政治责任和法律责任之外，还包括行政道德责任。这种行政道德责任是发展伦理所要求的。它表现为渗透于行政权力和法律作用范围之中的主观意识到的责任和义务，包括两个方面：其一，政府的工作人员对自己实施行为不利后果必须承担道德责任，防止权力的滥用；其二，行使政府权力的人和机构必须对社会做出贡献产生社会效益，对社会进步和社会发展承担道德责任。

（四）消费手段的伦理审视

社会要发展必须进行生产，同样也必须进行消费。马克思认为，消费不仅是生产的终点，也是生产的起点。在这个意义上，消费既是生产的手段，又是社会发展的手段。20 世纪 30 年代，西方发达国家为克服经济危机，借助凯恩斯的经济学思想，把消费作为重要发展手段呈现出来。其结果是双重的，消费带动了经济发展的同时，也产生出一系列的消费异化问题。因此，发展伦理需要对消费手段进行审视。

消费是揭示人类对满足自身需要活动的范畴，消费分为生产消费和生活消费。消费在社会发展中具有重要的作用：第一，消费是社会发展的重要基础。只有经过消费，人们的需要才能得到满足，更高水平的生产能够得以进行，更符合需要的产品能够被生产出来。"生产—消费—再生产—再消费……"这样的不断循环，成为推动社会发展的重要的动力。第二，消费是促进自然与社会和谐发展的重要手段。消费在促进人类社会发展的同时，还与人的外部自然界发生不同层面的联系，作为联系的中介，能够促进自然与社会的和谐发展。第三，消费是人的全面发展的重要途径。消费不仅为人的生命存在提供物质保障，而且为人追求更高级的需要即发展自我和实现自我提供保障。

在马克思所处的自由竞争资本主义时代，生产在社会发展中占有主要地位。20 世纪二三十年代，西方发达资本主义国家在现代化进程中产品过剩，有效需求不足时，消费作用上升明显。美国 1929—1932 年经济危机期间，为解决经济危机，率先采用了凯恩斯经济学的扩大内需，刺激消费的政策，经济呈现出相对繁荣的态势。随后西方国家纷纷效仿美国的做法，大都渡过了经济危机。虽然消费的经济价值解决了经济危机，但却导致消费行为的过度膨胀，最终形成消费主义的浪潮。在社会发展中，发达国家采用了刺激消费的政策，人们的消费欲望被激发起来，媒体、广告等起着推波助澜的作用，人们在不停地进行着奢侈性、无度性的物质消费和符号消费，消费完成成为人们的生活方式和价值追求，消费主义产生了。消费主义具有符号性、无度性、大众性和意识形态性。消费主义的蔓延带来了消费异化，具体表现为：

第一，消费主义危害自然界，破坏人与自然的和谐关系。消费主义把消费作为生活标准，消费必然造成生产的产品数量增多，生产中的资源消耗量急剧增长，造成资源短缺问题。此外，物质生活的丰富和医疗科技水平的提高，使得人口在不断增加。人口的增加导致消费量不断上升，使得人类的资源总消费量不断增长，更加速了资源耗竭。

第二，消费主义危害社会，加剧社会不公平现象。一方面，消费主义导致代内消费不公，包括穷人与富人之间的消费不公、穷国与富国之间的消费不公。另一方面，消费主义导致代际消费不公，当代人提前消耗了本应该属于后代人消耗的资源和环境。

第三，消费主义危害人的身体健康，降低人的精神境界。消费主义的盛行，引导人们进行不良的消费行为，造成人的身体和精神双重生命的损害：一方面，急剧增加的人均消费的物质财富的数量，导致人的生活方式与生命机能的冲突，引致各种生理上的疾病。另一方面，消费主义把物质消费看成唯一目的，造成消费者在消费过程中大量进行物质性消费，忽视或缺失一定的精神消费，造成精神境界的消费得不到满足，从而出现精神空虚和无意义的异化现状。

如何克服消费异化？发展伦理认为，消费不仅是人类存在的基本方式之一，同时也是一种伦理文化现象，消费具有伦理性。因此，从伦理角度审视消费手段，应摒弃消费主义的价值观，以伦理原则建立科学的消费观。

第一，要建立合理性消费行为。合理性是伦理的一种规范，既指合规性，又指合价值性。发展伦理倡导的科学消费应以理性消费为主导，根据经济发展水平科学合理地引导人的需要，摒弃不合理的膨胀的病态的消费欲望。当然，在消费态度上要避免节欲消费与纵欲消费两种极端：其一，节欲消费是较少量的消费，少量的消费会造成生产产品的大量堆积，影响生产的循环进行，可能不利于经济的发展；其二，纵欲消费是大量的甚至无度的消费，这种纵欲的消费尽管在一定意义上会刺激经济增长，激发经济活力，但它会造成自然资源的短缺和自然环境的破坏，从而影响经济的可持续发展。因此，发展伦理主张合理性消费，既不压制人的正常需要，也不支持人的畸形需要，是科学性与价值性统一的消费行为。

第二，要达到公平消费，树立公平消费观。公平消费观包括代内公平和代际公平。所谓代内公平是指每一个人或群体或集团在拥有其消费权利的同时，还要承担相应的消费责任和消费义务。代内公平强调权利与义务协调平衡，要求社会资源的公平分配，合理补偿和资源永续利用。代际公平是指当代人在拥有消费权利的同时，还要承担相应的消费责任和消费义务，要为后代人的生存和发展着想，要有责任和义务节俭自然资源，保护环境。

第三，要达到和谐消费。自然生态环境，既是人类生存和社会发展的基础，又是社会文明的重要标志。社会和谐是社会文明的重要表现。良好的生态环境取决于和谐的消费行为，发展伦理倡导和谐消费。这种和谐的消费要求人类通过消费体制的约束规范及消费者主体的生态消费意识的培养，积极探索人与自然和谐的伦理规范行为，选择符合生态伦理的人类发展途径，实现经济—生态—人—社会的协调发展，使消费遵循有利于人和自然良性循环的局面。

三 发展结果评价的伦理审视

社会发展是从低级到高级、从简单到复杂的无限的过程，但社会发展总是发展主体通过发展的目标将发展分成许多连续的阶段，表现为总的量变过程中的阶段性质变。当一个目标计划完成时，阶段性的社会发展结果就会产生。社会发展结果有符合发展目的的，还有与发展目的相违背的，因此，社会发展结果需要进行相关的评价。从价值论上看，评价是发展主体对与发展客体是否满足发展主体需要价值关系的反映。正确的价值评价取决于正确的评价尺度和标准。社会发展的评价是社会发展主体依据一定的社会发展标准对发展结果是否满足人类及社会需要价值关系的反映。由于社会发展活动复杂多样，社会发展的评价标准不同。在现代社会发展实践中，经济增长成为发展的目的，经济尺度成为唯一的发展评价标准。从伦理角度看，这种经济增长的评价标准缺乏伦理的规范和制约，因此，要对社会发展的成果做出合目的性的评判，必须有伦理评价的维度。

（一）现代发展结果评价及其后果

无论任何社会发展的结果都需要以一定的发展尺度进行评价，从而得到正确的审视。自近代以来，社会生产力的发展，商品经济的存在，对货币和金钱的追求等社会现实，造成社会中功利主义和世俗化的现象。这种现象形成了以物的尺度来衡量社会发展的价值观念。在一定意义上，这种物的尺度的价值观念具有积极意义。

首先，它提高了人们的物质生活水平。文艺复兴和宗教改革带来了现代社会对个人幸福和物质欲望的肯定，人的主体性得以发扬。市场经济以及与此相伴随的经济自由和自由市场的观念及实践，造成物质生产和财富创造上的巨大成果，人们的物质生活水平得到极大的提高。其次，它全面地改变了人与人之间的关系，使人依赖人的关系向人的独立性转变。在现代社会发展中，"经济自由"与物质欲望的肯定，自由、民主政治制度的确立，使得个人不再像前资本主义社会被动地依附各种共同体，从对物的依赖中获得自身的独立性，而可以独立、自主地进行社会实践活动。

但也应看到，以物的尺度来衡量社会发展的价值观念具有巨大的消极作用。

第一，物的尺度的价值观念必然导致"物质主义"的产生。物质主义表现为人们对物质的追求。在物质生产中，社会生产的目的不是满足人们的物质文化需要，而是以金钱、货币为目的。在各种社会活动中，人们并非为了满足他人的需要而生产，而是为利润、剩余价值和金钱而生产。因此，在追求个人幸福中，物质财富是第一位的，其结果导致见利忘义和拜金主义等价值观的出现。

第二，物的尺度的价值观念必然导致"消费主义"的产生。现代社会中，出于追求利润的目的和解决生产产品大量增加的情况下，生产企业、商业和其他经济部门想方设法，通过广告、媒体等途径来刺激人的物质欲望。这种行为导致把享受和消费看成是人生的目的。于是，在媒体广告大量宣传和诱导及金融部门提供的信用贷款下，消费主体大量进行奢侈性、无节制、符号的消费。因此，社会上出现能赚钱会花钱，大量进行透支消费和贷款消费等现象，导致了消费主义的价值观渗透于人们的消费活动中，严重造成人们价值观念的扭曲。

第三，物的尺度的价值观念必然导致"社会危机"。价值观念决定人的行为活动。在现代社会发展中，物的尺度的价值观念引导生产者大规模进行生产，并采取一些手段去刺激人们强烈的消费欲望。但是，从根本上讲，这种价值观念又孕育着更大的危机。因为在追求更大利润动机的驱使下，商品的生产具有"无限扩大"的倾向，而社会对商品的需求具有"有限"的特性。生产的"无限扩大"与消费的"有限性"之间存在内在矛盾，构成现代社会发展过程中一个最为基本的矛盾。其结果造成有效需求的不足以及经济萧条和衰退乃至经济危机，进而引起整个社会危机。

第四，物的尺度的价值观念导致道德的缺失。物的尺度的价值观念生成于市场经济活动中。市场经济的基本原则是竞争原则，生产和交换主体为了在市场中获胜，达到自己追求的个人价值最大化，做出违背社会的道德，生产出假冒伪劣产品，交易中进行不诚信、不公平交换。其结果造成生产者获得很高的利润，消费者并没有满足自身的消费需要，甚至假冒伪劣产品伤害消费者的身体。物的尺度的价值观念导致了道德的缺失。

总之，现代社会发展中物的尺度成为评价发展结果的唯一标准。它在带来物质财富增加、人的主体性凸显等作用的同时，也造成物质主义、消费主义、社会危机以及道德缺失等问题。社会发展内容是多样的，社会发展的结果更是多样的，而发展的结果最终是为人服务，人是发展的最终目的。发展的结果应该从伦理的角度进行审视。

（二）以伦理看待发展结果的评价

从发展伦理看，发展结果的评价应该遵循物的尺度与人的尺度的统一、科学尺度与价值尺度的统一以及历史尺度和道德尺度的统一。

第一，物的尺度和人的尺度的统一。发展伦理认为，社会发展是合规律性与合目的性的统一。合规律性是社会发展的客观基础，是衡量社会发展的物的尺度或主体尺度；合目的性是社会发展的主体基础，是衡量社会发展的人的尺度或主体尺度。这种认识与马克思提出的两种尺度是吻合的。马克思指出：人有两种尺度。人懂得按照任何一个种的尺度来进行生产，并且懂得处处都把内在的尺度运用于对象；因此，人也按照美的规律来构造。[①] 显然，物的尺度，就是人的外部自然界的存在、本质和发展规律的尺度，是一种构成社会发展的外在尺度；内在尺度，就是作为主体的

①《马克思恩格斯选集》第1卷，人民出版社1995年版，第47页。

人的内在需求和能力结构，是一种人的尺度，构成社会发展的内在尺度。从理论来说，两种尺度应该是统一的，但在现实的社会发展中，两种尺度往往不一致。现代社会发展中，物的尺度被看成唯一的尺度，而人的尺度被遮蔽了。因此，对发展的评价，最终主要是以人为尺度的评价，而不是以物为尺度的评价，应该是两种尺度的统一。

第二，科学尺度与价值尺度的统一。社会发展的规律需要用科学的方法才能被揭示，社会发展的理论才具有科学地指导发展实践的功能。因此，社会发展的成果需要用科学的尺度来作为评价的标准。所谓用科学尺度来评判社会发展，是指对社会发展采取科学实证分析的方法，揭示出社会发展的客观规律以及具体的运行机制，从而寻求社会发展的客观条件及途径。具体来看，科学尺度的标准与生产力的标准是一致的，因为在社会发展实践中，生产力是社会发展的最根本力量，也是衡量社会发展的根本尺度。社会发展的规律产生于并实现于人类实践活动，而任何实践活动都具有人类的目的性，具有价值性，因此，社会发展的评价还需要价值尺度。用价值尺度评判社会发展，就是对社会发展进行价值评价，考察社会发展对于人的生存与发展的意义。发展伦理认为，科学尺度与价值尺度是统一的，虽然衡量发展的标准离不开对生产力发展水平，但亦离不开对人类历史进步的价值评判。马克思主义创始人以实践原则为基础，要求在科学分析与价值评价的统一中评判社会发展，只有这样，才能找到社会健康持续发展的现实途径。在现代社会发展中，物的尺度与科学的尺度是统一的。现代社会丰裕的物质产品的获得需要建立在科学技术、科学管理以及科学技术的物化工具等基础上，科学揭示出自然界和人类社会的发展规律，技术，即科学的物质生产工具，成为重要的生产手段。科学技术还渗透到政治、文化等实践活动以及日常生活中，科学技术的工具理性成为最根本的因素被顶礼膜拜，而社会发展中的价值理性缺失了。因此，社会发展中，这种物的尺度只是科学尺度的表达。从发展伦理看，社会发展的尺度应该是科学尺度与价值尺度的统一。

第三，历史尺度与道德尺度的统一。马克思恩格斯在评价社会发展时从辩证角度将历史尺度和道德尺度统一起来。所谓历史尺度是指把生产力水平的提高、社会形态的演进和社会总体的发展等作为评价历史事实和发展进程的准绳。这种历史发展进程，正如马克思所指的辩证性：在它面前，不存在任何最终的、绝对的东西、神圣的东西。它指出所有一切事物的暂时性；在它面前，除了生成和消亡的不断过程、无止境地由低级上升到高级的不断过程，什么都不存在。[①] 所谓道德尺度是指把一定的道德原则和道德规范作为评价历史事实和发展进程的准绳。道德尺度是在人类的道德生活中形成的，是维护和保障人类生活的重要环节。在现实社会发展进程中，历史尺度与道德尺度并非一致，有时甚至发生冲突。但从社会发展总的进程和趋势来看，历史尺度与道德尺度又是一致的。现代社会中，物的尺度与历史尺度是统一的，但是物的尺度造成了道德尺度的缺失。因此，发展伦理认为，社会发展的评价尺度应该是历史尺度和道德尺度的统一。

本章小结

　　发展伦理是从伦理的角度审视发展理论和发展实践。发展伦理视野中的发展理论实质上是发展哲学。它包括发展本体论、发展认识论和发展辩证法。因此，以伦理审视发展哲学，就是首先以伦理审视发展本体论。马克思主义发展哲学认为，实践是发展的本体，实践结构中存在人与自然、人与人、人与自我的三层关系，实践过程包括实践目的、实践手段以及实践结果。因此，以伦理审视发展本体论，就是以伦理审视实践的合理性、发展中的三重关系以及发展的目的、手段以及发展结果。

---

① 《马克思恩格斯文集》第 4 卷，人民出版社 2009 年版，第 270 页。

第五章　以伦理看待发展：
发展认识的演变

> 在讨论我们现在面临的问题时，我们必须驱散笼罩在"发展"一词周围的迷雾，并更准确地界定它的意义。只有这样，我们才能够设计出富有意义的目标或指标，从而有助于改进国内或国际政策。①
>
> ——杜德利·西尔斯（D. Seers）

"发展"一词原本是生物学上的一个概念，表示一种生命的自然演变过程。后来被法国哲学家奥古斯特·孔德（Auguster Comte）引入社会学领域，以描述人类社会的进步。20 世纪 80 年代，法国经济学家弗朗索瓦·佩鲁（François Perroux）指出，"我们所讲的发展是整体性的。这种发展使技术受到各个人类共同体知识的、社会的和道德的约束，世界正在成为一个有机的整体"。② 关于发展的界定很多③，这里不一一列举。

虽然对何谓"发展"有很多界定，但目前仍然没有一个统一的答案，围绕在"发展"周围的"迷雾"仍然太多并且难以驱散。发展的主体是谁？发展的目的是什么？发展的手段如何？什么样的发展是好的发展等问

---

① ［英］杜德利·西尔斯：《发展的含义》，载塞缪尔·亨廷顿《现代化——理论与历史经验的再探讨》，上海译文出版社 1996 年版，第 47 页。

② ［法］弗朗索瓦·佩鲁：《新发展观》，华夏出版社 1987 年版，第 194 页。

③ 如夏征农："事物由小到大、由简到繁、由低级到高级、由旧质到新质的变化过程"；联合国教科文组织："发展是集科技、经济、社会、政治和文化，即社会生活的一切方面的因素于一体的完整现象"；美国学者塞缪尔·P. 亨廷顿："表示与从相对贫穷的乡村农业状态向富裕的都市工业状态转变的社会运动相联系的社会、经济、心智、政治和文化变迁的总过程"；西班牙学者费德里科·马约尔："发展应该被看成是复杂的多元的：经济的、社会的、科学的、文化的……它必须具有一种综合的特点，即包括社会生活的多种表现形式，并符合植根于各国人民的历史财富和道德的文化的目的"；亚当·卡伯杰、杰西卡·卡伯杰主编的《社会科学百科全书》："在许多人的眼里，不管是专家们还是外行们都渐渐地公认：发展是一种循序渐进的运动，是一种朝向更'现代化'、更科技化和更经济化的'先进'社会形式的运动，例如工业国家"。

题现在都还没有彻底解决。因此，对发展研究的历史做一个考察，也许有利于我们对这些问题的把握。关于发展研究，虽然可以追溯至10000年前的人类农业生产时代，但真正意义上的发展，始于第二次世界大战后。几十年来，许多学者经过长期实践，对工业革命以来的社会变迁和发展的内涵提出了许多新概念和新理论，进而形成了发展经济学、发展社会学、发展哲学、发展伦理学等，发展研究进入了一个多元化阶段。第二次世界大战以来，关于发展的认识大体经历了四个阶段。

第一节 以"经济增长"看待发展的观点

20世纪40年代中期到60年代中期，这是发展研究的初期阶段。在这一阶段，发展学家们主要以西方资本主义国家从中世纪传统社会转变为现代工业社会的历史经验为基本的立论依据，以近现代西方经济学理论和社会进化理论为基础，对西方国家，特别是美国、英国、德国、法国等国的历史经验做了分析，探讨了现代化的动力、特征与模式等问题，形成了经济增长理论。

一 经济增长理论的基本主张

经济增长理论实质上是对发展中国家发展研究的理论。第二次世界大战以后，先后出现了一批新独立的发展中国家。这些国家独立后，都面临着进一步巩固民族独立、实现经济增长和改变贫穷、落后面貌的历史重任，经济增长理论正好顺应了这种要求。另外，这些国家在学习借鉴发达国家成功经验的时候，都没有现成的分析和指导小农社会经济的增长理论。在这种情况下，一些经济学家就把这些发展中国家面对的问题与发达国家过去的发展路径等同，并从发达国家的经验中推演出"一般性"的发展理论，这就是经济增长理论。

经济增长理论认为，发展中国家贫穷落后的主要原因是储蓄不足，工业不发达，在与发达国家的贸易中处于弱势地位，造成国民生产总值增长缓慢；与此同时，发展中国家的人口增长却非常迅速，因而，人均经济福利也随之下降。为了提高人均经济福利，发展中国家将发展目标锁定为促进国民生产总值的增长，力求通过增加储蓄、引进外资、改进贸易方式等手段促进本国工业化和城市化，以便解决人口增长和经济不发达问题。

在整个经济增长理论中，比较有影响的有哈罗德—多马增长模型、刘易斯二元结构理论、大推进理论、贫困恶性循环论、罗斯托增长阶段理论等。这些理论都从经济学角度出发，认为资本积累、技术进步、储蓄和投资等因素是落后国家发展的主要动力。他们普遍认为，人均国民生产总值低是这些发展中国家不发达的根源，发展就是不断提高国民生产总值增长。另外他们还认为，由于人口增长过快，使得生产增长成果抵消，进而使得资本积累受到制约，从而产生了"贫困的恶性循环"[①] 状态。

他们认为，要打破这种"贫困的恶性循环"，必须提高储蓄和投资率，并合理使用资金，积极引进外国资本和技术，大力发展工业，不断吸纳农村剩余劳动力进入城市工业部门。通过工业化促进城市化，实现二元经济结构向一元化转变，提高居民收入水平，摆脱贫困。

二　经济增长理论的特点和缺陷

虽然部分发展中国家在经济增长理论指导下取得了快速经济发展，出现了一批新兴的工业化国家或地区。[②] 但是，以经济增长理论为核心的发展观也遭遇国内外理论界众多的批评。在早期"发展即增长"理论的影响下，很多发展中国家出现了"有增长无发展"甚至"恶增长"的情况。发展中国家的贫困并没有被真正消除，也没能切实解决失业、贫富两极分化和社会动荡等问题，反而出现了资源浪费、环境污染、生态破坏等新的问题。

基于经济增长理论的发展观主要有三个特点：一是以古典经济学为理论基础，集中强调经济增长，甚至没有将经济发展与经济增长加以区分，把增长等同于发展，作为衡量发展的唯一指标。二是重视物质的繁荣，忽视人的发展。经济增长理论完全把重点放在国民生产总值的增加上，而对人的自由全面发展没有给予足够的关注。三是重生产轻分配。将重点放在如何提高经济总量上，而不重视财富的再分配，认为经济增长会产生"滴漏效应"[③]　（Trickle - down effect，又译作"渗漏效应"、"涓滴效

---

① 即因为居民收入低，储蓄就少，资本积累和投资能力也就低下，生产效率难以提高，最终居民收入水平会持续低下。

② 主要指的是亚洲"四小龙"（韩国、新加坡、中国香港和中国台湾）和一些拉美国家（如巴西、墨西哥等）。

③ "滴漏效应"是指在经济发展过程中不给予贫困阶层、弱势群体或贫困地区特别的优待，而是由优先发展起来的群体或地区通过消费、就业等方面惠及贫困阶层或地区，带动其发展和富裕。

应"），会自动惠及穷人。

以经济增长衡量和评判发展的经济增长理论，偏离了人类追求发展进步的终极目标和人的价值诉求，最终导致当今社会发展的重重危机。

经济增长理论没有看到自然资源和环境对人类的价值，并认为自然资源是取之不尽、用之不竭的，人类可以毫无顾忌地无限制地占有和使用。征服、控制、支配自然的观念成为人类对待自然的一种"合理性"基础，也是经济增长理论的内在意涵。人与自然的关系，变成了完全对立的"征服者"和"被征服者"的关系。其实，早在100多年以前，恩格斯就曾经警告过人类，我们不要过分陶醉于我们对自然界的胜利。对于每一次这样的胜利，自然界都报复了我们。每一次胜利，在第一步都确实取得了我们预期的结果，但是在第二步和第三步却有了完全不同的、出乎预料的影响，常常把第一个结果又取消了。① 确实如此，现代以来人类发展实践中的残酷现实已经印证了恩格斯的预言。

经济增长理论没有看到人的发展（即人的能力、素质的提升）的作用，导致在人与物的关系上"只见物不见人"，把经济增长作为社会发展的唯一目标，混淆了发展的手段和目的的关系。在这种以"经济增长"评判发展观念指导下，人们对速度和效率的崇拜超过了对伦理的追求。自由、民主、公正、诚信、和谐等伦理价值观被忽略，而个人主义、利己主义、消费主义和功利主义等观念大肆横行，人与人的关系被扭曲。尤为严重的是，人类在追求物质财富，逐渐摆脱自然力的同时，反而遭受到异己力量的压迫和奴役，资本、技术、商品、机器等成为奴役和压迫人类的工具。人的价值得不到重视，自由能力得不到提升，积极性被无情地压制，个性被消磨殆尽。

经济增长理论仅从经济增长角度来考虑发展问题，在当时的社会环境下具有一定的积极意义，但它没有考虑财富分配、失业、两极分化、环境保护等社会问题，其发展思想还远不够全面和成熟。经济增长固然是人类社会发展的基础和前提条件，但增长并不等于就是发展，二者有着很大的区别。假如缺少了政治、经济、社会、文化、生态等各个方面的和谐共生，人类社会的发展和进步是不可能持续的，人的自由全面发展也是不可能实现的。

___

① 《马克思恩格斯选集》第3卷，人民出版社1972年版，第517页。

发展的最终目标是为了使人的福利能够不断得到提高，使人的价值得到彰显。如果人和自然的关系被扭曲、社会不公正、人的需求得不到重视和尊重，那么就发展的基本目的来讲，发展就是虚假的、不真实的。

第二节　以"社会变革"看待发展的观点

以"社会变革"为核心的发展观是针对经济增长理论的缺陷而产生的，20 世纪八九十年代，发展学家们开始认识到，发展应该是一个全面的范畴，包括政治、经济、社会、文化、生态和人自身等多方面的发展。

一　社会变革发展观的基本主张

以社会变革为核心的发展观认为，经济发展是社会发展的物质基础和条件，没有经济的发展和繁荣，社会制度的稳定和进步、生存环境的改善、人类生活质量的提高等都难以实现，但是经济发展只是手段，其最终目标在于整个社会的全面发展和进步，而不只是经济本身。

瑞典发展经济学家冈纳·缪尔达尔指出，"'发展'意味着从'不发达'中解脱出来，消除贫困的过程"，"意味着整个体系的向上运动"。[①]法国学者佩鲁在《新发展观》一书中从"人"的角度确立了研究视野，强调发展是整体、综合和内生的概念，并强调了文化价值的关键作用，认为发展是经济与社会发展的总和。佩鲁指出，不能把经济发展作为一种单纯的孤立的人类行为，因为文化价值是经济活动和经济制度的基础，如果不能把经济目标和它们所依赖的文化环境很好地联系在一起，经济发展最终是难以成功的。英国学者杜德利·西尔斯在《发展的含义》一文中也指出，增长一般只是指物质的增加，而发展则包括一系列社会目标，"增长和发展"是两个完全不同的概念范畴。"增长本身是不够的，事实上也许对社会有害：一个国家除非在经济增长之外在不平等、失业和贫困方面趋于减少，否则不可能享有'发展'"。[②]

以社会变革为核心的发展观认为，发展是以政治民主、经济增长、社

---

① ［瑞典］冈纳·缪尔达尔：《亚洲的戏剧：对一些国家贫困问题的研究》，谭力文等译，北京经济学院出版社 1992 年版，第 305 页。

② ［英］杜德利·西尔斯：《发展的含义》，载塞缪尔·亨廷顿《现代化——理论与历史经验的再探讨》，上海译文出版社 1996 年版，第 53 页。

会协调、文化进步、生态平衡等为目标的综合的、整体的发展。其中，经济增长仅仅只是发展的手段，而人和社会的需要才是发展的终极目的。如美国经济学家托达罗所言，"从最终意义上说，发展不仅仅包括人民生活的物质和经济方面，还包括其他更广的方面。因此，应该把发展看作包括整个经济和社会体制的重组和重整在内的多维过程"。①

二　社会变革发展观的缺陷

与经济增长理论不同，以社会变革为核心的发展观对发展内涵的把握和目标的定位则更加全面和深刻，主张社会多方面、多因素、多目标综合发展，关注的中心不再是单纯的经济增长，而转向了人，人成了发展的主体。该发展观拓展了人们对发展内涵的理解，实现了由狭隘的"增长第一"的发展观向广义的综合的、整体的发展观的全面转换，反映了人们对发展问题的研究和认识更加深入。虽然如此，该发展观也存在缺陷和不足。

第一，该发展观只关注社会内部政治、经济、文化、科技等要素的相互影响和作用，而对社会与自然系统之间的关注甚少或重视不够。该发展观主要集中关注社会和人的发展，认为发展是整体的、内生的、综合的。在其看来，"真正的发展必须是经济、社会、人之间的全面协调共进；必须要承认各国之间、各国内部不同区域、不同行业在发展目标、方法上的不一致和不平衡，不能照搬某一种发展模式或者把这种模式强加于人；必须关注世界发展进程，充分认识到全球的整体性和相互关联性，实现世界各国之间的平等合作、共同繁荣"。② 可以看出，该发展观所讲的"综合"主要指的是"经济、社会和人"这三个要素的综合，而缺少了自然这个要素，或者说对自然的价值关照不够。也正是因为如此，该发展观指导下的发展实践必然会导致自然生态的破坏和环境的污染，是一种不可持续的发展。

第二，该发展观只注重"当前"人类的发展状态，而对"未来"状态关注不够，缺少对后代人的伦理考虑。换句话说，就是该发展观没有能够把当代人的发展与后代人的发展有机地结合在一起。从思维方式上看，

---

① ［美］迈克尔·托达罗：《经济发展与第三世界》，印金强等译，中国经济出版社1992年版，第50—51页。

② 蔡建波：《佩鲁对发展观的反省与探讨》，《山东工业大学学报》（社会科学版）1997年第4期。

该发展观采取的是实用主义的价值取向，其所讲的"人"，主要指的是"代内人"，而不是"代际人"；是"现实的人"，而不是"未来的人"。人类发展应该有一个明确的目标和方向，应该把"现在和未来"看作一个有机联系的整体。二者之间应该是不可分割的有机统一体。

第三，该发展观只注重人的生理需要，而不重视人的其他方面的需要。尽管该发展观突出了"人"在发展中的地位，从而超越了"重物轻人"的经济增长观，但其也只是注重人的生理需要，如吃饭、穿衣、住房、身体健康等，而对人的其他需要，如尊重、自由等精神方面的需要关注不够。尽管生理需要是人生命存在的不可或缺的基本需要，但仅仅只满足人的基本生理需要，那么人的自由全面发展的目标是不可能实现的。还必须满足人的更高层次的需要，比如精神文化、自我价值实现等方面的需要。美国著名心理学家马斯洛（Abraham Harold Maslow）提出的"基本需求层次理论"认为，人有五个层次的需求，即"生理的"、"安全的"、"归属和爱的（社交的）"、"尊重的"以及"自我实现的"五个层次的需求由低到高依次向前演进。人的这些需要的满足程度，是人自由全面发展的重要内容，同时也是评判发展的标志。

第三节　以"可持续性"看待发展的观点

20 世纪 80 年代，因为资源枯竭、人口膨胀以及环境污染等问题的日益突出，给人类社会发展带来了很大的压力，可持续发展问题开始引起国际社会和学术界的广泛关注。过去，在环境与发展问题上，人们普遍认同的是先发展经济、后治理环境的思路。但随着环境污染问题的日益严重，人们不得不重新认识和思考二者的关系，且深刻意识到：环境保护和经济发展之间存在互补关系。如果没有环境保护，就不可能有经济的良好发展；反过来，如果没有一定的经济发展，也不可能给环境以很好的保护。这种认识上的深化，为可持续发展观的产生奠定了基础。

一　可持续发展观的提出

1972 年联合国召开人类环境会议，这次会议的文件蕴涵了可持续发展观的基本观点。在这次会议上，世界各国政府代表共同探讨和协调日益加剧的环境恶化对人类未来的影响，从而使人类环境问题第一次被纳入国际政治的议事日程。尽管与会各国在一些重要问题上存在认识上的分歧，如发达国家主要关心环境污染、人口过剩和自然保护，而发展中国家则认为环境污染和自然资源恶化等问题是次要的，迫切需要解决的是饥荒、疾病、文盲和失业等涉及贫困的问题。但是，这两类国家也达成了重要共识，就是通过了关于人类环境问题最为完整的报告——《联合国人类环境会议的宣言》。这份宣言指出，人类的一个急迫任务就是保护和改善环境。这次会议以及所形成的文件标志着全人类环境意识的觉醒，是世界环境保护史上的一个重要里程碑。

1980 年，世界自然保护联盟（IUCN）首次使用了"可持续发展"的概念。该文件是从植物资源保护角度提出要实行"可持续"发展的，即要实行资源保护与经济发展相结合的方针。此后，"可持续"一词开始在大量文献中被使用，主要有"可持续发展"、"可持续社会"、"可持续增长"、"可持续利用"等概念。

1987 年，挪威首相布伦特兰夫人（G. H. Gro Harlem Brundtland）主持起草的《我们共同的未来》（*Our Common Future*）首次对可持续发展概念进行了解释，即"既满足当代人的需要，又不对后代人满足其需要的能力构成危害的发展"。这个解释虽然还比较宽泛和抽象，但为人类正确处理环境与发展的关系提供了一个基本蓝图，为人类指明了一个方向。另外，这份报告还指出了贫困与环境之间的关系。认为要保护好环境，就必须解决好贫困问题，而要解决好贫困问题就必须要有公平的分配制度。经济增长必须考虑资源的合理利用和环境保护问题，否则经济增长将是不可持续的，甚至是有害的。

1991 年，联合国环境规划署（UNEP）等组织联合发表了《保护地球》这份报告，该报告从生态承载力角度对可持续发展概念做了新的界定，即在不超出支持它的生态系统承载能力的情况下改善生活质量。

1992 年，世界银行《1992 年世界发展报告》，也围绕环境与发展这个议题，对可持续发展做了更加明确的解释，即"可持续发展是把发展建立在成本效益比较和审慎的宏观分析基础上，它能加强环境保护力度，并导致福利水平的提高和维系"。[①] 另外，该报告还阐述了保护环境对人类发展的重要性。报告指出，环境污染会引发各种各样的疾病，损害人们

---

① 　世界银行：《1992 年世界发展报告》，中国财政经济出版社 1992 年版，第 8 页。

的身体健康，给人带来巨大痛苦，使人不幸福、不快乐，而且环境污染还会破坏大自然的美，而人天生具有对自然美的欣赏需求，因此又会减少人们的舒适感。

2002 年，为进一步推动可持续发展战略的实施，联合国在南非约翰内斯堡召开了可持续发展世界首脑会议。这次会议对过去 10 年来没有得到解决的一些尖锐问题进行了充分的讨论，并通过了《政治宣言》以及《执行计划》，提出了减少贫困和扭转环境恶化的具体目标。这次会议通过的《政治宣言》曾作出承诺，要团结一切力量来拯救地球，实现可持续的人类共同发展。

二　可持续发展观的核心思想

可持续发展观思想内容丰富，从人与自然之间的关系即生态的角度看，主要有以下几个方面：

第一，可持续发展观的核心是发展。经济发展是可持续发展的基础，只有经济发展，人类才能摆脱贫困，提高生活品质；只有经济发展，人类才能具备解决生态危机的物质基础，最终解决贫困与环境之间恶性循环的困境。可是，在经济发展过程中，人类必须重新审视发展的方式和方法，要把经济发展、社会发展和生态环境的保护有机地结合在一起，以实现人类的可持续发展。

第二，可持续发展观强调人与自然的和谐。人类在追求自身发展的时候应当考虑环境的承载能力。《里约宣言》指出，在可持续发展问题的讨论中，人类处于普受关注的中心地位，应该在与自然和谐相处的方式下谋求自己的美好生活。但是，人的发展依赖资源和环境的支持，资源和环境是人类可持续的基础。

第三，可持续发展观强调资源利用上的代际公平。人类发展史是一个延续的过程，每一代人都有生存和发展的权利，当代人必须要为后代人的生存和发展考虑，要有责任意识，必须给他们留下生存发展所需要的资源。因此，在追求自身的发展时，当代人应当确保后代人有与自己相平等的发展机会；在满足自身发展需要的同时，不危及后代人发展需要的满足。

第四，可持续发展观也强调代内公平。经济全球化背景下，如何实现可持续发展已经成为一个严峻的问题。发达国家在长期工业化过程中，消耗了大量能源和资源，释放了大量有害污染物质，造成了严重的全球环境污染问题。因此，在经济全球化背景下，发达国家有责任承担缓解全球生态危机、气候变暖、环境保护等问题，而发展中国家在维护自身发展权过程中，也应该承担其应有的保护环境的责任，不能重走发达国家"先污染、后治理"的发展道路。

三　可持续发展观的伦理意蕴

作为一种新的发展观，可持续发展观内含丰富的伦理意蕴。在人与人之间关系的处理上，强调公平原则；在人与自然之间的关系方面，强调和谐原则。从这个意义上讲，可持续发展观超越了经济增长理论和社会变革发展观。

第一，可持续发展观所强调的公平原则，是指在满足一部分人需要的同时不能牺牲另一部分人的需要，"所有人"的需要都要能够得到满足。这里所讲的"所有人"，不仅包括当代人，也包括后代人。因此，公平原则实际包含了代际公平和代内公平两个原则，其中代际公平原则是重点。所谓代际公平，就是代与代之间在资源享有上的平等权利，强调当代人不能因为自己的发展而损害后代人的发展权利，不能以损害后代人需要的满足作为自己发展的代价。这是时间维度上的公平，即当代人与后代人之间的公正和平等。

第二，可持续发展观所强调的和谐原则，是指人类在满足自身需求和实现发展的过程中，要适应自然资源和环境的可承载能力，而不能超越。人与自然之间应该是一种相互渗透、平等互惠、共生共荣的关系，而不是征服、统治与被征服、被统治的关系。要实现可持续发展，人类就必须对自然界给予伦理关照，要尊重和善待自然，与自然和谐共生。人类在发展实践过程中，必须深刻认识人类"有能力做的"不一定就是"应该做的"。自然的可持续存在是人类可持续发展的基础和前提，如果没有自然的持续存在，人类发展就不可能持续。因此，和谐原则是人类对待和处理人与自然之间关系的根本原则和要求。

四　可持续发展观的缺陷

虽然可持续发展观的提出得到了国际社会广泛赞扬和认同，但也并非完美无缺。从理论上和实践中看，仍然存在一些不足。

其理论不足表现在，只强调代际公平的要求，而对代内公平重视不够。该发展观对可持续发展的解释只是针对代际公平而言，而没有对代内公平提出明确的要求。或者说，这个定义只是从时间维度上强调代际的公平性，却没有从空间的广度上对代内公平性提出要求。

实践中的不足源于理论上的不足，因为其对代内公平的重视不够，最终导致发展实践中的伦理困境，难以被发展中国家普遍接受和认同。资源有序利用、环境保护以及维护自然生态平衡固然很必要，但对于发展中国家来说，更为紧迫的任务是实现经济增长、摆脱贫困，快速提高人民的生活水平。因此，代内公平原则对发展中国家来讲则更为必要和紧迫。因为代内公平原则强调的是当代人（表现为不同人群、不同区域）之间的公正平等，不仅包括权利和利益上的平等，也包括发展机会上的平等。从当前世界范围内的发展情况看，代内公平最突出的莫过于发展中国家与发达国家之间在发展权益上的不平等。因此，在强调代际公平原则的同时，一定要兼顾代内公平原则，正确认识二者之间的辩证关系。只有如此，才能确立公正的全球发展伦理，实现人类整体的可持续发展。

第四节　以"伦理"看待发展的观点

伦理不仅仅是发展的条件，同时也是发展的重要内容和价值诉求。这就需要在社会发展实践中不断地加以选择。社会之所以美好，其实质内容必然离不开生存、公正、自由、和谐等那些能使我们求得美好社会的内在品质。

一　阿马蒂亚·森的"自由"观

1999 年 9 月，阿马蒂亚·森出版了对发展理论有重要贡献和影响的一本书——《以自由看待发展》。在这本著作中，阿马蒂亚·森提出了一个以"自由"看待发展的新视角，并认为"自由不仅是发展的首要目的，也是发展的主要手段"。[①]

（一）自由是人们去做他们有理由珍视的事情的可行能力

"自由"是阿马蒂亚·森发展观中的核心范畴。为此，他以"可行能力"为基础来建构"实质自由"——"人们去做他们有理由珍视的事情

---

① ［印度］阿马蒂亚·森：《以自由看待发展》，任赜等译，中国人民大学出版社 2002 年版，第 7 页。

的可行能力，以及去享受他们有理由珍视的生活的自由"。① 实质自由不仅包括免受饥饿、营养不良、可避免的疾病以及过早死亡等困苦的自由，而且还包括能够识字算数、享受政治参与权利等方面的自由。而"可行能力"是指一个人有可能实现的各种可能的功能性活动组合。用森自己的语言表述，就是"实现各种不同的生活方式的自由"。可行能力是评判"实质自由"的标准。一个人的实质自由或可行能力可以通过人的选择过程以及他（她）拥有的机会这两个层面来观察。也就是说，自由意味着一个人不仅享有各种"机会"，而且还要参与各种选择的"过程"。机会和过程是不可分割的，都很重要。如果机会均等，但过程或程序不透明、不规范，无法实现自由；反之，如果选择的过程自由，即程序公开透明，但机会不均等、不自由，自由是无法实现的。

　　在森看来，对于发展而言，个人自由具有非常重要的作用。如果一个人拥有更大的去做自己所珍视的事的自由，不仅意味着这个人的全面自由的扩展，而且也意味着这个人有更多机会去获得价值成果；自由不仅可以成为评判发展是否成功的标准，而且还可以为个人和社会的良序发展创造更好的条件。一个人拥有自由越多，就说明这个人的能力越强，整个社会的发展程度越高。由此可见，自由对发展过程至关重要。

　　（二）扩展自由不仅是发展的首要目的，也是手段

　　第一，扩展自由是发展的首要目的。在《以自由看待发展》一书的序言中，阿马蒂亚·森曾指出，"发展可以看作是扩展人们享有的真实自由的一个过程。聚焦于人类自由的发展观与更狭隘的发展观形成了鲜明的对照。狭隘的发展观包括发展就是国民生产总值（GNP）增长或个人收入提高，或工业化，或技术进步，或社会现代化等的观点"。② 在这里，森认为把发展的基本目标定为仅仅是收入或财富最大化显然是不恰当的，因为财富"只是获得某种其他事物的有用的手段"。③ 同样道理，经济增长本身不能理所当然地被看作就是发展的目标。他在《以自由看待发展》一书中以饥荒、贫困、疾病、"失踪的妇女"等诸多例证说明，单纯财富

---

　　① ［印度］阿马蒂亚·森：《以自由看待发展》，任赜等译，中国人民大学出版社 2002 年版，第 71 页。

　　② 同上书，第 1 页。

　　③ ［古希腊］亚里士多德：《尼各马可伦理学》，廖申白译，商务印书馆 2003 年版，第 13 页。

或收入增长并不能解释和解决现实生活中的许多问题。例如：GNP 增长不能说明政治参与和表达异见的自由，或者接受基本教育的机会，也不能说明人均收入与人们享受更长寿命、更好生活的自由之间的差异。他通过对贫困问题的分析，发现收入不足虽然是造成贫困的很强的诱发性条件，但年龄、疾病、性别、市场条件、居住地区等因素也会带来贫困。这些条件和因素归根结底反映的是自由的匮乏，即贫困来自一个人基本的可行能力的被剥夺。因此，发展只有关注自由或可行能力，消除限制人们自由的主要因素，即发展只有以人为中心，才是符合人类本性的发展。

在森的发展观构架中，自由具有建构性作用。自由的建构性作用强调，实质性自由是发展目标中自身固有的要素，其本身就是价值，没有必要与其他有价值的事物相比较来反映其价值，更没有必要通过其他间接的方式来证明其价值，其地位本身就等同于判定社会中所有人的福利状态的价值标准。"自由是有价值的，不仅仅有助于成就的取得，而且还因为它有其自身的重要性，这一重要性远远超过了已经实际取得的实体状态的价值"。① 由此可以看出，发展过程就是扩展人类自由的过程，意味着"人们按照自己的意愿来生活"的可行能力的提高，意味着人们各类痛苦的消除，如贫困、人身束缚、受歧视、缺乏社会保障和法治权利等。

第二，扩展自由是促进发展的重要手段。阿马蒂亚·森认为，自由不仅具有建构性作用，而且还有工具性作用，即扩展自由是促进发展的重要手段。自由的工具性作用包括若干种不同的，但相互关联的组成部分，诸如经济条件、政治自由、社会机会、透明性保证和防护性保障等内容。森指出，"这些工具性权利、机会、权益具有很强的相互关联，这些关联可以是正的或者负的。发展的过程受这些相互关联的强烈影响"。②

所谓的"经济条件"，是指个人为了生产、消费或交换目的而享有的运用经济资源的机会。在大多数发展中国家，因为市场机制发育不充分，个人还不能拥有更多的经济条件，发展还受到束缚、限制和干预。森认为，人们通常把市场机制的优点仅仅归结为提高了资源配置效率，但比这更重要的是，市场机制带来了自由，包括生产、人身、就业、交换的自由

---

① ［印度］阿马蒂亚·森：《伦理学与经济学》，王宇等译，商务印书馆 2006 年版，第 62 页。

② ［印度］阿马蒂亚·森：《以自由看待发展》，任赜等译，中国人民大学出版社 2002 年版，第 42 页。

等。"经验表明，否定参与劳动市场的自由，是把人们保持在受束缚、被拘禁状态的一种方式。进入劳动市场的自由，其自身就是对发展的显著贡献，而无关乎市场机制能否促进经济增长和工业化。"①

所谓的"政治自由"，是指人们拥有的执政权利的机会，能够监督和批评执政当局，能够自由地进行政治表达和发表言论，能够自由地选择政党等。森从三个方面批评了否定政治自由和公民权利的"权威主义"观点：一是"民主、自由妨碍经济发展"的所谓"李光耀命题"。森指出，李光耀命题的基础实际上是特选的、有限的信息，依据一个很小的、特选的样本（如中国台湾地区、韩国、新加坡等），不能支持这样的一般结论。没有什么证据可以表明政治自由会阻碍经济的发展。东亚地区经济体在经济发展上的成功，既得益于开放的国际市场、高识字率和高就学率、成功的土地改革，也得益于自由和民主。二是"如果让穷人在政治自由和满足基本经济需要之间作出选择，他们总会选择后者"。森反驳说，不应该把经济发展与民主对立起来；而且，专制统治也从来不允许人民有自由选择民主的机会。他以印度在 20 世纪 70 年代中期大选时，作为世界上最穷的印度选民坚决拒绝剥夺基本自由和民权的"紧急状态"为例，说明当人民真正有机会选择时，他们会坚持民主。三是"亚洲的传统文化伦理重视服从而不是自由，强调忠诚而不是个人权利"。对此，森列举了中国儒家思想、印度阿育王的普适主义以及伊斯兰典籍等，说明这些亚洲传统文化中都不乏有自由、宽容、平等的思想。另外，森还认为，政治自由具有工具性和建设性作用。比如，饥荒只发生在专制统治下，不会发生在民主社会中；人们通过自由辩论、讨论等民主自由方式所形成的社会思想观念，有助于政府获得充分的制定公共政策的信息。

所谓的"社会机会"，主要是指教育、医疗保健及其他方面所实行的社会安排，它们是个人享有实质自由以过上更美好生活的制度基础。社会机会不仅对于个人享受美好生活、避免可防治的疾病以及过早死亡等具有重要作用，而且对于他们更有效地参与经济和政治活动也是如此。比如，德国和日本在第二次世界大战后的迅速崛起、亚洲"四小龙"的高速发展等，都是因为对教育的重视和普及。另外，他还特别对中国在 20 世纪

---

① ［印度］阿马蒂亚·森：《以自由看待发展》，任赜等译，中国人民大学出版社 2002 年版，第 4 页。

80 年代之后的快速发展给予高度评价，认为除了较好地利用了市场经济制度之外，一个很重要的原因就是教育普及和医疗保健。

所谓的"透明性保证"，主要指的是人们在社会交往中的各种信用，目的在于保证人们在交往过程中信息发布的公开性及准确性。"透明性保证"对于人的发展具有重要作用，因为社会总是在一定的信用基础上运行的，没有信用，社会就无法维持正常秩序；而一旦这种信用被严重破坏，很多人的生活可能因为缺乏公开性而受到损害。在这个意义上，透明性保证成为个人实质自由的重要组成部分；并且，它对于"防治腐败、财务渎职和私下交易所起的工具性作用是一目了然的"。①

所谓的"防护性保障"，主要是指针对那些处于社会边缘、落入生存困境的人们提供的社会安全网，目的在于防止他们因无法生存而死亡或遭受更深重的痛苦。社会要为这些需要帮助的人提供基本生活必需品，以改善他们的生存条件。这不仅是社会发展与稳定的重要前提，而且由于提高了受援助者生存和改善生活质量的可行能力，而成为实质自由的重要内容。

这五个方面的工具性自由能直接扩展人们的可行能力；它们也能互相补充，并进而相互强化。在考虑发展政策时，掌握这些关联尤为重要。一个社会必须建立与这些相互关联的自由相适应的多元化制度，以便充分发挥这些工具性自由在社会发展中的促进作用。

（三）个人自由与社会安排的互补关系

森认为，个人自由实质是一种社会产品，其与社会安排之间具有双向的关系，即"（1）通过社会安排来扩展个人自由；（2）运用个人自由不仅改善单个个人的生活，而且使社会安排更为恰当和富有成效"。② 根据森的观点，发展是个人自由与社会安排关系日益紧密的过程，同时也是一个不断扩大人们的经济自由和各种权利的过程。个人不只是社会福利的被动接受者，而且也是能动地争取权利、获取机会、进而享有充分自由的积极主导者；另外，森也强调政府与社会的关注、市场机制的健全、公共设施的完备以及法规制度建设等方面的社会安排对于扩展个人自由的重要性。为使这种发展思想能够得以实现，森大力倡导在发展过程中必须建立

① ［印度］阿马蒂亚·森：《以自由看待发展》，任赜等译，中国人民大学出版社 2002 年版，第 33 页。
② 同上书，第 23 页。

竞争性的市场机制与社会保障制度，并不断促进社会进步；要切实消除性别、种族以及宗教等各种各样的歧视；要普及基础性教育和基本社会保障；还要确保人民公共政策制定方面的民主，以及对传统观念文化的取舍、扬弃与更新，等等。他还特别强调，市场经济条件下的社会发展不能把追求财富作为唯一的发展目标，必须在发展过程中注入人道关怀与社会正义等要素。只有如此，冷酷的市场经济才有可能变成温暖和谐的社会。

阿马蒂亚·森强调以实质性自由来看待发展，是对传统发展观"以物为中心"的否定。我们可以用森在《以自由看待发展》一书序言中的一段话来概括，"……我们生活的世界仍然存在大规模的剥削、贫困和压迫。不仅有老问题，还有很多新问题，包括长期的贫困与得不到满足的基本需要，饥荒与大范围饥馑的发生，对起码的政治自由和基本的自由权的侵犯，对妇女的利益和主体地位的严重忽略，对我们环境及经济与社会生活维系力不断加深的威胁。……克服这些难题是发展的中心目标"。[①] 阿马蒂亚·森的以自由看待和评判发展的观点给发展理论研究和发展实践提供了新的视角，对后来经济研究领域与伦理学等其他领域的融合具有引领性作用。

二　德尼·古莱的"美好生活"观

被国际发展伦理学协会（IDEA）尊称为"发展伦理学之父"的德尼·古莱（Denis Goulet）认为，"虽然在某些方面，发展本身是追求目的，但在更深层方面，发展从属于美好生活"。[②]

（一）"美好生活"的三大价值要素

古莱认为，有三种价值观是所有个人和社会都在追求的发展目标：维持生命、尊重与自由，这些价值观目标具有普遍性，是"美好生活"的三大要素。

维持生命。在古莱看来，"发展的最重要目标之一就是延长人的生命，使人们少受疾病、自然因素的极端伤害以及面对敌人而无力防御的打

---

① ［印度］阿马蒂亚·森：《以自由看待发展》，任赜等译，中国人民大学出版社2002年版，第24页。

② ［美］德尼·古莱：《发展伦理学》，高铦等译，社会科学文献出版社2003年版，第43页。

击"。① 不管是发达社会，还是不发达社会都承认维持生命的重要性，承认减少死亡使生命更符合人道，"任何地方神志正常的人们都珍惜生命"。② 古莱为了说明维持生命是所有社会都公认的普遍价值，特别谈到了三种极端的情况："即使在实行用活人为牺牲来祭祀神明的社会里或者在父母为生养男孩而溺杀女婴的社会里，这种残害生命的理由是它对整个社群或家庭的总体生命力有好处"、"即使是'保守的'农民在抵制发明创造（化肥、新种子、现代耕作技术）时提出的最强烈的理由也是维持生命太重要了"、"即使那些反对节制生育的社会也毫不犹豫地赞同减少死亡"。③ 因此，维持生命——使更多的生命存在和延长是美好生活的首要价值标准，也是所有社会发展的伦理指向。缺乏食物、医药、适当的居所和保护等维持生命事物的社会，显然是不发达的。要让人们意识到延长生命的可能性，只有意识到了才会向往它。现在，人民平均寿命已作为发展的重要指标之一，也说明了维持生命是发展的一个普遍价值追求。

尊重。尊重是"指人们对于自身受到尊重、他人不能违背自身意愿而用以达到其目的的感受"。④ 每个人和每个社会都在努力寻求这种感受，而这种感受总是和物质繁荣联系在一起的。追求发展和抵制发展都是为了获得尊重，追求发展为的是获得发达社会享有的尊重，抵制发展是因为它们不受物质生活水平影响的自身价值标准大大受到伤害。可是，"一旦美好生活的主要因素成了物质福利，那么物质上'不发达'的人们就难以感受到受人尊重了"。⑤ 在大多数传统社会中，美好生活远不是指物质的富足，但"在改善生活的压力下，在现代技术和物质富足享有重大威望的世界里要获得尊重的刺激下，传统社会也开始寻求富裕"。⑥ 它们把发展看作获得尊重的不可缺少的途径。因此，尊重也是各个社会的普遍价值。

---

① ［美］德尼·古莱：《残酷的选择：发展理念与伦理价值》，高铦等译，社会科学文献出版社 2008 年版，第 83 页。

② ［美］德尼·古莱：《发展伦理学》，高铦等译，社会科学文献出版社 2003 年版，第 49 页。

③ 同上书，第 60 页。

④ 同上书，第 51 页。

⑤ 同上书，第 52 页。

⑥ 同上书，第 63 页。

自由。虽然自由有无数的意义，不同社会对其的理解存在很大差异，但它"至少意味着社会和社会成员选择范围增大，对追求某些期望的内在制约减少"。① 古莱认为，把自由作为美好生活的一个一般目标，并不是认为人人都希望自由地掌握并决定自身命运，也不是认为他们都会容忍伴随自由而来的种种不安全。大多数社会成员所希望的自由，实际"只是参与他们所胜任的活动领域和满意地施展他们技能所需要的那种程度的自由"。② 从这个意义上说，自由和发展是密切相关的，"发展使人们解脱无知、苦难以及剥削他人的社会奴役的一个途径"。③ 他还引用了阿瑟·刘易斯的观点："经济增长的好处不在于财富增加多少，而在于它增加了人们选择的范围。"④ "财富可以使人们有可能比他们陷入贫困时得到对自身环境的更大控制，选择更多的闲暇，拥有更多的货品和服务"。⑤ 因此，古莱认为，从发展目的而言，任何社会都没有理由拒绝发展，发展的意义在于人们通过发展所得到的真正可选择的范围有多大。

维持生命、尊重和自由是美好生活的共同目标，也是发展的终极目标。发展是工具性目的，在更深层方面，发展从属于美好生活，发展对所有人群至少有以下目标：为社会成员提供更多、更好的生存物品；以某种方式产生或改善物质生活条件以达到所向往的尊重需要；使人们摆脱大自然、愚昧无知等束缚，取得自由，提高人们自我实现的机会。虽然发展的总目标或共同价值是最大限度的生存（维持生命）、尊重和自由，但这些目标之间不能有固定的先后次序，它们之间是在不断变化地相互加强或相互作用情况下发生作用的。

（二）"拥有足够"而不是"拥有更多"

虽然人类必须通过发展"拥有"足够的物品以便"生活"得美好，但是物品富足并不等于美好生活。要分析"拥有"，先得搞清人类需求什么？作为有机体的人为了完善自己的存在，必须从自身以外汲取财富。完

---

① ［美］德尼·古莱：《残酷的选择：发展理念与伦理价值》，高铦等译，社会科学文献出版社 2008 年版，第 86 页。

② 同上。

③ 同上。

④ W. Arthur Lewis, "Is Economic Growth Desirable?" in *Studies on Economic Development*, Holt, Rinehart and Winston, 1962, p. 478.

⑤ ［美］德尼·古莱：《残酷的选择：发展理念与伦理价值》，高铦等译，社会科学文献出版社 2008 年版，第 86 页。

善自己的存在，首先要维持自己的存在。德尼·古莱说："需求的本体论意义在于：如果人是充分完美的，他就不必需求；如果他是完全不完美的，他就无法需求某些物品。"① 他举例说，一只枯萎的手无法感受灼痛，一只健康的手感到火烧的灼痛而设法保护。"人们之所以有需求，是因为他们的存在足以进行发展但尚不能在一个时期以内以自身资源实现一切潜能。人们把其他存在物吸收到自己的轨道内以维持自己不稳定的存在。虽然人们设法逃避一无所有，但如果他的存在得不到滋育就会退回到一无所有"。② "维持自己存在"的需求决定了人类要吸收外界物质——空气、食品、水等。

除了维持生存以外，人还寻求物品以丰富自己的存在。"丰富自己的存在"的需求决定了人类要寻求能丰富和加强其存在的东西，比如行动、感情、欲念、选择和实现等，这样，人们就对自身一无所有的存在添加了丰富的内容。从人的发展的意义上说，当人们"拥有"物品，他们便比过去"存在"得更好，"拥有"帮助他们"存在"。所以，如果人们不能"拥有"最低限度的物品，就完全不能"存在"。古莱所讲的"拥有"，是指为了重大的内在目的吸收，而不是经济上或法理上的占有。法理或经济意义上的财产是衍生性的。在法律上，"占有诸如空气或食物这样的重要东西，如果不能加以使用和吸收，即对人没有好处。如果有需要的人可以取得并有效地使用它们，那么谁在法律上占有这些东西就没有关系"。③ 按照德尼·古莱的理解，"拥有"的意义不仅仅在于对物的占有或拥有，而且也在于人自身的丰富和存在方式的优化。也就是说，对于物品的拥有只有有益于人的内在目的才有价值。

为了更好地存在，人们必须"拥有足够"，但多少才是"足够"？古莱认为，"当应用于满足人类需要的某些物品数量的时候，'足够'是一个相对性词语"。④ 阿马蒂亚·森也说过，如不说明某人的能力如何以及他发展这些能力有多重要，谁也无法说多少才是足够。一般的看法是，过

---

① ［美］德尼·古莱：《残酷的选择：发展理念与伦理价值》，高铦等译，社会科学文献出版社 2008 年版，第 124 页。
② 同上。
③ ［美］德尼·古莱：《发展伦理学》，高铦等译，社会科学文献出版社 2003 年版，第 65页。
④ 同上。

度贫困阻碍人的生存、损害人性。因此，至少意味着"人们的基本生物需求能充分得到满足而使他们能以部分精力用于生存以外的事务"。① 生存以外的事务（需要）就是能获得尊重和自由。如果发展目标是维持生命、尊重和自由的话，那么许多物品对"美好生活"都是必要的，比如报纸、书籍、收音机和自行车等。

很多人认为"足够"是相对的，那是因为他们不能从需求背后的价值体系来评估公认的需求，如果他们能用需求体系中潜在的价值观来观察的话，就可以理解"足够"的意义了。当我们看到千百万人因没有足够的食品、药品、衣着和住处而不能过人的生活、对"美好生活"的向往而遭挫败的事实时，再谈"什么是足够"的概念就显得缺乏道德了。绝对匮乏与相对多余并存是现实社会一个不可否认的事实，一些人长期生活在受剥削的状况中而一部分人却在大肆挥霍浪费，这种两极分化仍在持续。

古莱认为，绝对匮乏和相对多余的长久化会阻碍人类的发展，对富人与穷人都是非人性的。"富人应负责消灭其同等人类的绝对贫困"②，否则就会阻碍其自身人性的发展。因为财富的两极分化会引起社会冲突，处于绝对贫困一端的人们就会产生经济补偿的强大要求，他们的不平衡心理和反叛精神就会增长，"绝望的人们就会撕毁旧秩序，即使他们没有建立新秩序的希望"。③ 因此，过度追求财富是毁灭人类价值的自杀性行为。另外，发达国家挥霍消费的观念正在全世界蔓延，使"美好生活"的形象发生了彻底改变，人们关于"美好生活"的概念越来越成为"拥有更多"。如果对"拥有更多"的发展观不加以约束的话，就会出现特殊的价值问题，使人类走向一个困惑的未来。

三　UNDP 的"人类"整体发展观

从 1990 年起，联合国开发计划署（UNDP）每年选择一个主题出版的《人类发展报告》④ 都着眼于人类自身的发展，强调一切以人为本，扩

---

① ［美］德尼·古莱：《残酷的选择：发展理念与伦理价值》，高铦等译，社会科学文献出版社 2008 年版，第 124 页。

② 同上书，第 130 页。

③ 同上。

④ 从 1990 年起，联合国开发计划署（UNDP）每年选择一个主题，并发布一份《人类发展报告》。

大每个人的选择权和自主权。《人类发展报告》主要思想有以下几个
方面。

（一）人类发展是一个扩大人的选择权的过程

第一份《人类发展报告》出版于1990年，主题是人类发展的概念与
衡量。这份报告第一次明确提出了"人类发展"这个概念，并认为发展
的真正目的是不断扩大人类在经济、政治和文化等方面的选择权，为人民
创造一个能享受长期、健康和创造性生活的环境。选择权的扩大主要体现
在人的各种能力上，包括延长寿命、获得知识、享受健康身体、购买各种
商品和服务、参与社会公共事务等方面的能力。为此，该报告提出了衡量
人类发展状况的重要指标体系——人类发展指数（HDI）。人类发展指数
由预期寿命指数、教育成就指数、生活水平指数三个指标构成，主要涉及
健康、教育、住房、收入、就业、水资源和卫生、食品和营养、环境、社
会安全以及政治自由等具体指标。1991年与1992年的《人类发展报告》
又对人类发展指数进行修正和调整，以便能更加全面、客观地反映每个国
家在人类发展方面取得的成就。1993年的《人类发展报告》将民众的参
与权作为中心主题，指出人民群众大范围参与权是人类发展的重要体现。
1994年的《人类发展报告》对参与权的概念做了更具体的解释。1995年
的《人类发展报告》进一步将参与权问题定于妇女地位的提高上，强调
必须减少性别之间的不平等。该报告为此提出性别发展指数（GDI）和性
别赋权尺度（GEM）两个反映人类发展中性别不平等状况的综合指标。
GDI主要衡量男女之间成就的不平等，GEM则衡量在经济和政治机遇上
的性别不平等。

1998年的《人类发展报告》明确提出，人类发展是扩大人民作出选
择范围的过程，这种选择是无止境的，并随时间而变化。人类发展的选择
性，具有能力形成和才能使用两个方面的含义和要求：第一，在各个发展
层次上，要实现人类发展，需要具备三种能力，即人要健康长寿，知识丰
富，并拥有过像样生活所需的资源。如果不具备这些基本能力，便根本无
法作出其他选择，还会失去许多机会。第二，人们对其所获得才能的使
用，即人的个性、创造性的发展，如发挥创造力和提高生产力的政治、经
济和社会机会，享有自尊、赋予权力和拥有社会归属感等。

（二）要努力避免有经济增长、无人类发展的情况

需要特别提及的是1996年的《人类发展报告》。该报告探讨了经济

增长与人类发展的内在联系。认为经济增长是人类发展的基础，人们生产性就业和收入的增加、物质生活条件的改善、健康水平和文化水平的提高和一般民众对公共事务的参与都依赖于经济的持续增长。但报告也指出，经济增长不可能自动促进人类发展，有5种经济增长情况①值得思考：一是"无工作的增长"（jobless growth），即经济增长的同时出现了严重的失业问题。失业意味着生活没有保障，意味着一个人的生活能力和发展能力被剥夺，也意味着人的自尊和尊严被损害。经济快速增长并不意味着就业机会的增加。比如，1975—1992 年，巴基斯坦 GDP 年均增长 6.3%，但就业增长率只有 2.4%；1975—1989 年，印度 GDP 增长 5%，而就业增长率只有 2%。二是"无声的增长"（voiceless growth），即经济增长了，但人民参与和管理公共事务的权利、表达自己意见和观点的自由却没有扩大。实践证明，经济增长并不意味着民主和自由的同时扩大，有些国家的经济增长速度很快，而人民的民主和自由不尽如人意。虽然物质丰富能使人们对自己的生活拥有更大控制权，但民主和自由与物质并不相互排斥，相反，可以相互促进，民主和自由能够促进经济的增长。三是"无情的增长"（ruthless growth），即经济增长成果的大部分被少数富人占有，而穷人的生活状况没有得到改善，甚至穷人的数量和比重反而上升了。四是"无根的增长"（rootless growth），经济增长的同时文化的多样性却遭到了破坏甚至毁灭，各个民族和种族的生活不再丰富多彩，人们的生活质量降低了。当今世界，很多国家领导人认为，传统文化是现代化发展的羁绊，压制少数民族文化，强迫少数民族接受标准文化和语言。导致民族冲突不断发生，有的演变为残酷的国内战争或者邻国之间的战争，造成生灵涂炭，财产损失，使得经济萧条，人民的生活水平下降。另外，伴随着经济市场化、自由化、国际化以及通信等的迅猛发展，先进国家的文化传统被落后国家吸收，本地文化可能被外来文化湮没和同化。五是"无未来的增长"（futureless growth），也就是不能持续的增长。用耗竭自然资源和恶化人类居住环境换来的增长，是绝不可能持续下去的，更是不值得持续下去的。因为那样不只是损害了现代人的生活条件和自身健康，更严重的是对后代人的生存和发展造成了巨大的、不可逆转的危害。

---

① 郭熙保：《发展经济学理论与应用问题研究》，山西经济出版社 2003 年版，第 25—26 页。

　　（三）消除人类贫困是人类整体发展的最紧迫任务

　　1997 年的《人类发展报告》将注意力放在贫困问题上，第一次提出"人类贫困"的概念并引入人类贫困指数（HPI），用以衡量人类在发展方面被剥夺的情况。报告指出，人类贫困不只是收入的缺乏问题，而且还包括缺乏医疗和教育、被剥夺了知识权和通信权、人权和政治权利不能被履行，缺乏尊严、自信、自尊，包括没有机会选择过一种能够忍受的生活等。可见，人类贫困的概念比传统意义上的收入贫困概念的内涵更加深刻，它涉及发展对人类的权利、长寿、知识、尊严和体面生活标准等多方面的剥夺，是从人的全面发展、基本权利、生活质量等多方面考察、分析、测量贫困问题。这份报告由此提出衡量人类贫困程度的人类贫困指数，该指数越高，表明贫困程度越深。HPI 由三组指标综合计算而成：一是对长寿的剥夺，以不能活到 40 岁的人口占总人口的百分比表示；二是对知识的剥夺，以成人文盲率表示；三是对体面生活的剥夺，以无法获得安全饮用水的百分比和 5 岁以下儿童体重严重不足的百分比的加权平均数表示。该报告还提出，人类发展的一种重要方式就是消费，消费使人有能力活得更长、活得更好。消费所提供的各种开放的机会，能够使人们不会被遗留在贫困中。

　　1998 年的《人类发展报告》，从人类发展视角进一步考察了消费中的贫困问题。该报告数据显示，世界上 20% 的人的个人消费占去个人消费总开支的 86%，这种急速增加的消费和消费机会的严重不平等不仅扩大了富人与穷人之间的差距，而且使世界上十几亿人无法满足哪怕是最低的消费需要。在 1997 年报告使用人类贫困指数 I 的基础上，1998 年的报告提出了经过修正后的人类贫困指数 II，用来反映消费问题上的不平等；而且建议设立一个行动日程表，把保证每一个公民的最低消费需求作为每一个国家明确的政策目标。

　　在全世界进入新千年之际，由各个国家元首或政府首脑出席的联合国大会提出了对世界发展的设想。这次大会通过了《联合国千年宣言》，确认"在全球范围内维护人类尊严、平等和公平原则的集体责任"。《宣言》确定了一些在 2015 年前实现的具体的、量化的和可监督的目标，主要有：（1）全世界范围内每天生活费不足 1 美元的人口数量要减少一半；（2）全世界的饥饿人口数量要减少一半；（3）全世界得不到安全饮用水的人口数量要减少一半；（4）实现全民完成初等教育；（5）在获得教育机会方面要实现男女平等；（6）全世界产妇的死亡率要减少 3/4；（7）全世界 5 岁以下儿童的死亡率要减少 2/3；（8）要制止或开始扭转疟疾、艾滋病和其他严重疾病的传播。

2003 年《人类发展报告》的主题是"千年发展目标：消除人类贫困的全球公约"。该报告认为，20 世纪 90 年代全世界在消除贫困人口方面取得了一些成就，但这个时期也是人类各种危机加剧的 10 年，很多国家的人类发展指标在下跌。为此，该报告提出了实现联合国全球千年发展目标的战略。

（四）保障人权和推进民主是实现人类整体发展的重要内容

2000 年《人类发展报告》的主题是人权问题。20 世纪的一个显著成就是在人权领域的进展。1900 年，世界上一半多人口生活在殖民统治之下，没有一个国家赋予其所有公民选举权。今天，世界上大约 3/4 的人民生活在民主制度下。此外，人类在消除种族、宗教和性别歧视，以及在促进教育和基本医疗权利方面也取得了巨大进步。与人类发展一样，人权也含有自由、幸福和尊严等内容，更具体讲就是不受歧视、不缺衣少食；能享受体面的生活；有实现个人潜力的自由等。该报告认为，人类发展对实现人权至关重要，而人权对人类的全面发展也至关重要。"人权表达了一个大胆的理念，即所有人都有权要求一种社会安排——它能保护他们不受严重的虐待和贫困，也能确保体面生活的自由。""而人类发展是个提高人的能力的过程——扩大选择和机会，使每个人都能过着受人尊重和体现自身价值的生活。当人类发展和人权共同前进的时候，他们互相加强，即扩大人们的能力，保护人们的权利和基本自由。"[1] 这份报告指出，21 世纪刚刚开始，随着冷战的结束，政治、经济和社会面貌正在发生迅速和根本的变化。这一新的形势带来了前所未有的新机遇，同时也给人类安全和人类自由带来了新的威胁，如边境冲突频繁，经济和政治转轨中出现的民族冲突、贫困加深以及社会压力加剧，全球不平等现象以及穷国和穷人被边缘化等。为了以更广泛的方式实现人权，该报告要求各国和国际社会在以下方面作出努力：第一，仅有立法是不够的，每个国家为保证人类的自由应加强其社会安排，形成规范、制度、法律框架以及充满活力的经济环境；第二，仅有选举是不够的，实现所有人的人权包括保护少数

---

① 联合国开发计划署：《2000 年人类发展报告》，中国财政经济出版社 2001 年版，第 2 页。

民族的权利、实行分权的司法体制、允许结社自由和存在自由独立的媒体、政府决策透明以及遏制涉及巨额资金的腐败能力；第三，消除贫困不仅是一个发展目标，也是 21 世纪人权问题的中心挑战；第四，实现人权要求全球性公正，以国家为中心的责任模式必须扩展到非国家行为体的义务，扩展到超越国界的国家义务；第五，信息和统计是创立一种负责任的文化和实现人权的强大武器，需要人权积极分子、律师、统计人员和发展专家与社区共同工作；第六，为实现 21 世纪各国人民共享一切权利，要求每一社会的主要团体采取行动、作出承诺；第七，需要有更强大的国际行动支持处于劣势的人们和国家，以及抵消不断加剧的全球不平等和边缘化现象。

2002 年《人类发展报告》的主题为"在碎裂的世界中深化民主"。该报告指出，尽管富国和穷国之间、强国和弱国之间仍存在着严重的分歧，但在全球化背景下不同国家之间的相互依赖性却不断加强。因此，加强交流与沟通，深化世界范围的民主是当前国际社会必须要采取的行动。这份报告指出，在世界贸易组织、国际货币基金组织和世界银行等国际组织中，少数发达国家仍占据着主导地位。这些国际组织应进行民主改革，给予发展中国家更多的发言权，使其能够体现人类更广泛的利益。这不仅将有利于发展中国家，也将有利于发达国家的发展。该报告在阐明各个国家因历史和国情差异有不同形式民主的同时，对一些国家出现的"金钱政治"现象表示关注，认为"金钱政治"对民主构成严重威胁。

2004 年《人类发展报告》集中关注的是以尊重族属、宗教、语言等差异为核心的多元文化政策的现实需求。在纽约联合国总部举行的发布会上，时任联合国助理秘书长的哈菲茨·帕夏指出：人类的发展不仅需要健康、教育、体面的生活水平甚至政治自由，人类的发展还需要国家对文化的认同和推崇，人类必须有在不受歧视的情况下发表文化认同看法的自由。

历年来的《人类发展报告》表明，人类发展是一个以人的发展为中心的全面综合的发展，包括经济、社会、文化等各个方面。这个观点已被越来越多的国家认同和接受，并被逐步落实到各类发展规划和政策当中。

四　"以人为本"的科学发展观

(一) 科学发展观的提出及内涵

改革开放以来，我国经济社会发展取得了巨大进步，但也因为发展模式的粗放性而造成了如资源浪费、生态环境恶化、地区和城乡发展差距拉大等问题，人与自然、人与人之间的关系日益紧张。正是在此背景下，中国共产党人坚持解放思想、实事求是的思想路线，在认真总结发展经验、准确把握世界发展趋势、深入分析存在问题基础上，在 2003 年 10 月召开的党的十六届三中全会上，首次正式提出了科学发展观，即"坚持以人为本，树立全面、协调、可持续的发展观，促进经济社会和人的全面发展。"① 2007 年召开的党的十七大对科学发展观进一步做了明确的阐述："科学发展观的第一要义是发展，核心是以人为本，基本要求是全面协调和可持续，根本方法是统筹兼顾。"②

科学发展观的内涵十分丰富，概括起来主要有以下几点：实质是实现经济社会更好地发展，基本内容是全面、协调、可持续地发展，核心是以人为本，根本要求是统筹兼顾。科学发展观的逻辑就是要把握和实现人与自然以及人与人之间关系的和谐。

与传统发展观相比较，科学发展观有以下几个方面特点。一是在观念上突破了把经济增长等同于发展的传统观念，充分考虑资源和环境等问题；二是在发展速度与发展质量的关系方面，更加强调发展质量，提出了又好又快的发展思路；三是在发展的目的上，摒弃了传统发展观的以物为本，强调发展的目的是以人为本，更加注重民生；四是在发展的内容上，强调发展的全面性和可持续性，不仅重视经济也重视社会、生态和文化的发展，形成了一个多维的发展体系。科学发展观的提出是一场重要的思想解放，标志着中国共产党对发展的目标、内涵、主体等的认识和理解达到了一个新的高度，是我国经济社会可持续发展的重要思想保证。

(二) 科学发展观的伦理意蕴

从更深层次上分析，科学发展观还含有丰富的伦理意蕴，对人与自然、人与物、人与人之间的伦理关系均给予了充分关注。

---

① 《中共中央关于完善社会主义市场经济体制若干问题的决定》，http://cpc.people.com.cn，2003 年 10 月 21 日。

② 胡锦涛：《高举中国特色社会主义伟大旗帜，为夺取全面建设小康社会新胜利而奋斗——在中国共产党第十七次全国代表大会上的报告》，《人民日报》2007 年 10 月 25 日。

首先，在人与自然的伦理关系上，强调二者的和谐。在人与自然的关系这个任何发展观都无法回避的问题上，科学发展观主张应该遵循和谐共存的伦理原则，人和自然都应该受到尊重。与传统发展观在人与自然关系上主张的征服和被征服、利用和被利用、统治与被统治关系不同，科学发展观认为人与自然是一个有机的整体，二者应该和谐相处、共生共荣。在人与自然关系问题的认识上，传统发展观遵循的是"人类中心主义"观点，认为人类是世界的中心，人的利益和价值是根本。由于受人类中心主义的影响，人类贪婪地消耗和掠取自然资源，导致生态系统的破坏，使得资源匮乏、环境污染等问题日益突出。正是在这种背景下，"生态中心主义"应运而生，提出了人与自然之间存在伦理道德关系，也逐渐改变了人类对待自然的态度。科学发展观吸收了生态伦理学的思想精华，把人与自然和谐共生的观念纳入了发展的范畴。

其次，在人与物的伦理关系上，强调"以人为本"。"以人为本"是相对于传统发展观的"以物为本"而言的，"以物为本"的特征是把经济增长看作发展的根本目的，注重物质财富的增长而忽视人的全面发展。而科学发展观将人的生存与发展看作发展的目的，强调发展的根本目的是人的自由全面发展，要通过发展不断地满足人的物质和精神生活需要。科学发展观着眼于"为什么而发展"这样一个目的性问题，体现了人文伦理精神。

最后，在人与人的伦理关系上，强调公平。人与人之间的关系本质上是一种利益关系，而利益不仅存在于不同个体之间，还存在于不同的社会群体之间（如城乡之间、地区之间、行业之间等）。传统发展观在人与人关系问题的认识上，只注重效率，而不重视利益的分配，特别是对不同个体和群体在分配起点上的公平有所忽视，结果造成社会分配不公以及贫富两极分化的现象。如果一个社会所创造的财富不能让更多的社会成员所分享，必然会产生被剥夺的不公平感，进而会导致对发展目的和社会制度合理性的认同。科学发展观强调发展利益的协调，主张共同发展、共同分享成果、共同富裕等原则。也就是说，城乡之间、区域之间、行业之间要相互支持、共同发展，发展的成果要让所有人民共同分享，最终实现共同富裕的目标。可见，科学发展观内涵着维护社会公平、让最大多数人过上幸福生活的伦理精神。

本章小结

　　人类社会目前关于发展的观点，是一个渐次深化的过程，是一个从"伦理缺位"到"有伦理"的演变过程。发展不是目的，只是手段。人的自由全面发展才是社会发展的最高价值追求和最终目标。发展是为了所有人的全面发展，发展要以人为中心，而不是人以发展为中心。按照马克思的观点，发展就是为了"人的自由而全面的发展"（这里的人是现实的人、具体的人，指的是最广大的人民群众）这一最终目标。

第六章　以伦理看待发展：
发展的辩证性思考

对于任何一个国家或民族来讲，"发展"都是一个富于挑战的、艰巨的、充满矛盾的过程。一方面，科学技术飞速发展，人类正在步入信息化、全球化，改革的浪潮遍及世界所有国家；另一方面，人类也从来没有遇到过像今天这么多的"发展"问题：人口问题、生态环境问题、资源问题、贫富差距问题等，这些问题在困扰着人类。这些问题的解决，需要我们辩证地认识发展中内涵的一些矛盾。辩证法在对现存事物的肯定的理解中同时包含对现存事物的否定的理解，即对现存事物的必然灭亡的理解；辩证法对每一种既成的形式都是从不断的运动中，因而也是从它的暂时性方面去理解；辩证法不崇拜任何东西，按其本质来说，它是批判的和革命的。①

第一节　发展与代价

"发展"是一个集合性概念，看待发展的角度不同，规定性也就不同。国内外学者对发展问题的认识过程已经历了从"经济"到"社会"，再到"人"的视角的转换。传统发展理论或发展研究开始只注重发展本身的"进步"意义，但伴随着人类对发展认识的不断深入，发展所付出的代价问题现在也开始被关注，即从代价的角度理解发展问题。如代价的内涵是什么？发展与代价之间是什么关系？发展是否必然要付出代价？如何减少或扬弃发展中的代价？等等问题。

一　发展与代价的内涵

（一）发展的内涵

"发展"是一个多义性概念，考察视角不同内涵便有所不同。比如，

---

① 《资本论》第 1 卷第 2 版跋，人民出版社 2004 年版，第 22 页。

从经济角度观察，发展可以被看作是经济增长或物质财富积累的过程，这是人类对发展概念的初步认识；从社会角度观察，发展则可以被看作是以经济增长为基础的整个社会变革的过程，包括社会制度、体制和组织形式的变迁过程，并最终达到社会的构成要素（包括经济、政治、文化、人）相互和谐平衡的过程；从社会和人之间关系协调角度观察，发展可以被规定为人类追求社会发展与人的发展和谐一致的过程；从人的发展角度观察，发展可以被看作是人的基本需要不断得到满足、人的能力得到提高、人性自我价值不断实现的过程；从发展的目标角度观察，发展可以被界定为包含经济、社会、文化和人的发展等目标的实现过程。①

由以上内容看，发展是一个涵盖性广泛、意蕴极其丰富的范畴，如果仅从一个单一角度去观察，都很难准确把握它。对发展内涵的认识和理解，必须从经济哲学的角度来认识，而不能仅从抽象的哲学角度来把握。从发展的本质上看，其内涵有两个基本层次：首先，发展内含着生产力水平的提高、物质财富的增加以及人民的需要不断得到满足。其次，发展内含着社会的政治、经济、文化等多方面的变革与进步，核心是人的自由与平等、社会的公平与正义不断得到提升。

（二）代价的内涵

"代价"一词最先是经济学的一个核心概念，与"成本"的含义等同。但从哲学角度看，代价与成本的概念是有区别的，在经济领域中的成本可以转化到产品中，并带来一定的效益；而哲学上的代价则是和价值相对应的范畴，是指在价值创造和选择中被抛弃或损害的部分，而不能转化到价值成果中，只是为价值成果的实现提供一个参照系和选择的环节。所以，从历史发展的角度来看，代价是指在社会实践中，人们为实现某种目标或满足某种需要而导致的价值目标和某些需要的牺牲与损害。

代价是人类社会实践活动中的一个必然存在的普遍现象。但是，在人类社会发展过程中，一些必要的付出，如工业社会以前人们为了生产和生活所付出的生产、生活资料，不能简单地称为代价。真正的代价产生在工业社会，由于人类对大自然的过度开发和利用而导致的诸如资源危机、生态危机、人口失衡、价值失范问题等，才可以真正被看作是发展的代价。

由此可见，代价有合理性与非合理性、客观性与主观性之别。代价

① 韩庆祥：《发展与代价》，《江海学刊》1994年第3期。

"是指在发展实践中，由于社会发展自身所包含的客观矛盾性而导致的具有必然性的付出和牺牲，或由于客观与主观的原因而发生的与一定的发展目标相悖的种种消极后果"。[①] 代价的实质是人类为了实现某种目标而对其他一些目标的放弃或牺牲。代价有两个方面：一是社会主体鉴于历史发展的必然性所作出的必要的牺牲；二是因为社会主体思想观念的主观局限性所导致的代价。

二　发展与代价的辩证关系

发展与代价之间是既对立又统一的关系。

首先，二者之间具有对立性的一面，即代价是发展的前提条件，发展必须通过付出一定代价来提升自己。没有一定的代价，就不可能实现发展。如马克思曾指出的，在我们这个时代，每一种事物好像都包含有自己的反面，我们看到，机器具有减少人类劳动和使劳动更有成效的神奇力量，然而却引起了饥饿和过度的疲劳。新发现的财富的源泉，由于某种奇怪的、不可思议的魔力而变成贫困的根源。恩格斯也说过，没有哪一次巨大的历史灾难不是以历史的进步为补偿的。其次，发展与代价之间也有统一性的一面。发展必须付出代价，但付出代价的目的是为了换取更大的发展，对代价的扬弃能更好地推动发展。发展是通过付出代价来实现的，但发展也为进一步地扬弃代价做好了新的准备。在新的发展起点，必须要扬弃旧的代价，才能实现更大的发展。人类社会历史实质上就是"付出代价—获得发展—付出新的代价—获得更大的发展"的演变。"发展可看作是通过付出代价和扬弃代价以寻求再生之路的努力过程"。[②]

对发展与代价之间辩证关系的正确认识，具有重要的理论和实践意义。首先，有助于人们对发展理论的进一步深化，提高我们对发展的正确认识，特别是从反面分析发展付出的代价以及扬弃代价的途径和方式。其次，有助于人们辩证地看待发展所付出的代价问题，以及对发展与代价辩证关系的把握，从而为理解发展提供新的维度。具体来讲，就是在发展实践中，人们应该正确认识付出代价的必要性，理性看待发展，不要因为付出代价而否定发展。最后，有助于人们在发展实践中的决策选择，将代价降低到最小限度，促进社会的和谐发展。

---

① 邱耕田等：《简论社会发展的代价规律》，《社会科学》2000 年第 7 期。
② 韩庆祥：《发展与代价》，《江海学刊》1994 年第 3 期。

三　发展的道德代价问题

除了一般代价之外，发展进程中的道德代价尤其不容忽视。所谓道德代价，是指在人类社会发展中人们对道德的牺牲和丧失，主要是指正向的、合乎道德的、善的价值的丧失和舍弃。比如，由于片面追求 GDP 的增长而导致的其他道德价值的牺牲和损害。道德代价有两个基本层面：一是宏观的即社会历史的发展中出现的道德价值的沦丧和背弃；二是微观的即一定主体在具体的善恶选择中对一定善的价值的背离和舍弃。

道德代价内涵丰富，需要从多个角度进行不同分类以便深刻认识。第一，从付出道德代价的主体角度看，包括宏观和微观道德代价。宏观道德代价是指在社会发展的总体进程中出现的社会道德方面的牺牲和损害；微观道德代价则是指一定的微观个体在价值和行为选择中造成的道德丧失。第二，从人类具体的社会实践活动角度看，包括原生性和衍生性两种道德代价。原生性道德代价是指人类从事某种具体的实践活动本身所产生的道德代价；衍生性道德代价则是指人类在从事某种实践活动产生的原生性道德代价基础上进一步衍生出来的道德代价。第三，从道德代价性质看，有合理的与不合理的道德代价。第四，从人类社会的主要活动领域看，有政治道德代价、经济道德代价、社会道德代价和生态道德代价。第五，从人类发展所追求的价值角度看，包括选择性、决策性和行为性等道德代价。选择性道德代价是指道德主体因自觉选择某些方面的优先发展而导致其他方面的牺牲，或因某一阶级的政治需要而牺牲或放弃的其他一些善的价值所产生的道德代价；决策性道德代价是指由于人类决策失误而产生的道德代价；行为性道德代价则是因为人类行为失误而产生的道德代价。

道德代价产生的原因有客观和主观两方面。所谓客观方面，指的是道德代价的不可回避性，即人类社会发展必须付出的一种社会代价，在任何社会都是客观存在的。另外，从事生产活动的个体也面临价值选择，但由于能力、认识或者观念上的局限性，人们在作出某种价值选择时也必然引起一定的道德代价。所以，当人们在享受某种价值选择带来的成果时，同时也要承担其带来的道德方面的负价值。所谓主观方面，指的是人们为了获得某种利益或实现某种目的而故意选择某些不正当价值或"坏"的价值观念，从而对社会发展造成道德危害。此外，由于价值选择失误而引起的道德损害，也可以看作是主观方面的道德代价。

从以上对道德代价的内涵、产生原因的分析可以看出，道德代价具有两个明显的特点。首先，道德代价具有客观性。主要表现在两个方面：一方面是任何社会都必然存在道德代价，具有客观必然性；另一方面是因为人们价值选择偏好的客观性而导致的道德代价，只要人们有选择就必然要有所放弃或者牺牲，从而带来一定的道德损失。其次，道德代价具有相对性。虽然道德代价具有客观性，但并不是说道德代价就不可避免。道德代价存在着"量"和"质"的差别，所谓"量"的差别指的是道德代价有大小之别，而"质"的差别指的是道德代价的合理与不合理之别。既然道德代价存在大与小、合理与不合理的差别，那么人类就可以运用自己的智慧和经验对其进行控制，把道德代价控制在一定的范围，也可以把不合理的道德代价控制在一定的限度而不发生质的危害。

正确认识道德代价的内涵、产生原因、特点等，对于我们积极对待和处理当前面临的一些严重的道德危机①具有重要现实意义。

第二节　效率与公平

在漫长的人类发展进程中，效率与公平都是人类孜孜以求的价值目标，也是用以评价社会发展程度的两个尺度。效率与公平两个目标，"实质上是如何从一定的社会生产力水平出发，充分调动各方面的积极性，最有效地利用社会的人力、物力和财力资源"。②

一　效率与公平是人类的两种价值目标

效率是经济学上的一个概念，指投入与产出之间的比例关系。而公平是一个伦理学上的范畴，指的是"人与人、人与社会之间合理地享有社会的基本价值如自由、机会、财富、自尊、荣誉等的道德关系和道德要求，这种道德关系和道德要求是随着生产力和生产关系的发展而自发地形成的"。③ 作为人类追求的价值目标，其中效率体现的是在生产力发展水平方面的追求，公平体现的是关于自身权利和价值的追求。

---

① 最近几年，我国社会出现了一些严重的道德危机现象。"三聚氰胺"、"塑化剂"、"瘦肉精"、"地沟油"、"小悦悦被碾轧"、"扶不扶"、"山西黑砖窑"、"矿难"等事件都反映了我们这个时代道德代价的底线在崩溃。

② 武杰：《论市场经济中的公平与效率》，《山西高等学校社会科学学报》1993年第2期。

③ 宋惠昌：《应用伦理学》，中共中央党校出版社2001年版，第131—132页。

　　作为人类社会所追求的两个价值目标，效率与公平在不同社会发展形态中有着不同的含义。原始社会、奴隶社会和封建社会阶段，因为生产力水平低下，所以生产效率也很低下。只是到了资本主义社会，由于科学技术的进步，效率才真正得到迅速提高。人类历史是以活生生的具体的个人存在为前提的，而活生生的个人存在又要以物质资料的生产为前提。所以，人类社会的发展必须依靠生产，发展生产，追求效率，从而获得人类得以存在和发展的物质基础。因此，效率也是社会主义社会的价值追求目标。

　　在原始社会，由于生产资料的群体共同所有，因此群体成员之间的关系是绝对平等的。到了奴隶社会和封建社会阶段，生产资料被奴隶主和封建主控制和掌握，因此奴隶与农奴以及奴隶主与封建主之间的关系是绝对不平等的。到了资本主义社会阶段，生产资料的私有制决定了资本家生产的目的只能是攫取更多的剩余价值，资本家和工人之间的关系必然是一种剥削和被剥削的不平等关系。社会主义社会以生产资料公有制为前提，因此，其公平必然涵盖条件公平、机会公平和结果公平。

　　二　效率与公平之间的辩证关系

　　关于效率与公平之间的辩证关系，国内学术界曾有三种观点：一是"效率优先论"。该观点强调效率应优先于公平。"只有把效率放在优先的位置上，兼顾收入分配的协调，才有利于整个社会的健康发展，才能使人民的物质文化生活水平不断提高"。[①]　二是"公平优先论"。该观点认为，公平是人的一种天赋权利，因此，公平优先于效率。三是"辩证统一论"。持该观点的学者认为，效率与公平虽然相互对立、相互制约，但又相互促进、相互统一。"从根本意义上说，社会主义的公平具有目的的意义，而效率只具有手段的意义"。[②]

　　以上三种观点中，"辩证统一论"比较合理，也是主流观点。效率与公平的辩证统一性表现在：

　　首先，它们之间相互联系，互为基础。一方面，效率是公平的基础。因为在绝对公平条件下，人们缺乏工作的积极性和竞争精神，最终会导致低效率，这就不可能为实现公平奠定物质基础。另一方面，公平是效率的

---

①　厉以宁：《经济学的伦理问题》，生活·读书·新知三联书店1995年版，第20页。
②　罗国杰：《道德建设论》，湖北人民出版社1997年版，第404、405、408页。

基础和保障。因为公平能让人们对社会有强烈的认同感，从而有热情去努力工作、提高效率。因此，效率与公平相互依赖，互为基础，只强调其中一个而忽视另一个都是片面的。

其次，效率与公平的统一性还表现在人类追求的目标上。虽然效率与公平是人类发展所追求的两个不同的具体价值目标，但它们都共同服务于一个终极目标，即"人的全面发展"。效率能为人的全面发展提供丰富的物质条件，而公平则能为人的全面发展提供基本的社会环境和精神动力。

把效率和公平作为人类社会发展追求的价值目标，其目的就是逐步消灭贫穷，实现共同富裕，促进人的全面发展。作为价值目标，公平是人类社会特有的对于人类之内在价值及权利的追求，是人类社会走向自我完善的一种标志。与效率相比，公平在共同富裕和人的全面发展意义上具有终极性。但是，公平优先于效率仅是终极意义的，我们不能要求在人类漫长的历史发展中公平始终处于优先地位，在过去的历史条件下不能这样做，现在我们处于社会主义初级阶段仍然不能这样做。因此，效率与公平孰先孰后并不是绝对的，它们的优先性总是不断变化的。效率关系着人们物质文化需要的满足程度，公平则是获得更高效率的终极目的和道德保证。

三 "效率优先，兼顾公平"评析

（一）"效率优先，兼顾公平"的提出及其主要内涵

1984 年 10 月召开的十二届三中全会通过了《中共中央关于经济体制改革的决定》。《决定》提出了"在公有制基础上的有计划的商品经济"的思想，从而肯定了改革开放以来所采取的市场导向的经济政策。1986年，周为民、卢中原等人在《经济研究》发表了《效率优先，兼顾公平——通向繁荣的权衡》一文，第一次提出了"效率优先，兼顾公平"经济发展主张，引起了广泛的社会反响，也引起了中央的高度重视。1993年 11 月召开的十四届三中全会明确提出："个人收入分配要坚持以按劳分配为主体，多种分配方式并存的制度，体现效率优先、兼顾公平的原则。"① 1997 年召开的党的十五大进一步提出："把按劳分配和按生产要素分配结合起来，坚持效率优先，兼顾公平，有利于优化资源配置，促进经济发展，保持社会稳定。依法保护合法收入，允许和鼓励一部分人通过

---

① 《中共中央关于建立社会主义市场经济体制若干问题的决定》，《人民日报》1993 年 11月 17 日。

诚实劳动和合法经营先富起来，允许和鼓励资本、技术等生产要素参与收益分配"。① 此后，"效率优先，兼顾公平"成为我们处理效率和公平关系的指导思想和基本原则。

所谓"效率优先"中的"效率"，指的是社会经济效率，"兼顾公平"中的公平是收入分配的公平。从经济学上讲，效率一方面是生产效率，另一方面是社会经济效率。经济发展追求效率，不仅要追求单个企业的生产效率，更要追求整个社会的经济效率，而要追求社会经济效率就必须追求资源配置效率。在这种观点看来，解决资源配置效率的最好方式就是市场。然而，从伦理学上讲，"效率优先，兼顾公平"中的公平指的是收入分配的公平，是一定程度的收入均等化。市场竞争必然会造成收入差距的扩大，因此必须对结果进行调节，要"兼顾公平"。由此可见，"效率优先，兼顾公平"主要强调的是经济效益，认为经济效益是第一位的，优先于公平。

从"效率优先，兼顾公平"原则中可以看出两层含义：一是强调经济效益，但也应该关注公平而不能忽视；二是当经济效益与公平出现矛盾时，应该把经济效率放在首位，甚至可以不考虑或牺牲"公平"。②

（二）"效率优先，兼顾公平"原则的历史价值

虽然"效率优先，兼顾公平"原则内含牺牲"公平"的内在缺陷，但它对于当时的中国社会产生了重要的积极影响，为推动改革开放、促进社会经济发展做出了重要的历史贡献。

"效率优先，兼顾公平"为社会主义市场经济体制的建立、发展与巩固作出了重要历史贡献。改革之初，人们的思想还被禁锢在传统的计划经济体制之中，对于经济发展的重要性认识不足，对于强调市场的作用、发展市场经济还心存疑虑。因此，如何解放人们尤其是党员干部的思想就显得尤为重要。传统的计划经济体制，从一定意义上说，就是一种行政的、"人为的"经济体制，其本质就是强调经济对于政治的"服从"。然而，"效率优先，兼顾公平"的经济发展主张与此有着根本不同。它"强调经济在整个社会经济生活中的中心地位，反对经济的从属性地位；强调经济发展自身的自主性，反对行政权力对经济的全面干预；强调社会成员经济

---

① 江泽民：《高举邓小平理论伟大旗帜，把建设有中国特色社会主义事业全面推向二十一世纪》，人民出版社 1997 年版，第 26—27 页。

② 吴忠民：《"效率优先，兼顾公平"提法再认识》，《天津社会科学》2002 年第 1 期。

利益的重要性，反对对这一事情的漠视"。① 如此，"效率优先，兼顾公平"主张就比较清晰地从理论的层面上提高了经济在整个社会经济生活中的位置，进而否定了计划经济体制的"合法性"。从这个意义上说，正是"效率优先，兼顾公平"的提出和确立，从根本上消解了计划经济体制，进而为社会主义市场经济体制的建立、发展与巩固奠定了牢固的思想基础。

"效率优先，兼顾公平"打破了绝对平均主义的分配模式，为市场经济体制分配模式的建立做出了重要的历史贡献。"效率优先，兼顾公平"原则的提出是与我国市场经济体制的确立过程密不可分的。改革开放以前，绝对的平均主义是中国社会普遍认同的一种主流观念。这种观点强调结果的平等分配，刻意地制造"一个貌似'平等'的平均主义社会"。② 但是，这种绝对化的平均主义分配模式却导致了这样的事实，即劳动贡献和获得的劳动成果不匹配，贡献大的可能分享的成果少，而贡献小的可能获得的多，形成了分配结果上的不公。"效率优先，兼顾公平"原则的核心在于将成果分配与每个人的实际贡献直接联系在一起，以调动每个社会成员的创造性和积极性。这种分配模式强调机会的平等，允许结果上的不平等，适应了市场经济体制的特点，为市场经济体制下的分配制度的建立确立了恰当的理论依据。

"效率优先，兼顾公平"强调经济发展的重要性，是对马克思主义基本观点的坚持和发展。马克思主义认为，经济基础决定上层建筑，上层建筑对于经济基础具有反作用，而经济基础的决定作用才是根本性的。恩格斯曾在《反杜林论》中指出，通过社会生产，不仅可能保证一切社会成员有富足的和一天比一天充裕的物质生活，而且还可能保证他们的体力和智力获得充分的自由的发展和运用。③ 因此，我国要"建成一个公正的社会并避免重蹈平均主义的覆辙，就必须极为重视公正社会得以确立的前提性条件问题——大力发展生产力，建立完善的市场经济体制，奠定一个雄厚的现代经济基础"。④ 就必须把"效率"提到一个空前的高度，视之为中国社会至关重要的事情，是一切工作的重中之重。"效率优先，兼顾公

① 吴忠民：《"效率优先，兼顾公平"提法再认识》，《天津社会科学》2002 年第 1 期。
② 同上。
③ 《马克思恩格斯选集》第 3 卷，人民出版社 1995 年版，第 633 页。
④ 吴忠民：《"效率优先，兼顾公平"提法再认识》，《天津社会科学》2002 年第 1 期。

平"主张有力地推动了"以经济建设为中心"这一任务的确立，坚持和发展了马克思主义的经济发展理论。

"效率优先，兼顾公平"适应了时代要求，为繁荣社会主义市场经济作出了重要历史贡献。一种思想是否具有生命力，取决于它是否适应时代要求，"效率优先，兼顾公平"的经济发展主张之所以具有生命力，就在于它适应了时代的要求。"效率优先，兼顾公平"的提出是植根于市场经济这块土地的，其付诸实施，对于平均主义和绝对的平等观等思想观念的消解发挥了重要作用，解放了人民群众尤其是党员干部的思想观念，对于中国的改革开放产生了重要作用。这一作用的直接显现就是中国社会主义市场经济的昌盛与繁荣，人民群众的生活得到改善，国家经济实力上升迅速，中国在世界上的影响力日益显著。所有这一切，都明确地表明，"效率优先，兼顾公平"的提出，顺应了当时发展的要求，"起到了解放生产力、发展生产力的作用，有效地推动了现代化的建设和市场经济体制的建立，冲击、消解了平均主义畸形的平等观，并为真正的、现代的公正观的形成进行了有效的铺垫"①，其历史贡献是不可磨灭的。

（三）实现发展新阶段的战略目标需要更加注重公平

以上分析说明，"效率优先，兼顾公平"的原则在过去的 30 多年间发挥了重要作用，中国在经济社会发展上取得了举世瞩目的伟大成就。然而，在经济社会快速发展的同时，公平问题也越来越突出。腐败性收入和垄断性收入成为收入差距不断扩大的诱因，其所引发的分配不公也正在动摇着人们对社会发展目的的认同和对改革的信心。这不仅影响社会总财富的进一步增长，也影响社会的和谐和稳定。因此，现阶段必须重新审视效率与公平的关系，确立"更加注重公平"的原则。

社会主义市场经济体制的确立打破了原有的利益分配格局，形成了多元化的利益主体，同时也积累了复杂重叠的利益矛盾，导致了社会的不和谐和不稳定。从本质上看，社会不和谐、不稳定的根本原因在于伦理不公。所谓伦理不公，主要指的是机会、条件和结果的不公平。其中，机会不公平是指部分社会个体或群体在生存、发展、享受等方面的机会受到限制，不能公平参与社会实践活动；条件不公平是指部分社会个体或群体的合法权益没有得到公平有效的保护，造成一定的利益损失；结果不公平则

---

① 吴忠民：《"效率优先，兼顾公平"提法再认识》，《天津社会科学》2002 年第 1 期。

是指部分社会个体或群体因为自身素质、能力等原因而遭受不公正的对待。这些社会伦理不公不仅影响人们从事生产活动的主动性、积极性和创造性，也会损害党和政府的良好形象。

党和政府已经认识到伦理不公问题的严重性。早在 2002 年党的十六大就首次提出了"社会更加和谐"的目标；到 2004 年党的十六届四中全会时，又明确提出了"构建社会主义和谐社会"的目标；到 2007 年党的十七大时，进一步更加具体地提出了"发展为了人民、发展依靠人民、发展成果由人民共享……"的具体目标；2012 年党的十八大更加明确地指出："初次分配和再分配都要兼顾效率和公平，再分配更加注重公平。"① 由此可见，党和政府高度关注社会公平和社会和谐问题。

在新的发展历史阶段，我们所面对的主要是公平问题，原来的"效率优先，兼顾公平"原则已明显不能适应发展新阶段的需要，应当确立"更加注重公平"的原则，只有这样，才能充分调动人民的积极性和创造性，为解决现阶段存在的社会不公问题提供价值保障，进而促进社会的和谐。

我国的改革开放事业已走过了 30 多年的历程并且跨入了一个新的历史发展时期。这个时期有两个特点：一是经济改革成效显著，人均 GDP 增长迅速，2013 年已经超过了 6000 美元，2014 年突破了 7000 美元；二是贫富差距不断拉大，两极分化情况出现。依据其他国家的历史经验，人均 GDP 在 3000—6000 美元之间这个时期，社会全面转型，经济、政治、文化等事业迅速发展，但各种社会矛盾也会逐渐凸显出来。因此，在这一阶段，如果一味地强调效率优先，而不考虑和重视社会公平问题，就会使得各种社会矛盾不断激化。反过来讲，如果能把社会和谐作为发展的重点，那么社会各阶层之间的疏离就可以缓和，从而避免大的社会动荡。正如党的十七大报告明确指出的，"解放思想是发展中国特色社会主义的一大法宝，改革开放是发展中国特色社会主义的强大动力，科学发展、社会和谐是发展中国特色社会主义的基本要求，全面建设小康社会是党和国家到 2020 年的奋斗目标，是全国各族人民的根本利益所在"。② 科学发展、

① 胡锦涛：《坚定不移沿着中国特色社会主义道路前进　为全面建成小康社会而奋斗》，人民出版社 2012 年版，第 36 页。
② 胡锦涛：《高举中国特色社会主义伟大旗帜　为夺取全面建设小康社会新胜利而奋斗》，《人民日报》2007 年 10 月 25 日。

社会和谐、全面建设小康社会等发展目标要求我们必须将社会公平放在更加重要的位置，通过解放思想、大胆创新、攻坚克难，化解现阶段出现的社会矛盾，促进社会又好又快发展。

马克思主义理论告诉我们，生产力是人类征服和改造自然的客观物质力量，不仅决定生产关系，而且决定上层建筑。而在生产力所包含的诸要素当中，劳动者是最主动也是最活跃的因素，是社会发展的动力。与其他要素不同，劳动者具有一定的伦理意识，而这种伦理意识对劳动者能力的发挥和实现具有重要作用。伦理意识属于上层建筑，对经济基础具有重要的作用。公平是一种伦理意识，劳动者对一个社会所确定的公平的感受会反映在其劳动热情上，有公平感就会有劳动热情，就会产生高效率；反之则会缺乏劳动热情，导致低效率。30 多年的改革开放，在经济上取得了巨大进步，但也积累了严重的不公平，正在严重地影响着社会的和谐与稳定，影响着经济、社会效率的提高。从这个角度上看，公平之于效率，具有基础性和根本性意义。

公平与效率都是中国特色社会主义所追求的价值目标，不可或缺。效率可以让人民群众得到更多物质财富，公平则能够让人民群众获得广泛的发展价值认同，使社会更加和谐稳定。作为不同的价值目标和不同的评价尺度，公平与效率孰先孰后？并不是绝对不变的。在人类社会发展中，人类会依据社会形势变化而进行选择和取舍。对于已经过 30 多年改革开放的中国来讲，虽然在经济效率方面已经取得了巨大成就，但同时也积累了很多矛盾和问题。在新的社会发展阶段，重新审视和把握公平与效率的关系，具有深远的社会意义。在新阶段，把公平放在优先的位置上，不仅有助于化解社会发展中的矛盾，激发人民群众的劳动热情，而且能从根本上进一步促进社会效率的提高，实现经济社会的协调发展。我国实行的是社会主义制度，发展目的是为了实现全体人民的共同富裕。而要实现共同富裕，就必须重视公平，让人民具有平等的权利参与社会发展和成果的分配，共享改革开放和社会进步的成果。中国共产党十六届六中全会强调的"发展为了人民、发展依靠人民、发展成果由人民共享"就是以公平为导向的发展理念。

从以上分析可以看出，作为人类追求的核心价值目标，公平对生产关系的建立和调节、劳动者劳动热情都有十分重要的影响，在一定程度和意义上决定着一个社会的效率和发展的程度。因此，在新的发展阶段，特别是在全面建成小康社会目标的进程中，把公平放在更加突出的地位对于生产关系的调整、社会的和谐稳定、社会主义现代化的快速发展，都有着特别重要的现实意义。

第三节 自然界与人的发展

人与自然的关系，是漫长的人类发展史中的一个古老的哲学命题。该命题的核心在于，人类如何正确认识和把握人与自然的关系，或者说人类应该如何与自然界共处。这个问题在人类进入文明时代以后更加突出。人与自然的关系实际上是一个辩证的动态发展过程。

一 人与自然的关系：从依赖、征服到破坏

在人类诞生初期的远古时代，人与自然界表现为人对自然的依赖。因为在那个时代，作为一种自然存在物的人对自然有直接的、不可能独立的依赖关系，人的一切都必然与自然界紧密地联系在一起。反过来说，自然界是人存在的基础，正因为有自然界的存在人才能够得以存在，人类的生存和发展都依赖自然界。诚如马克思指出的，人靠自然界生活，这就是说，自然界是人为了不致死亡而必须与之交往的人的身体。所谓人的肉体生活和精神生活同自然界相联系，也就等于说自然界同自身相联系，因为人是自然界的一部分。

当人类进入了农业文明时代，即奴隶社会和封建社会之后，人与自然的关系发生了改变。由于人类生产工具的进步，大量农业土地被开发，标志着人与自然的关系开始从无条件依赖转变为对自然界的有限的"征服"。这种有限的"征服"给人类带来了巨大的进步，人类不论是在物质文明还是在精神文明方面都得到了很大程度的提高。但这种有限的"征服"也付出了一定的代价，只是代价比较弱小，还没有造成比较大的破坏，对自然的整体性影响不大。

但自从人类社会进入工业文明时代以后，人与自然的关系就发生了重大转变。从那时到现在，由于人类改造自然的能力得到迅速提高，人类生产、生活的范围不断扩大，人类对自然界的有限征服开始演变成了"破坏"。而这种破坏反过来也导致人类生存环境的恶化，直接威胁人类的生存基础。伴随着工业化、专业化以及机械化，大量的商品被创造了出来，

人类也积聚起了巨大的物质财富。特别是农业的机械化和现代化极大地提高了土地的产出效率，释放出了大量的农业剩余劳动力。伴随工业化而建立的市场经济制度，更加促进了人类为了追求更多利润而展开的竞争，也促进了社会生产力水平的巨大提高。在人类不断对大自然的巨大征服过程中，大自然却遭到了严重破坏，带来可怕的后果和发展乱象：工业废气、污水污染了空气、江河湖海和森林植被，危害了自身和其他生命体的生存环境。在最近的 100 年中，工业化、市场化、全球化对自然界的破坏比过去任何一个时代都要严重。人类与自然的关系已到了必须重新反思的时候了，如果人类仍然不顾自然界的客观规律，过度地征服和掠夺自然，人类必定会遭到自然界更严厉的惩罚。

二　传统发展观对人与自然关系的扭曲

马克思主义理论告诉我们，意识支配行动。正是在传统发展观支配下，从欧洲工业革命开始，人类与自然的和谐关系不断遭到破坏，人与自然也一步步走向分离和对立，最终导致人类生存和发展的环境受到了严重的威胁。现在，要想改变现状，重构人与自然的关系，人类就必须对长期影响人类关于自然与发展的观念予以理性的审视，并尽快摆脱其束缚。

欧洲中世纪时期，由于宗教神学的统治，人与自然都被认为是上帝的产物。但到 15—16 世纪，由新兴资产阶级发起的旨在反对宗教神学统治的一场文艺复兴运动极大地促进了欧洲文化和科学的繁荣，同时也为近代机械唯物主义自然观的形成奠定了基础。机械唯物主义自然观是一种完全用古典力学解释一切自然和社会现象的观点。这个时期的哲学家和科学家，如 R. 笛卡儿、I. 牛顿等，完全陶醉于人类在数学和力学上所取得的成就，并深信数学和力学的原理完全可以帮助人类驾驭自然界。

机械唯物主义自然观有力打击了神学自然观，充分显示了人类认知能力和实践能力的提高，相对于神学自然观是一种巨大进步。但这种自然观的明显弊端是过分夸大了人的作用，把自然置于人的绝对主宰和统治之下，从而扭曲了人与自然的关系。机械唯物主义自然观对当时及以后的经济学理论和人类的发展观念产生了重要的影响。以这种自然观为依托而形成的传统发展观，也完全反映了人对自然征服和统治的观念：

（一）"唯经济增长论"

"唯经济增长论"是传统发展观的一个重要特征，它把经济发展等同于经济增长，强调以经济增长速度和数量理解和衡量经济发展水平，并认为工业化是实现物质财富增加的主要途径。基于此，该发展观主张：一个国家政府的首要任务就是追求经济的无限增长和物质财富的无限增加。"唯经济增长论"是一种单纯以追求经济增长为目标的片面的发展观，是以近代资本主义工业化发展模式为范例的发展观。对于这种发展观的影响，美国社会学家丹尼尔·贝尔（Daniel Bell）曾予以深刻的评价，他指出，"唯经济增长论"已成为西方工业化国家动员社会以实现一个共同目标的根据。[①] 受这种发展观影响，第二次世界大战之后，几乎所有谋求发展的国家都按照西方国家工业化的模式追求经济增长，最终导致对资源的过度开采和环境的肆意破坏，造成生态严重失衡，人民健康水平下降；公正平等价值观不被重视，贫富差距不断扩大，社会矛盾日益严重。

从人与自然的关系看，"唯经济增长论"完全忽视了人与自然之间的内在联系，从而破坏了自然生态环境的有机性与整体性。从 20 世纪 80 年代开始，这种片面的发展观不断地受到一些有识之士的批评，可持续发展观等新的发展观应运而生，逐渐被广泛认同和接受。

这种发展观对我国也曾产生过重要影响，如在长期经济发展过程中表现出的片面追求 GDP 增长速度和数量，注重外延式发展，资源利用率不高，环境污染严重等就是有力的证明。但我国意识到了这种发展观的缺陷，1995 年 9 月召开的党的十四届五中全会就明确指出，要努力实现从粗放型向集约型经济增长方式的转变，标志着我国开始告别"唯经济增长论"。此后，可持续发展、科学发展、生态文明等新的发展观念开始占据主导地位。

（二）"资源利用无限论"

"资源利用无限论"是和"唯经济增长论"密切相关的一种传统发展观念。我们知道，要实现经济增长就必须利用自然资源，那么，自然资源的数量和利用过程中造成的环境污染就是一个不可回避的价值认识问题。"资源利用无限论"认为：自然资源在数量上是取之不尽、用之不竭的，人们完全可以不受限制和约束地索取；自然环境是一种公共物品，人们可以无偿地利用和获取，生产者也可以不受约束地把废弃物排入环境。在这种发展观指导下，每个国家（不管是发达国家还是发展中国家）基本上

---

① ［美］丹尼尔·贝尔：《资本主义文化矛盾》，赵一凡等译，生活·读书·新知三联书店 1989 年版，第 295—296 页。

都是通过对资源大肆开采和消耗来实现经济增长的，而对自然资源的合理
利用和环境保护不予重视。1972 年，一份后来对人类发展观产生巨大影
响的研究报告——《增长的极限——罗马俱乐部关于人类困境的报告》
借助系统动力模型对人口问题、粮食问题、资源问题、环境污染问题和生
态破坏等全球性问题发出了警告。"如果在世界人口、工业化、污染、粮
食生产和资源消耗方面现在的趋势继续下去，这个行星上增长的极限有朝
一日将在今后 100 年中发生。最可能的结果将是人口和工业生产能力双方
有相当突然的和不可控制的衰退。"[①]　这份研究报告给人类的启示在于：
人类必须对自然资源的利用加以限制。

（三）"科学技术万能论"

在经济社会发展的诸多因素中，科学技术是一个根本性的因素。人们
一旦掌握了科学技术，就可以大幅度提高认识和改造自然的能力，从而提
高生产效率，为人类创造更多的物质财富。一些发达国家的发展实践已经
证明了这一点。马克思主义理论也非常重视科学技术在生产力中的积极作
用，马克思就曾有过"科学技术是生产力"的论断，20 世纪 80 年代，邓
小平也指出："科学技术是第一生产力。"[②]　现如今，科学技术在促进生产
力发展和人类社会发展方面的巨大作用被世人广泛认同。

虽然科学技术对人类经济社会发展作用巨大，但如果应用不当，会给
人类和自然带来消极的影响。要正确地认识其消极影响，必须摒弃长期以
来存在的对科学技术的过度崇拜，即"科学技术万能论"。"科学技术万能
论"认为，对于人类发展中所遭遇到的各种矛盾和问题不必担忧，这
些矛盾和问题都会随着科学技术的发展、进步迎刃而解。无论是生态危
机，还是社会贫困，都会因为科学技术进步及其所创造的巨大财富而化
解。但是，这种盲目膜拜是一种"见物不见人"的褊狭观念，在理论和
实践上都是站不住脚的。因为科学技术的价值是通过掌握科学技术的人来
实现的，相对于人的价值选择，科学技术只是一种手段或者工具。正如英
国学者贝尔纳（J. D. Bernal）曾强调的，"科学技术只有安装上善的价值
坐标，才能将人类带向那充满光明的美好世界。那些主张科学技术研究和

---

① ［美］丹尼斯·米都斯等：《增长的极限——罗马俱乐部关于人类困境的报告》，吉林人
民出版社 1997 年版，英文版序第 17 页。

② 《邓小平文选》第三卷，人民出版社 1993 年版，第 274 页。

应用应拒绝伦理、政治制约的态度是幼稚的和不负责任的。"① 另外，从发展实践的角度看，科学技术是一把"双刃剑"，它在为人类创造巨大的物质财富的同时，也导致生态环境的不断恶化和世界范围内国家与国家之间巨大的财富鸿沟。针对这一点，美国学者、控制论的创始人诺伯特·维纳（Nobert Wiener）就曾发出过警告，"科技革命是一把'双刃剑'，它可以用来为人类造福，但是……科技革命也可以毁灭人类。如果人们不去理智地利用它，它就有可能很快发展到一种糟糕的地步。"② 科学技术之于人类发展是不可或缺的，但必须有正确的价值引导，以消除其负面的或消极的作用，真正成为人类社会发展和人类谋求幸福生活的工具。

三　人与自然的辩证关系

在唯物辩证法来看，人与自然之间是辩证统一的关系。

（一）人与自然相互联系、相互依存、不可分割

一方面，人源于自然，是自然界的一部分。马克思在《1844 年经济学哲学手稿》中指出，人直接的是自然存在物，是站在稳固平衡的地球上呼吸着一切自然力的人。③ 恩格斯也曾指出，我们每一步都要记住：我们统治自然界，决不像征服者统治异族人那样，决不是像站在自然界以外的人似的，——相反地，我们连同我们的肉、血和头脑都是属于自然界和存在于自然之中的；我们对自然界的全部统治力量，就是我们比其他一切生物强，能够认识和正确运用自然规律。④ 人与自然之间的联系是通过劳动来进行的，劳动是人与自然的中介，人以劳动的方式调整和控制自身与自然之间的关系。因此，人在认识和改造自然的过程中要遵循自然规律。另外，自然界是人的生存基础。自然界为人的生存和发展提供所必需的东西，满足人的需要。可以说，如果没有自然，人就没有办法改造和利用自然，也不可能进步和发展。

（二）人与自然又是相互对立的

一方面，为了满足生存和发展需要，人就要征服、改造和利用自然，从自然界获取各种资源为自己所用。另一方面，人不能随心所欲，还要受

---

① ［英］贝尔纳：《科学的社会功能》，商务印书馆 1986 年版，第 526 页。
② ［美］维纳：《人有人的用处：控制论与社会》，陈步译，北京大学出版社 2010 年版，第 131 页。
③ 《马克思恩格斯全集》第 42 卷，人民出版社 1979 年版，第 167 页。
④ 《马克思恩格斯选集》第 4 卷，人民出版社 1995 年版，第 383—384 页。

到自然界的制约。因为自然界具有客观的规律性，对于人的生产活动，自然也会进行反抗，甚至是"报复"，旨在保持或者恢复原有的自然状态。

人与自然的辩证关系告诉我们，作为发展主体的人，应该把自己看作自然界的组成部分，要与自然和谐共处。要尊重、善待和保护自然，在向自然界获取自己所需资源的过程中，不要把自己的意志强加给自然，不要违背自然规律。必须走出"人类中心"的误区。人类不过只是自然的一部分，是众多生物种类中的一种。另外，人类还必须深入研究和探讨自然的价值，其中包括自然的经济价值和生态价值等。只有如此，才能真正实现人与自然和谐共处。否则的话，人与自然的关系就会被破坏，从而可能导致自然界对人类的"报复"。

第四节 "类发展"与"个人发展"

从唯物史观角度来看，"人"这一概念，既不能仅仅理解为区别于动物的特殊的"类"，也不能只是理解为单个的"个人"，而应理解为反映"类"和"个人"辩证统一的概念。因此，对人的发展的基本内涵也应该从"类发展"与"个人发展"两个层面及其辩证统一关系中去理解。

一 "类发展"的基本内涵

从"类"的角度来看，人的发展主要体现在以下几个方面。

（一）类特性的发展

人与动物不同，关键在于人的根本特性或本质特征的不同，人的特性在于人的"自由自觉的劳动"。也就是说，劳动是人区别于动物的一项本能性社会活动，即在一定社会关系条件下人与自然发生联系，自觉地、能动地、创造性地从事社会实践活动。因此，所谓人的类特性的发展，主要是人的社会性、实践性以及创造性的充分发展，而这些方面的发展实质上都是人的主体性的具体表现。人的主体性的充分、全面发展才是真正意义上人的类特性的发展。

（二）类能力的发展

所谓类能力，指的是人类在劳动实践中所表现出来的征服自然、改造自然、应对人与自然的关系、调控社会关系，以及从事各种生产等方面的能力。类能力的形成和发展是一个非常复杂的过程。首先，人类要生存和发展，就必须具有征服自然、改造自然的能力以满足自身所需要的物质生活资料，即必须要具备一定的社会生产力；其次，人类必须具有自觉发展和完善各种社会关系的能力，以保证人类特性的发展和其他能力的发展；再次，人类要具有自觉调控精神生产、生活的能力，为人类整体的健康发展以及每一个人身心健康创造条件；最后，人类还必须不断反思，形成和具备与自然界或整个生态系统共生的能力，以维护人类的生存和繁衍。这几个方面的发展，是"类"的发展的核心。

（三）社会关系的丰富和发展

所谓社会关系的丰富和发展，是指人类从简单、封闭和狭隘的社会关系向丰富、开放和全面的社会关系的变化过程；以及从以血缘关系为纽带的被动的受盲目支配的社会关系，不断地向真正属"人"的、自主自觉的社会关系的变化过程。社会关系的丰富和发展过程实质上是低下的生产力水平不断向更高水平发展的过程。

（四）类的解放和自由的实现

这既是类的发展的综合表现和最高目标，也是个人实现自由全面发展的现实条件。类的解放和自由的实现，其实质是指人类通过劳动实践使整个族类最终摆脱自然和各种旧的社会关系的压迫，每个个体人的自由个性也得以充分发展和实现的过程；除此之外，也指各种奴役和支配人类发展的一些外在必然性以及限制条件逐渐被摆脱的过程，是人的本质力量得到释放和充分发展的过程，每一个社会成员都能根据自己的意愿、兴趣和爱好实现自身能力不断提高的过程。

类特性、类能力、社会关系、类自由四个方面，构成了人的发展的第一个层面，即"类"的发展的基本内涵。

二 "个人发展"的基本内涵

从"个人"的角度看，人的发展主要包含以下几个方面的内容。

（一）类特性在个人身上的反映

所谓类特性在个人身上的反映，即人的自觉能动性、实践性和社会性等类特性在个人身上得以体现和反映。从类和个人之间的相互关系看，类特性在个人的反映是通过社会与个人的相互作用来实现的，社会是类的存在形式，也是个人存在的载体。个人是存在于一定社会之中的，而社会通过教育等手段对自然人进行"改造"，使其转化为具有一定社会特征或类特征的成员；反过来，个人又通过自己的生产生活实践将这些类特性，如实践性、自觉能动性、社会性等展现出来，并不断强化和发展这些类特性。

（二）个人能力或才能的充分发展

这里所讲的个人能力或才能，是一个复杂的、内容丰富的体系：不仅包括个人的体力和智力，而且包括个人从事物质生产劳动和精神生产活动的能力；不仅包括个人的道德修养能力，而且包括其审美能力；不仅包括个人适应和驾驭社会关系的能力，而且包括个人创新和开拓的能力等。在这些能力或才能当中，个人的体力和智力是前提和基础，也是个人发展的主要内容。

（三）个人价值的实现

个人价值的实现离不开社会，一定是在社会的生产生活关系中得以实现的。在一定的社会关系条件下，个人的能力或才能首先被不断地生成和发挥；同时个人的需要也不断得到满足，个人价值也不断地得到社会的承认和尊重。另外，个人通过自身劳动所创造的价值在满足自身需要之外，超额部分也会得到社会的承认，从而使个人价值转化为社会价值。个人价值的实现，是人的发展的重要内容。

（四）自由个性的充分发展

一般来说，虽然个性发展难以归属到类的发展这一层面中去，但却可以通过个人发展来规定和考察类的发展。因为整个族类的自由自主发展是人的自由个性发展的前提和基础，个人独特的性格、行为特征、能力以及其他方面素质的充分发展是类发展的内容。在马克思看来，人的自由个性发展是人的发展的最高形态，因为在以"人的依赖性"为特征的最初发展阶段，人的个性都被限制和压制了；而在以"物的依赖性"为特征的资本主义社会阶段，人从属于机器，人的个性被片面化，变成了单向度的人；按照设想，只有到了共产主义社会，人的个性才有可能得到充分的发展。

三　"类发展"与"个人发展"的辩证关系

"类发展"与"个人发展"是人的发展的两个不同的层面，各自包含着自己特殊的内涵。不能用一个方面取代另一个方面，也不能因重视一面而忽视或否认另一面。"类"的发展与"个人"的发展是相互联系、相互依赖、相互包含的辩证统一体。

第一，"类发展"是"个人发展"的基础和前提。"个人发展"依赖"类发展"，因为如果没有人类的整体性进化和发展，个人的发展根本就不可能实现。所以，个人的发展程度和水平完全取决于人类整体的发展程度和水平。换句话说，人类整体的发展状况决定个人的发展状况。

第二，"个人发展"是"类发展"的标志和最终目的。"个人发展"是"类发展"的主要内涵和标志，同时也是"类发展"的体现和反映，个人能力、个人价值、自由个性等的充分实现和发展，都是类发展状况的体现。不仅如此，每个类成员的个人能力、个人价值以及自由个性的实现和充分发展是"类发展"的最终目的。

总之，"类发展"与"个人发展"是相互包含、相互依赖和相互联系在一起的，是"人"的发展的两个不同层面、不可分割的辩证统一。

从历史的角度来看，人的发展，无论是"类"的发展还是"个人"的发展绝不是抽象的（概念）。马克思把人的发展目标定位于自由与全面的发展，然而，人的自由与全面发展是一个具体的、历史的渐进过程，在不同的时代和不同的国度以及在不同的社会形态下有着不同的发展水平和具体内容。

作为一种社会发展的理想目标，只能在社会既有连续性又有阶段性的发展中才有可能实现。尽管人的自由与全面发展从理论上讲是可能实现的，但从实际方面来看则是不可能完全实现的。正是这一矛盾推动着人的自由与全面发展不断地向新的高度和新的阶梯跃迁。

第五节　发展与"异化"

异化是人类在追求发展目标中的一个难以避免的现象，二者的辩证关系在于，异化作为发展的特定现象有其必然性，而异化带来的负面效应又决定着它必然被发展所扬弃。厘清发展与异化的辩证关系，不仅对于认识和把握发展的本质，而且对于正确处理发展实践中的各种矛盾，以及实现人、社会、自然之间的全面协调发展都具有理论和现实价值。

一　异化与发展异化

作为一种现象，"异化"在原始社会末期就已开始出现，但到近代才把这种现象上升到理论高度来认识。"异化"是一个重要的哲学概念，指在一定条件下，人们的生产活动及其产品（包括物质生产与精神生产及其产品）转化为自己的异己，成为奴役对立的力量，从而阻碍人的全面发展。马克思、恩格斯对异化问题非常重视，马克思曾指出："人的自我异化的神圣形象被揭穿以后，揭露非神圣形象中的自我异化，就成了为历史服务的哲学的迫切任务。"① 马克思认为，私有制和社会分工是异化的根源，资本主义私有制条件下发生的异化，主要是劳动异化，具体表现为劳动者与自己创造的劳动产品、自己的劳动活动、自己的类本质相异化以及人与人相异化。

发展的实质是不断满足人的需求、提升人性的过程。从这个意义上讲，发展本身只是手段。但在人类的发展实践中，人们往往把发展当作目的，最终导致"发展异化"的产生。所谓"发展异化"，指的就是将发展的目的和手段颠倒，把发展的主体与客体对立的一些发展现象。"发展异化"严重扭曲了发展的本质，最后也导致了将发展看作是单纯的经济增长或是以破坏人类生存环境的"恶发展"。我们一般所讲的"虚假发展"和"畸形发展"就是"发展异化"的表现。

二　"发展异化"的具体表现

"发展异化"有多重表现，但主要有以下两种：

（一）将发展的目的与手段相颠倒

我们知道，发展目的是发展的主体尺度与客体尺度的统一，是关于发展主体的科学认识与满足主体需要两者的有机统一。发展目的是人们从事各种社会实践活动的基本出发点。人类要实现发展的目的，使发展主体的意图得到反映和体现，就必然要借助于一定的发展手段。但手段不等于目的，虽然经济发展可以改善人们生活，是社会发展的前提和基础，但对于人的发展而言，经济发展也只是为人的发展服务的工具。发展的终极目的就是不断满足人的物质文化生活需要，实现人的自由全面的发展。在发展实践中，人们常常将手段当作目的，导致发展的异化。

（二）将发展的主体与客体相对立

为了实现发展的目标，人们时常会感到物质资料（如资源、资本、商品等）的匮乏，从而导致在发展战略和社会政策上只看到物的价值，而忽视了人的价值，把发展的主体与客体相对立。正如诺贝尔奖获得者、美国著名经济学家西奥多·W. 舒尔茨（Theodore W. Schultz）所说，"人们普遍认为，贫穷国家的贫穷主要是因为他们极端缺乏资本，而且，追加资本正是他们更迅速取得经济增长的关键。我认为，仍然需要重视资本的

---

① 《马克思恩格斯选集》第 1 卷，人民出版社 1972 年版，第 2 页。

特殊类型方能求得这种协调。……人的能力没有与物质资本齐头并进，而变成经济增长的制约因素"。① 这种重物轻人或见物不见人的发展观念是片面的，导致发展主体的发展目标或意图被扭曲。我国社会发展中所出现的一些不公正现象，从本质上看就是发展的异化。

异化会阻碍社会进步和人的全面发展，唯有消除异化对人与社会发展的束缚，才能最终实现人与自然、人与社会以及人与人之间的和谐。

本章小结

发展具有辩证性，是一个充满着矛盾和冲突的历史进程，这些矛盾主要是：发展与代价的关系、发展中的效率与公平的关系、人的发展与自然界的关系、"类发展"与"个体发展"的关系、发展与异化的关系等。如何辩证看待它们之间的关系，直接关系发展的结果是"和谐"还是"创造性破坏"②。因此，本章主要探讨了发展中的这些辩证关系，旨在深化人们对发展目的、手段的认识，从而确立新的人本发展观并指导发展实践。

---

① ［美］西奥多·W. 舒尔茨：《论人力资本投资》，北京经济学院出版社 1992 年版，第 8页。

② 这里讲的"创造性破坏"，并不是经济学家熊彼特所使用的强调企业家创新精神的一个概念，而是指人类在创造大量物质财富过程中对人的生存环境的破坏。

第七章 以伦理看待发展：
发展的价值取向

"价值是能满足主体需要，为主体所意愿、创造并为主体所赞赏、享用的东西。"[1]它是以自己的方式在客体中发现和构成的，可用身心来把握和肯定的东西。价值概念包括一切可以从主体的需要、活动和享用来区分的价值种类，例如物质的、精神的、自然的、社会的等。当价值被主体选定、假设或期待时，这些价值就成为主体的取向。经历了对发展的不断反思，现在，"以人为本"的发展观念已经成为发展研究和发展实践的基本价值共识。"生存质量"、"获得尊重和认同"、"更多的自由"是人类的基本价值诉求，这些价值诉求的实现离不开社会的公正以及人与自然的和谐。发展主体的价值取向状况是我们发展研究和实践的信息基础。

第一节 以人为本：基本价值取向

发展是"人"的多种价值诉求的实现过程和人的自身价值的提高过程，人的价值诉求满足的程度直接决定着生活美好的程度。"发展的目标是改善人类生活和社会安排，以便为人们提供日益广泛的选择来寻求共同的和个人的福祉"。[2]"好"的发展是以人为本的发展，是追求美好生活的发展。一般来讲，美好生活有三个要素，即最大限度的生存、尊重和自由。因此，就发展的首要目的而言，发展是美好生活的发展。而以美好生活看待发展亦即以生存看待发展，以尊重看待发展，以自由看待发展。

---

① 陆晓禾：《论经济价值与伦理价值》，《毛泽东邓小平理论研究》1998 年第 1 期。
② ［美］德尼·古莱：《发展伦理学》，高铦等译，社会科学文献出版社 2003 年版，前言第 1 页。

一 生存：人的基本需要

任何人都会有某些基本需要，否则生命就无法维持。因此，生存或者说最大限度的生存，这是美好生活的第一个普遍性因素。生存与人的基本需要满足相关，这些支撑人类基本生活需要的物品包括食物、住所、健康和保护。人类需要是有层次性的，不仅在时序动态上，人类社会（或国家、民族）整体发展阶段上表现出明显的层次递进性，而且就一个社会的横截面来看，不同社会成员或社会阶层也有明显的需要层次差异性，而这种需要层次的递进性和差异性又是与人们追求美好生活的层次和状态紧密相连的。在所有层次的人类需要中，人作为生命体的生存需要是最基础、最重要的，因为任何人类历史的第一个前提无疑是具有生命的个人的存在。只有满足了基本的生存需要，人才能够去追求更多的目标。因此，个体的人的存在和发展是整个人类社会存在和发展的前提。

人类为了生存，就必须有赖以生存的物质资料，而物质资料从本源意义上是人无法凭空"创造"的，需要从大自然中开发、攫取和生产。所以，人类要摆脱大自然的束缚而获得生存自由，就必须从事以满足其基本生活需要为目的的物质资料生产和再生产活动，这就构成了人类社会经济活动最核心内容；而物质生产的发展，以及物质资料的生产、交换、分配和消费活动的持续不断进行，也就成了人类发展历史的主题，同时也是"经济发展"最原始、最直接和最基本的含义。但如果从发展伦理视角看，任何一个国家如果不能为其人民提供最基本的需要，如衣、食、住以及最低限度的教育等，就不能说是真正意义上的发展。"发展最重要的目标之一是延长人类生命，使之少受疾病、有害自然因素和无力面对的敌人的打击"。①即让人民摆脱贫困，同时提供最基本的需要。因此，发展首先应该遵循"基本需求战略"②，对那些能满足人民健康生存的基本生活资料要优先考虑。消除贫困人口或减贫的程度应当成为评价发展的伦理价值指标。正如古莱所说，"世界经济中容许千百万人生活在贫民窟而另一些

---

① ［美］德尼·古莱：《发展伦理学》，高铦等译，社会科学文献出版社2003年版，第50页。

② 国际劳工组织在1976年的世界就业大会上对"基本需求"的定义是，基本需求包含两大部分。首先，它包括一个家庭在个人消费上的基本最低需求，如充足的食物、居所、服装、家庭设施和服务。其次，它包括由社会提供并使社会受益的基本服务，如安全饮用水、环境卫生、公共交通、健康与教育设施。

人却绞尽脑汁寻找消费货品的新方法"，"当千百万人因营养不良而患维生素缺乏症，而少数有钱人却因为饮食过度而得了至今不明的衰败症"。① 这样的发展显然是"不好"的发展，是非人道的发展。

另外，生存还应该考虑人类的可持续生存问题。要保证人类生存的可持续性，人类就必须学会与自然和谐相处，把握好"能够做"与"应该做"的关系。地球上的资源是有限的，承受污染的能力也是有限的。为此，必须限制挥霍性消费，为后代人的生存保留发展所需要的自然资源，给整个人类留下可持续生存的机会和条件。

二　尊重：生活更富有人性

美好生活的第二个普遍因素是尊重。这是每个人和每个社会都在努力寻求的一种价值，即一种不被他人作为实现其目的手段的价值感和自尊。尊重就像维持生命一样，是所有人和社会普遍追求的目标。"人仅仅因为自己是人就应当享有某种尊重……这种尊重是人所应得的，因为人有着特殊的道德地位。"②

发展伦理学所讲的尊重，是指"人们对于自身受到尊重、他人不能违背自身意愿而用以达到其目的的感受"。③就是要让人过上真正富有人性的生活。尊重与生存密切相关，也与经济地位相关。所以，发展伦理学认为，只有当人们"拥有足够"的物质财富时，"生存"条件才可以得到改善，才有可能获得尊严和尊重。但这里讲的"拥有足够"，是指人的基本生物需求能得到充分满足，能够把一部分精力用于生存以外的事务④，能够体验和享受人的生活，而不是"更多"。但是，目前全世界发展的境况是"千百万人没有足够的食物、医药、衣服和住处来过人的生活。他们想过上充分的人的生活的希求被物品的绝对缺乏所破灭。长期挨饿的人们或者极想食物，或者变得冷漠。当人们无力防御疾病或死亡时，或者以野兽般凶残来求生存，或者对命运不抱任何期望地混日子。不论是哪种情况，人就变得不像人了"。⑤这样的发展，显然不是以尊重为目标的发展。

---

① ［美］德尼·古莱：《发展伦理学》，高铦等译，社会科学文献出版社2003年版，第67页。

② ［美］阿兰·S.罗森鲍姆：《宪政的哲学之维》，郑戈等译，生活·读书·新知三联书店2001年版，第324页。

③ ［美］德尼·古莱：《发展伦理学》，高铦等译，社会科学文献出版社2003年版，第51页。

④ 同上书，第65页。

⑤ 同上书，第67页。

因为，只有在"生存"发展基础上，才有"尊重"发展。

以尊重看待发展实际上是一种"内生的"发展、内源式发展和参与式发展。著名发展经济学家弗朗索瓦·佩鲁在其著作《新发展观》中提出发展应该具有"内生的"特点。所谓"内生的"发展，指的是要运用一个国家的内部力量和资源及其合理的开发和利用来实现发展。"内源式发展"是联合国重视和鼓励的一种新发展观。"内源"原本是一个生物学概念，指的是只有肌体内部的自身能量才能有效刺激细胞再生，进而实现肌体再生。"内源式发展"就是指，"在形式上，发展应该是从内部产生的；在目的上，发展应该是为人服务的"，"内源式发展的首要含义是：尊重文化的同一性和各国人民享有自己文化的权利"。①不管是"内生的"，还是"内源式"的发展，实质上都在强调人民对发展进程的"参与"。其根本问题在于要确定，在发展过程中"谁是发展的主体"、"谁是发展的受益者"等。参与式发展强调的是发展主体的作用、发言权和决策权，让发展主体积极地参与发展，让发展主体在发展中优先受益。

三　自由：选择能力的扩展

这里所讲的自由，不是一般意义上的自由，而是一种"可行能力"，或者叫"选择能力"。在德尼·古莱看来，自由"意味着各个社会及其成员更多的选择，追求美好事物时受到较少的限制"。②阿马蒂亚·森也指出，"发展可以看作是扩展人们享有的真实自由的一个过程"。③以人为中心，最高的价值就是自由。因此，"发展必须更加关注使我们生活得更充实和拥有更多的自由。扩展我们有理由珍视的那些自由，不仅能使我们的生活更加丰富和不受局限，而且能使我们成为更加社会化的人、实施我们自己的选择、与我们生活在其中的世界交往并影响它"。④

"自由"是发展的首要目的，是在实质意义上的自由，即享受人们有理由珍视的、能够过自己愿意过的那种生活的"可行能力"。按阿马蒂亚·森的解释，"实质自由包括免受困苦——诸如饥饿、营养不良、可避

---

① 联合国教科文组织：《内源发展战略》，社会科学文献出版社 1988 年版，前言第 1 页。

② ［美］德尼·古莱：《发展伦理学》，高铦等译，社会科学文献出版社 2003 年版，第 53 页。

③ ［印度］阿马蒂亚·森：《以自由看待发展》，任赜等译，中国人民大学出版社 2002 年版，导论第 1 页。

④ 同上书，第 10 页。

免的疾病、过早死亡之类——基本的可行能力，以及能够识字算数、享受政治参与等的自由"。①另外，实质自由还包括各种"政治权益"，如失业者有权得到救济，低收入者（在最低标准线之下）有权得到补助，每一个孩子都有接受教育的权利②，等等。

自由的形式各种各样。正如阿马蒂亚·森所分析的，世界上仍然有很多人的基本生存自由被剥夺了，比如有很多人营养不良、很多人不能享有医疗保健和卫生设施或者清洁饮水、很多人不能获得应有的教育、很多人得不到就业和社会保障等方面的基本机会、很多妇女还因为性别歧视而备受摧残。除了基本生存自由被剥夺外，还有很多人被系统地剥夺了政治自由和基本公民权利，以及由此而产生的经济保障的缺乏。③

发展的本质就是要消除人的不自由，使人们获得实质上的自由，提升人的可行能力。发展从属于人对美好生活的追求。发展是"为一切人的发展和人的全面发展"。④"社会发展的基本目的在于不断满足全体社会成员的基本需求，维护全体社会成员的基本尊严，不断提升全体社会成员的生活质量。一个只是由少数人受益的社会不是一个公正的、健康的社会，一个贫富分化过于悬殊的社会必定是一个病态的、畸形化的社会"。⑤

第二节　社会公正

人的生存状态、尊重和自由的程度，即美好生活的实现离不开社会的公正。如康德所说，"如果公正和正义沉淀，那么人类就再也不值得在这个世界上生活了"。⑥公正对于人的价值实现至关重要，它不仅是人类追求的社会理想之一，同时也是衡量社会发展和文明进步的重要尺度。

一　公正

公正是人类具有恒久意义的基本价值理念和行为准则，是一种人们不

---

①　［印度］阿马蒂亚·森：《以自由看待发展》，任赜等译，中国人民大学出版社 2002 年版，导论第 30 页。

②　同上书，译者序第 3 页。

③　同上书，第 11 页。

④　［法］弗朗索瓦·佩鲁：《新发展观》，张宁等译，华夏出版社 1987 年版，第 11 页。

⑤　吴忠民：《社会公正论》，山东人民出版社 2004 年版，第 273—274 页。

⑥　［德］康德：《法的形而上学原理》，沈叔平译，商务印书馆 1991 年版，第 171 页。

懈追求的社会价值目标。作为一种价值目标，公正所表达的内容是关于人的社会行为与社会关系是否合理的追问。"所有人在说公正时都是指一种品质，这种品质使一个人倾向于做正确的事情，使他做事公正，并愿意做公正的事"。①

在讨论公正问题的时候，一般会涉及三个概念——均等、正义、公平。其中"均等"是实证性相对强的一个概念，通常被用来对一种客观的分配结果或分配状态进行描述，只回答不同人之间分配的结果是否有差别或者是否有差距，但并不回答这种分配结果是"好"还是"坏"，也不判断是"合理"还是"不合理"。经济学家经常用基尼系数、变异系数②、泰尔指数③等工具来说明一种收入分配结果的均等程度，但无法判断分配结果是合理还是不合理、公平还是不公平。相对于"均等"而言，"正义"是一种价值观念，是对社会运行状态和人际关系（其中包括分配关系）进行判断的价值标准。"正义"这个概念，包含"合理性"和"善"的内容，倾向于"价值追求"，具有非常强烈的规范性。一般都认为正义就是使每个人获得其应得东西的原则，是任何一个社会都必不可少的精神支柱，是社会成员达成共识和合作的基础，是解决矛盾和冲突的依据。理解了均等和正义，公平的含义也就不难理解。公平也是一种价值判断，实质上是用正义原则对分配过程和分配结果进行价值判断。均等不一定就公平，反过来公平不一定就是均等。一般来说，当一种分配结果被认为是"公平"的，内含的意思就是这种分配结果是合理的、符合正义原则和公正的。

从主体角度可以把公正划分为个体公正和社会公正。个体公正是指以个人为主体的公正，如个体对待他人和社会、行使社会所分配的权利和履行相应义务时是否公正、合理；而社会公正是指以社会为主体的公正，比如，社会是否公正地对待每一个成员，合理地分配权利和义务，等等。

二　社会公正

公正是一个内涵历久弥新的概念，但在当代人们谈论更多的还是围绕

---

① ［古希腊］亚里士多德：《尼各马可伦理学》，廖申白译，商务印书馆 2003 年版，第126—127 页。

② 变异系数也被称为标准差率，是用来衡量所观测值变异程度的一个概念。在两个以上观测值的变异程度进行比较时，主要看标准差率。

③ 泰尔指数是一个用来衡量个人之间或者地区之间收入差距的概念。因由泰尔（Theil，1967）用于计算收入不平等而得名。

"社会公正"而展开的。"社会公正"的本义是一种因社会条件而不断提升的价值追求，是社会发展总体性优化、更适合人的发展需求意义上的公正，而不是政治、经济、文化等某一个具体方面的公正。①换句话说，社会公正是一个通过人的活动实现经济发展、社会发展与人的生存和发展逐渐相一致的过程。

社会公正的内涵十分丰富，概括起来有以下三个方面：

首先，社会公正是整体意义上的公正。作为一种社会价值追求，社会公正直接关系人的切身利益。而人的利益和需要的满足不是个人行为所能企及的，而是通过与社会、与他人的"交往"中得以体现的。因此，评价社会是否公正，不能仅靠某一个个人的主观认识，而必须通过对社会整体发展状态的一种客观评价。

其次，社会公正的实现是一个渐进过程。作为一种社会价值追求，社会公正是伴随具体的社会条件的不断改善而逐步实现的客观过程，是社会发展的一种必然趋势。因此，社会公正的提升必然包含若干历史阶段，在不同的阶段，社会公正的实现程度、范围和水平是有差异的。前一个历史阶段总是为后一历史阶段奠定基础的，后一阶段的社会公正又为再后一个阶段开辟道路。

最后，社会公正的终极目标是为了人的自由全面发展。社会公正之于人的公正，因为人是社会的主体，社会是人的载体，只有人才要求社会公正。作为社会发展的主体，人通过自己的劳动实践改造主客观世界，目的是为自己创造更好的生存和发展条件。平等、自由、能力、权利等这些能体现社会公正的具体价值追求也都是通过人的劳动实践逐步实现的，能够为一切人的自由全面发展提供条件和保障的公正才是真正的公正。

从以上分析可以看出，"社会公正"是一个动态的而不是静态的范畴和目标。社会公正是每个人自由全面发展的前提条件，人类发展和每个人的发展必须与社会发展相统一。而社会公正的实现具有公正发展的阶段性和过程性，不同社会发展阶段的公正都是历史的、具体的。在阶级社会，社会公正还具有阶级性。正如恩格斯曾指出的，关于永恒公平的观念不仅因时因地而变，甚至也因人而异。②即使到了共产主义社会，人类对社会

---

① 汪盛玉：《何为"社会公正"：马克思主义的考察》，《安徽商贸职业技术学院学报》2010 年第 4 期。

② 《马克思恩格斯选集》第 3 卷，人民出版社 1995 年版，第 212 页。

公正的追求也不会停止，人类还会有更高层次的社会公正追求。

以往的思想家也谈公正和社会公正，但其所指的充其量只是政治、经济、文化的某一方面的公正，或是部分人的公正，而不是所有人的自由全面发展意义上的公正。如果不能把人的自由全面发展与社会公正的实现联系在一起，就不可能实现真正的社会公正。马克思主义也十分关注社会公正与人的自由全面发展，认为二者是统一的，社会的公正可以为人的发展创造条件，而人的发展是衡量和评判社会公正的标准。正如马克思指出的，真正的自由和真正的平等只有在共产主义制度下才可能实现；而这样的制度是正义所要求的。马克思主义所讲的社会公正实际上是整体意义上的社会公正，是能为所有人的自由全面发展提供条件的社会公正。

社会公正是人类社会的首要美德，其目的是使"社会各方面的利益关系得到妥善协调，人民内部矛盾和其他社会矛盾得到正确处理，社会公平和正义得到切实维护和实现"。①社会公正能够促进每一个社会成员在权利与义务、付出与索取、地位和作用之间实现相互平等，从而达到社会生活和谐有序。

第三节　人与自然关系的和谐

如果人类不能正确看待自然，一味追求经济增长，向自然界"掠取豪夺"，人类就会遭到自然界的"报复"和惩罚。从当下的情况看，人类要想彻底摆脱生存危机现状，最紧迫的是要转变以往的发展观念和模式，正确认识和处理人与自然的关系。

一　正确认识人与自然的关系

一是要树立"人是自然界的一部分"的观念。马克思曾指出，自然界，就它本身不是人的身体而言，是人的无机的身体。人靠自然界生活。这就是说，自然界是人为了不致死亡而必须与之不断交往的人的身体。所谓人的肉体生活和精神生活同自然界相联系，也就等于说自然界同自身相联系，因为人是自然界的一部分。②这段论述蕴涵的意思是：人是自然界

---

① 胡锦涛：《在省部级主要领导干部提高构建社会主义和谐社会能力专题研讨班开班式的讲话》，《人民日报》2005 年 2 月 20 日。

② 《马克思恩格斯全集》第 42 卷，人民出版社 1979 年版，第 95 页。

的一个组成部分，从属于自然界。因此，人类不能伤害自然界，破坏自己存在和发展的"生态系统"。

二是要把自然界纳入人类社会范畴。马克思曾指出，从理论领域说来，植物、动物、石头、空气、光等，一方面作为自然科学的对象，一方面作为艺术的对象，都是人的意识的一部分，是人的精神的无机界、从实践领域说来，这些东西也是人的生活和人的活动的一部分、人的普遍性正表现在把整个自然界——首先作为人的直接的生活资料，其次作为人的生命活动的材料、对象和工具——变成人的无机的身体。①恩格斯亦曾指出，今天整个自然界也融解在历史中了，而历史和自然界史的不同，仅仅在于前者是有自我意识的机体的发展过程。②所以，人类不能把自然界排除在社会范畴之外。

三是要正确运用自然规律为人类服务。由于自然界本身没有意识和理智，因此占据主动和主导地位的人类不可能要求自然界主动合作来消除它们之间产生的冲突和危机，人类必须责无旁贷地承担这个责任。人类只有不断加深对自然界的认识，才能做到遵循自然规律和实现利用自然为人类发展服务的目的。自然界是一个完整的整体和系统，人们在改造自然过程中一定要维护其各构成要素之间应有的生态秩序。正如恩格斯所说，"我们对自然界的全部统治力量，就在于我们比其他一切动物都强，能够认识和正确运用自然规律"。③

二 超越"人类中心论"

界定人类与自然的价值地位是处理人类与自然关系的一个核心问题。20 世纪中叶以来，针对日益严重的环境和生态恶化现状，生态伦理学围绕应该以人类为价值中心还是以自然生态为价值中心的问题，曾经展开过激烈的辩论。

"人类中心论"的思想源头可以追溯到古代。古希腊普罗泰戈拉（Protagoras，约公元前 490 或 480 年至前 420 或 410 年）的"人是万物的尺度"思想将人类从自然界中剥离了出来，将人和自然对立了起来，并进而把人的判断看成是宇宙万物最后的标准。这是人类中心论的原初形态。此后，古罗马天文学家克罗狄斯·托勒密（Claudius Ptolemaeus，约

① 《马克思恩格斯全集》第 42 卷，人民出版社 1979 年版，第 95 页。
② 《马克思恩格斯全集》第 20 卷，人民出版社 1971 年版，第 580 页。
③ 《马克思恩格斯选集》第 4 卷，人民出版社 1995 年版，第 384 页。

90—168 年）进一步发展了古代的人类中心论，其核心观点是人类在空间方位的意义上是宇宙的中心。至此，首次明确确立了人是万物主宰的思想。

近代的"人类中心论"观点则随着 17 世纪自然科学革命的发展而不断形成。科学技术迅猛发展，人类理性力量随之加强。人类征服自然、改造自然、挣脱自然的束缚，做自然的主人或主宰自然的欲望越来越强。17世纪勒内·笛卡儿（Rene Descartes）把思维和理性作为万物的尺度，主张用理性的力量寻找事物的本质，提出"借助实践哲学使自己成为自然的主人和统治者"。①此后，德国哲学家伊曼努尔·康德（Immanuel Kant）完成了"人是目的"的命题，认为"人是自然界的最高的立法者"，最终在理论上形成了近代完备的人类中心论。其核心思想是：人不再是神的奴仆和工具，人具备改造自然的伟大力量。近代人类中心论充分强调了人的主观能动性，唤醒了人类的主体意识，体现了人类对自身价值的信仰和对自身创造力的发现，为农业文明和工业文明奠定了意识论基础。这是近代人类中心论所包含的合理内核。但是，作为宇宙观的人类中心论又有其自身不能克服的局限性。

首先，人类中心论在强调人类中心地位时，忽视甚至无视自然界对人类生存和发展的基础地位，否定人类是自然的有机组成部分，割裂人与自然的统一关系，单方面强调人类征服、改造自然的主体性，忽视自然环境、自然规律对人类自身活动的制约和限制，必然导致在处理人与自然的关系时，在认识和实践的过程中，走向狭隘性、片面性、盲目性和短视性。正是在人类中心论关于征服自然、主宰自然理念的误导下，工业革命造成了科学技术在物质生产上的盲目泛滥，人类对自然粗暴和贪婪地掠夺与征服，引发了自然对人类的疯狂报复，并最终危及人类自身的生存。

其次，人类中心论把自然界当作人类实现自身经济目的的手段和工具，强调符合人类整体利益和长远利益的一切行为都是道德的，认为道德权利只是属于人的，只具有社会性，反对把道德权利扩大到人以外的自然界。因此，只要是有益于人类，破坏甚至毁灭自然都无须进行道德的评判。结果，人类社会发展的结果必然是对自然界的平衡和完整造成伤害，此论的长期奉行必然造成环境灾难和生态失衡。

---

① 周辅成：《西方伦理学名著选辑》上卷，商务印书馆 1964 年版，第 593 页。

　　日益严重的生态危机，使人类开始认识到：环境问题不仅是经济和技术问题，更是道德问题。要想彻底消除环境危机，必须在思想上树立以自然和人类共同发展为标志的环境伦理观念，跳出人类中心主义的狭隘视角，采取一种更为理性、自觉的价值观和自然观，并通过对人与自然之间伦理关系的研究，为人类的经济活动提供新的价值导向。①

三　人与自然的和谐需要用伦理道德来规范

　　对人与自然关系的反思，缘于人类发展实践中所出现的环境困境。我们知道，人类社会发展实践依赖于科学技术和伦理道德这两个重要的手段。科学技术对于人类发展的基础性作用已被广泛认识，它在提高人类改造自然的能力方面发挥了重要作用，为人类创造了巨大的物质财富。但是，科学技术的运用同时也给人类带来了生态平衡的破坏和环境的污染问题。要控制因科学技术的滥用而给人类带来的危害，就必须将科学技术置于伦理道德的笼子里，赋予其道德价值内涵，以道德来约束不文明的生产生活方式，唯有如此才能确保人类社会的可持续发展。从发展现实来讲，就是要制约生态破坏和环境污染的不道德行为，构建人与自然和谐发展基础上的科学发展模式。一般来说，改变生态破坏和环境恶化状况有两个办法：法律制度和道德规范。法律制度具有强制性，道德规范具有自觉性。如果只靠法律制度显然难以奏效，还必须同时发挥伦理道德的约束、规范作用。只有参与发展的所有人都树立起爱护和保护自然的道德观念，人与自然的和谐才能持久保持下去。

　　在改造自然、谋求自己利益过程中，人类往往只注重眼前利益和局部利益，而忽视长远利益和整体利益，结果导致对长远利益的破坏和对其他国家以及整个"类"利益的损害。正如恩格斯曾指出的，往后和再往后却出现了完全不同的、出乎意料的影响，常常把最初的结果又取消了。②因此，在处理人与自然的关系时，一定要为人类的整体和长远利益考虑，摒弃一切短视行为，为未来发展留有空间和余地。从这个意义上看，发展实质是为人的生存和发展的伦理战略。③

　　江泽民同志在建党80周年大会上的讲话中曾指出，"要促进人和自然的协调与和谐，使人们在优美的生态环境中工作和生活。坚持实施可持

　　①　王玲玲：《发展伦理探究》，人民出版社2010年版，第249页。
　　②　《马克思恩格斯选集》第4卷，人民出版社1995年版，第383页。
　　③　王克敏：《经济伦理与可持续发展》，社会科学文献出版社2000年版，第63页。

续发展战略，正确处理经济发展同人口、资源、环境的关系，改善生态环境和美化生活环境，改善公共设施和社会福利设施。努力开创生产发展、生活富裕和生态良好的文明发展道路"。①在经济社会快速发展的当代中国，只有把人与自然的协调与和谐作为一个发展的终极目标，才能为全面建成小康社会的宏伟目标奠定坚实的基础和创造良好的条件。

物质生产越发展，人类从大自然中索取的资源越多，最后反馈到自然环境中的不能再生和再利用的废弃物越多，到头来自身的生存条件和环境越受限制。因此，人类应该从人类主体性生存自由的根本利益出发，正面审视人类繁衍存续与自身所处其中的自然资源及环境的关系，对"美好生活"追求所带来的一系列人口、资源与环境的矛盾和问题予以特别关注。

第四节　以伦理看待发展应遵循的基本原则

作为人类的一项实践活动，人类需要运用伦理价值对发展手段、发展目标等进行自我约束和评价，以引领和指导发展成为"以人为本"的发展。人类生活的世界由自然、人、社会三个部分构成，"以人为本"的发展，从实质上说就是要探寻人与自然、人与社会、人与人以及人与自身之间关系的总体性和谐。因此，在处理人与自然、人与社会、人与人以及人与自身的关系问题时，一定要遵循人本性原则、公正性原则、整体性原则和科学性原则等。

一　人本性原则

所谓人本性原则，就是要用"以人为本"的伦理要求去审视发展，以是否有利于每一个社会成员的自由全面发展和人类的整体利益为标准来评判发展。发展的目的是为了人的发展，人才是发展的目的。因此，"好"的发展应该是社会发展与个人发展相一致的发展。"以人为本"中的"人"，是具体的、现实的、社会的人；所谓"本"，就是要求发展要以人为出发点和着眼点。

在谋求发展过程中，不论人类如何谋划发展的目标和规划目标实现的

---

① 江泽民：《在纪念中国共产党成立 80 周年大会上的讲话》，《求是》2001 年第 13 期。

路径，都应该遵循一个最基本的伦理原则，那就是发展要满足人的各种需求，最大限度地促进人的自由全面发展。避免和防止发展的异化，如"虚假发展"或"伪发展"现象，使发展更加符合人的本性。人类已经认识到，单纯的经济增长并不是发展的最终目的，只有不断地满足人的各种需求、提升人性、实现人的自由全面才是发展的终极目的。人的发展既是发展的目的，同时也是评判发展好坏的标准。

依据发展的人本性原则，发展必须要为每一个人的自由全面发展创造良好的发展条件，提供更多的发展机会。人类的发展实践已经充分证明，经济增长不等于经济发展，也不等于社会发展，更不等于人的发展。物质财富总量增加了，但财富的分配却出现了失衡，世界范围大量贫困人口、各种社会剥夺现象的存在就是很好的证明。因此，发展要符合人本性原则，就必须优先考虑人类福利的维护和提高，要保护每一个人的利益和尊严（不仅包括当代人，也包括后代人）。从发展伦理角度看，发展的目标就是要改善人类生活和社会安排，为人们提供更加广泛的选择自由以谋求共同的和个人的福祉。因此，当人的发展与其他社会目标相冲突时，应把人放在首位。发展伦理学所讲的"好的发展"，实质上指的是要以人的"生存、尊严和自由"等价值观问题来看待、评价和指导发展。生存、尊严和自由是人的基本价值诉求，在发展战略和具体政策中如能充分考虑这些因素，我们就可以说发展是有利于人的发展或是以人为本的发展。除了基本生存要求以外，人与动物的不同在于人还有思想、尊严和人性等诉求，人应该人道地、人性地、有尊严地活着。

人本性原则中所讲的人是具体的、现实的人，这也是马克思主义伦理学的基本内容。马克思主义认为，在现实性上人的本质是一切社会关系的总和，人的社会关系越丰富，它的本质也就越丰富和完善。不管个人在主观上怎样超脱各种关系，他在社会意义上总是这些关系的产物。因此，人的各种需求的满足以及自由全面发展都离不开社会的发展，而只有从现实的社会关系出发，才能真正地实现人的发展。当社会发展到马克思所讲的"自由人的联合体"时，才能真正实现人的自由全面发展。

二　公正性原则

所谓公正性原则，就是要用"平等、无偏私"准则来评判和规范发展。公正是伦理学追求的最高价值之一，其价值主要集中体现在社会、政治、道德、经济和法律之中。亚里士多德曾说，"公正常常被看作德性之首"，"公正是一切德性的总括"，"公正作为完全的德性，因为它是交往行为上的总体的德性"。①

维护社会公正是人的自由全面发展的需要，也是社会良性发展和可持续发展的需要。公正能为人们处理社会关系提供一种准则。虽然它是一个历史的范畴，不存在永恒不变的公正观念，但人类社会发展也存在基本的公正性原则。如联合国《经济、社会及文化权利国际公约》②中指出了要保证人类的基本权利、人们在发展中的机会均等以及按照人们对于他人和社会的贡献予以补偿和进行分配等原则。由此可见，公正性原则要求发展成果应当惠及社会上的每一个人，特别是社会弱势群体，要优先满足他们的基本生活需求。

从人类发展实践所导致的后果来看，发展需要伦理价值的约束和调适。约束和调适的对象主要是人与人、人与社会和人与自然的关系，具体地说就是不同地区之间、不同种族之间、不同国家之间、性别之间、代际之间等的关系。要用公正性原则来审视、调整这些关系，对发展过程和结果进行约束和规范。从当下发展实践看，人类急需对以下几个方面的公正问题予以约束和规范。

一是"代内"公正问题。代内公正主要涉及不同地区、不同种族、不同国家、不同性别之间的公正。从公正性原则要求出发，要认识发展是一个多极主体的发展，各发展主体在权利、义务、机会上应该是平等的，发展的成果应该让不同主体共同分享，责任应该共同承担。在性别公正问题上，应消除长期以来存在的对女性的歧视，给予她们和男性同等的地位和机会来参与发展实践。

二是"代际"公正问题。代际公正主要涉及当代人与后代人之间在发展空间和权利上的平等关系。当代人在谋求自己的发展、提升自己的生活质量的同时，应考虑自然资源的有限性以及发展可能给后代人带来的环境污染与生态破坏问题。当代人没有理由剥夺子孙后代的生存权利，在资源利用和生态系统的完整性上给他们留下空间，应该尊重他们的权利（尽管他们现在没有发言权）。换句话说，就是当代人在发展过程中不能因为满足自己需求而剥夺和损害后代人生存和发展需要的基本条件。

---

① ［古希腊］亚里士多德：《尼各马可伦理学》，廖申白译，商务印书馆 2003 年版，第 90 页。

② 我国于 1997 年 10 月成为这一公约的缔约国之一。

三是人要公正地对待自然的问题。大自然是人类赖以生存的基础，人类应该敬畏大自然，与大自然之间应该保持一种利用和保护的和谐关系，既不能为了人类的利益而破坏大自然，也不能因为保护自然环境而不顾人类的生存与发展需要。具体来讲，就是人类要有意识地控制自己的行为，合理地控制自身利用自然和改造自然的程度，自觉维护自然生态系统的完整稳定，保护生物的多样性。

人类的发展实践必须要遵循公正性原则，否则就可能导致发展的异化，产生"虚假发展"、"反发展"等现象，影响人类生存、发展的可持续性。

三　整体性原则

所谓整体性原则，就是要在发展实践中遵循人与自然和谐统一的原则。人类发展的实践证明，要实现人与人、人与自然、人与社会、人与自身关系的和谐，必须要有正确的自然观，同时还要处理好人与自然的关系。人类以往的发展实践，特别是最近几十年的发展已经对自然造成了巨大破坏，同时也因为没有处理好财富的分配问题而产生了大量的贫困人口。这样的发展显然不是我们想要的整体性发展，因为真正的发展既能满足所有人的需求、实现共同富裕，同时又能保护好自然环境。

长期关注和研究发展问题的发展伦理学家德尼·古莱认为，人类发展主要包含三大要素，即美好生活、社会公正以及人类对自然的正确立场。由此可见，人类如何对待自然已经成为一个价值观问题。按照发展伦理学的指向，人类应该善待大自然，把大自然看作是人类生存发展的前提条件，要超越长久以来存在的人与自然对立的观念。也就是说，要把人类的发展与大自然的存在看作一个更大的整体。

人类社会的进步、人的发展，确实离不开对自然资源的需求。但也正是在这一发展逻辑的指导下，人类一直把人类的发展作为发展的中心和首要目标，大肆对自然资源进行开发和利用，导致自然资源的枯竭和环境的严重污染，如卡尔逊所说："是什么东西使得美国无以数计的城镇的春天之音沉寂下来了呢？……不是魔法……而是人们自己。"[①]没有意识自身对大自然的这种破坏会成为人类可持续发展的威胁，当然也不会自觉地去保

---

① ［美］蕾切尔·卡逊：《寂静的春天》，吕瑞兰等译，吉林人民出版社1997年版，第5页。

护大自然。人类对自然资源的开发利用已经远远超越了大自然再生的边界，生态危机的严重性已凸显在人类面前。因此，人类的紧迫任务就是要树立与大自然共生的理念，加强保护环境的责任意识和行动。

如果人类不能遵循整体性原则，即使自身得到发展也是一种倒退。就如一个历史学家所说："文明人跨越地球的表面，在他们的足迹所及之处留下一片荒漠。"①

四　科学性原则

这里所讲的科学性原则，是指发展目的与发展手段的合理性问题。传统发展观的逻辑是经济发展了，社会和人就会相应地得到发展，显然没有把人的发展看作是发展的终极目的（人只是发展的工具和手段）。这种发展观是一种以"经济"发展为目标的片面发展观，已经使人类陷入难以自拔的境地，导致了社会发展和个人发展的严重扭曲或异化。具体来讲，就是人被物所控制，不再以人的存在方式存在，而是以物质财富的多少来衡量和评判人的发展。结果是整个社会弥漫着对物质财富的极端追求，也破坏了人与人、个人与社会、人与自然关系的和谐。在人与物的关系上，人变成了单一的"经济人"，完全陷入了物的囚笼之中，现今社会的"高增长"、"高消费"就是发展目的的严重异化现象；在人与人、人与社会的关系方面，由于人被物所统治，结果导致了人变成了创造财富的机器或工具，人的生活丧失了意义，缺少了休闲、娱乐，变得越来越不幸福，出现了财富增加但人的幸福感下降的现象。人的社会道德感也在日益衰减，社会变得不再那么美好，"幸福"、"快乐"、"和谐"等价值诉求问题变得越来越突出；在人与自然关系方面，由于对物质财富的迷恋，人类在科技上的不断"创新"又使得人类征服自然的能力大大提高，从而对自然的破坏力也进一步提升，最终导致了人类生存基本条件越来越脆弱，出现了严重的生态危机和环境危机。总之，人类丧失了发展道德，迷失了方向，也使得人之为人的有价值的生活变得支离破碎。

依据科学性原则要求，发展的目的是人的发展，而不是物质财富的极大丰富。马克思曾讲过，真正的富人是丰富的人，而不是富有的人。人的发展或者说人的"丰富"不仅包括物质上的丰富，也包括人的精神世界的丰富；不仅要有生存价值，还要有享受生活的价值。因此，作为发展主

---

① ［美］戴维·埃伦费尔德：《人道主义的僭妄》，国际文化出版公司1988年版，第97页。

体的人应该认识到人到底需要什么，懂得"美好生活"的内涵，在财富的占有上不是"更多"而是"足够"。只有真正地认识到了这些，人才能真正地处理好发展目的和手段的关系。但从发展的现实状况看，人类并没有做到这一点，人类为了追求更多的物质财富，不仅破坏了自然环境从而破坏了美好生活的基础，而且危害了自己的身体健康，降低了生命的价值。发展伦理学家德尼·古莱和发展经济学家托达罗都曾指出过，美好生活是人类最基本的价值诉求，而美好生活的核心价值有三个：生存、尊重和更多的选择自由。因此，人类要想使自己的生活更加美好，就必须摒弃传统发展观所强调的物质至上原则，而要使发展从属于人的发展，从属于生活的美好和丰富。在发展实践中，要尊重每一个人的生命价值和生存权利，提高每一个人的生活质量，让所有人都能够生活得有尊严、有价值。

本章小结

如果不知道人的需要是什么，不知道人需要过什么样的生活，就不可能真正做到"以人为本"。所谓发展，实际是"人"的多种价值诉求的实现过程和人的自身价值的提高过程。古莱和托达罗都认为，"生存、尊重与自由"是所有个人和社会都在追求的基本价值目标；而要实现这些价值追求，必须有一个公正的社会基础，社会公正直接关涉人的发展，是实现每个人的自由全面发展的基础；人的价值诉求能否实现以及实现程度如何，还取决于人对自然的态度。人类必须在思想上树立以自然和人类共同发展为标志的伦理观念，跳出人类中心主义的狭隘视角，采取一种更为理性、自觉的价值观和自然观。

没有伦理价值引领的发展，只能是没有灵魂的经济增长；没有伦理原则约束的发展，只能是粗鄙的和破坏性的"发展"。要实现人与自然、人与社会以及人与人关系的和谐，处理好发展中的一系列道德问题，人类必须遵循人本性、公正性、整体性、科学性等原则，规范和约束自身的行为。

第八章　以伦理看待发展：我国发展实践的伦理反思

改革开放初期，"以经济建设为中心"的发展原则引领我国驶上了经济发展的"快车道"，在较短时间内取得了举世瞩目的成就。然而，在追求经济发展目标的同时，也出现了社会公正问题、环境污染问题、贫富两极分化问题、人的尊严失落等问题以及就业、医疗、教育等民生困局，这些问题都带有"突然性"，需要我们对其进行现状描述、价值评判和伦理反思。

第一节　我国经济社会发展已进入一个新的阶段

经过30多年的改革开放，中国经济社会发展进入了一个新的阶段。

从经济发展角度看，第一，中国的工业化已进入一个更高级的阶段。2010年，中国的国内生产总值达到401202亿元，人均生产总值达到29991.8元。[①]按美元计算已超过4000美元，已经迈入中等偏上收入国家的行列。经济总量超过日本，成为世界第二大经济体；货物出口额跃居世界第1位；外商直接投资跃居世界第2位。2012年达到519322亿元，首次突破50万亿。根据经济学家钱纳里的标准，中国已经进入到了工业化由中期向高级阶段的过渡时期，也进入到了经济发展的"矛盾凸显期"。第二，发展进入了转轨时期。既要发展经济又要解决收入分配差距进一步扩大的问题。改革开放30多年来，我国涌现出一大批善于创新、勇于创

---

① 中华人民共和国统计局网站，http://www.stats.gov.cn/tjsj。

业的"富人群体"①，成为中国经济社会的一大亮点。但随着社会财富日益向少数富人集聚，收入悬殊、两极分化、社会不公的矛盾又摆在了我们的面前，如何做到先富带后富，实现共同富裕，已经成为新时期改革发展的首要任务。第三，资源环境对经济发展的约束越来越明显。数量型的经济发展方式受到挑战，转变经济发展方式以及人与自然、社会和经济的和谐发展成为发展主题。如何实现经济发展与资源、环境相协调的可持续发展也是新发展阶段的一个特征。

从社会发展角度看，第一，据联合国开发计划署测算，2010 年，中国人文发展指数（HDI）②为 0.663，超过世界平均水平（0.624）和中等国家水平（0.592），在 169 个国家中居第 89 位，比 2005 年提高 8 位。第二，有学者认为，中国已进入"民生发展时代"。"关注民生，实行利益分享式改革，重视发展成果的共享"③是中国社会新一轮改革的目标。"民生发展时代，即重点和优先推进民生发展的时代，它不同于历史上以经济建设和经济发展为中心的时代，其历史主题是在经济发展的基础上相对集中地推进国民物质文化生活领域的全面发展"。④"中国从一个低收入国家进入到一个中低收入国家，中国人民的生活从温饱型向享受型升级，中国的消费结构、投资结构和生产结构将发生巨大的变化。这标志着中国站在了新的起点上"。⑤也有学者认为，"以 2008 年底为界限，中国改革的第一个 30 年已经过去，改革的新阶段悄然到来。"改革应该立足于"人的解放和发展"的基本点，从"人本体制论"的角度来思考下一个 30 年中国

---

① 人民网 2011 年 11 月 4 日报道：2011 年 10 月 19 日，瑞信研究院发布的第二份年度《全球财富报告》称，中国百万美元富翁人数首次突破百万，达到 101.7 万人。
② 人文发展指数（HDI）由联合国开发计划署（UNDP）在《1990 年人文发展报告》中首次提出，以"预期寿命、教育水准和生活质量"三项基础变量按照一定的计算方法组成的综合指标，后来做过一些改进。人文发展指数尽管存在一些缺陷，但其从测度人文发展水平入手，反映一个社会的进步程度，为人们评价社会发展提供了一种新的思路。目前我国也开始采用这一方法衡量国内各省（区）的社会发展程度。
③ 袁祖社：《"以正义看待发展"：致力于"和谐社会"之公共价值理性信念的养成——立足发展伦理学对"正义是社会主义制度首要价值"的论析》，载《人本·发展·和谐》，陕西人民出版社 2008 年版，第 211—218 页。
④ 赵凌云、赵红星：《民生发展时代：中国现代化进程的新阶段》，《天津大学学报》（社会科学版）2012 年第 6 期。
⑤ 孙正聿：《中国新起点与科学发展观》，《社会科学战线》2004 年第 3 期。

改革的若干理论问题。①第三，从传统的"熟人社会"向"陌生人社会"转变。"陌生人社会"是现代市场经济发展而产生的一种社会现象，其重要特征是人与人之间的不信任感在增强。由于社会成员相互不信任，道德的作用就开始减弱，整个社会显得越来越冷漠。第四，科学发展观②的提出，标志着中国开始从片面的"以物为本"向"以人为本"的全面协调可持续发展的发展观和发展模式的转变。另外，"发展起来的问题、公平正义的焦虑、路径锁定的忧叹……人们对改革的普遍关切，标志着30多年来以开放为先导的改革进入了新的历史方位。"③第五，2012年11月召开的党的十八大明确指出，我国要在2020年全面建成小康社会，这也标志着我国经济社会发展已进入一个向更高水平迈进的新阶段。

从全球化角度看，2001年12月11日中国加入世界贸易组织，从而标志中国的对外开放进入了一个"新发展阶段"。这既是中国向世界全面展示自己的发展时代，同时也是需要面对竞争、承担国际责任和义务的时代。目前，全世界面临的共同问题主要是资源短缺、环境污染、贫富差距和价值认同等问题。

不论是从经济、社会发展方面，还是从中国面临的国际发展环境上看，中国已然进入了一个新的发展阶段。此阶段中国不仅会遇到全球性发展问题，还会遭遇自身特有的矛盾和困境。

第二节　我国经济社会发展中
存在的突出伦理问题

"历史并不是沿着一条事先已为人知的直线，朝着一个不变的方向发展运动。这样一些阶段组成了历史：朝着某个方向发展前进，停滞不前，

---

①　常修泽：《中国下一个30年改革的理论探讨——"人本体制论"角度的思考》，《上海大学学报》（社会科学版）2009年第5期。

②　2003年10月中国共产党十六届三中全会第一次提出科学发展观，2007年10月党的十七大报告进一步深刻阐述了科学发展观的时代背景、科学内涵、精神实质和根本要求。党的十七大还把科学发展观写入了党章，使其成为中国共产党的指导思想之一。

③　本报评论部：《宁要微词　不要危机》，《人民日报》2012年2月23日。

甚至倒退或者干脆走入死胡同，以及在十字路口做出抉择"。①对于当下的中国而言，问题已经不是"要不要发展"和"为什么要发展"，而是"怎样发展"和"为谁发展"问题，因为我们已经出现了严重的发展伦理困境。

一　人与自然的关系被严重扭曲

我国经济社会发展中日益尖锐的人与自然之间的矛盾，其根源在于我们没有自觉地认识自然，没有与自然和谐相处。大自然是人能够生存、享受和发展的基础，同时也是最后的尺度与界限，一旦超出大自然给人规定的限度，超过环境能够实际承载的容量，就必然会受到大自然的惩罚。现实生活中，人类正在有意无意地改变和破坏着自身赖以生存的环境与生态。在一定程度上，今日之人类正在"透支"着人类的未来。传统意义上的发展已经走到了尽头，或者说人类的发展走到了一个新的历史转折关头。

我国是一个人口多、人均资源比较少的发展中大国，发展面临着极大的资源环境压力问题。但由于片面强调经济增长，追求经济效益，导致资源过度消耗、生态环境遭到破坏，公众居住环境严重污染，使得生活环境、生存领域受到威胁，也使得人们的生活质量失去了基本保障。人类疾病的突发及恶化，已经给我们敲响了警钟，我们必须从人类健康文明发展的战略高度来反思和认识人与自然的关系。要深刻认识到，在社会经济发展中，如果为追求一时的经济增长而破坏生态环境和自然，是要受到惩罚的；如果以牺牲子孙后代的长远利益来换取短暂的经济增长效益，这样的发展是不可持续的；以牺牲稀缺而宝贵的资源环境参与国际分工和竞争，这样的代价是不合理的。恩格斯曾经指出，我们每走一步都要记住：我们统治自然界，决不像征服者统治异族人那样，决不是像站在自然界之外的人似的，——相反地，我们连同我们的肉、血和头脑都是属于自然界和存在于自然之中的。②马克思主义的辩证唯物主义的真谛在于它科学地说明了自然界规定着人类活动的界限。尽管随着社会生产力的发展，人大大扩展了自身活动的可能性空间，然而这个空间毕竟是有其终极边界的，那就是自然资源的有限性和生态环境的平衡性。人类发展需要发展生产力，但市场经济的盲目性、滞后性、被动性使人类与自然之间的关系处于一种

---

① ［埃及］萨米尔·阿明：《资本主义的危机》，彭姝祎、贾瑞坤等译，社会科学文献出版社2003 年版，第 69 页。

② 《马克思恩格斯选集》第 4 卷，人民出版社 1995 年版，第 383—384 页。

紧张、对立的状态，在许多领域人类的生产能力已经接近极限，甚至在某些方面超过了满足其自身自然需要的临界点。市场经济将人的物化、异化推到了极致，为了追求眼前的利益、满足个人的私欲，一些地方和企业可以不计成本，不择手段，人为物役，主体迷失。市场经济发展本身是人类主体性的极大张扬，却又使人类的生产活动丧失了应有的目的。由异化了的需要推动着无限膨胀的生产活动，通过破坏和毁灭自然环境与生态平衡，也在破坏人的主体地位，毁灭人类自身，许多血的教训是值得我们记取的，也是需要我们不断反省的。现代生产活动已经对我们自身的生存与发展构成了严重的威胁，贪婪的利益冲动恰恰是我们自己最大的敌人。

　　要避免生态恶化，摆脱环境危机，就必须彻底摒弃那种把自然界当作"征服"对象的思想，确立人与自然休戚相关、生死相依的生态合作意识，把自己看作是自然界的一部分，像保护自己身体一样保护自然环境，与自然和谐相处、永久共存。我国经济社会发展正处在一个新的发展时期，要实现党的十八大提出的到 2020 年全面建成小康社会的宏伟目标，就必须正确认识和处理人与自然的关系，重视环境保护，确保可持续发展；就必须不断优化经济结构，切实改变高投入、高消耗、高污染、低效率的经济增长方式。

二　人与社会的关系日益紧张

　　我国正处于从传统社会向现代社会的转型期，虽然经济取得了快速的发展，但社会发展还不协调、不平衡，主要表现为城乡之间、区域之间经济发展差距的扩大，贫富差距拉大，社会冲突扩大，已经阻碍了社会主义和谐社会的建设。

　　美国著名学者亨廷顿曾提出了一个著名的命题："现代性产生稳定，而现代化却会引起不稳定"。[①]亨廷顿认为，对于后发现代化国家来说，一方面现代化刺激和加强了社会成员的欲望与期待，激起了追求利益欲望的高涨和膨胀。但另一方面，由于社会经济与政治还不具备现代性，无法满足这些欲望与期待，就会使人们普遍产生"社会挫折感"，甚至会引发社会不稳定。我国正在经历着一场快速而深刻的社会历史变革。三十多年的改革开放，虽然使绝大多数人民群众摆脱了绝对贫困，但是，我们却从一

---

　　① ［美］塞缪尔·亨廷顿：《变革社会中的政治秩序》，生活·读书·新知三联书店 1989 年版，第 41 页。

个人民收入比较平等的国家迅速转变成收入不平等程度比较严重的国家。与以往相比，各种不确定性、不安全性和不和谐性的因素明显增多，社会改革的复杂性和艰巨性也越来越突出。温家宝曾强调指出，"多年来，我国在经济快速发展的同时，也积累了不少矛盾和问题，主要是城乡差距、地区差距、居民收入差距持续扩大，就业和社会保障压力增加，教育、卫生、文化等社会事业发展滞后，人口增长、经济发展同生态环境、自然资源的矛盾加剧，经济增长方式落后，经济整体素质不高和竞争力不强等。这些问题必须高度重视而不可回避，必须逐步解决而不可任其发展"。①

　　我国经济社会发展中的矛盾是累积性的，其中比较突出的是社会的公平问题②，主要表现在：一是收入差距过大。社会成员之间收入分配差距拉大，经济高速增长的成果未能被社会各阶层共享，中国的基尼系数已经突破了国际警戒线，财富分配不均、社会贫富悬殊现象之严重以及由此而带来的贫富阶层之间的冲突已经令社会感到严重不安。二是城乡发展不平衡。长期形成的城乡二元社会经济结构的存在和政府实际投入状况不同，导致城乡贫富差距明显扩大，以及由此而带来的城乡之间发展的不平衡。"三农"问题的突出，虽然中央和各级政府屡屡采取措施要重视农业、关心农民，要加强社会主义新农村建设，但许多地方仍然摆脱不了农村、农业落后的境况，这表明城乡间经济社会发展处于严重不协调与不和谐状态。三是劳动关系失衡。社会经济生活中已经出现强资本弱劳工的市场化格局，以及由此而带来的劳资间的利益冲突。社会利益矛盾错综复杂，在流通分配领域出现了许多严重的不公平、不合理甚至是不合法的因素。四是地区发展失衡。由于历史条件和政策倾斜情况不同，导致地区差距扩大化，以及由此带来的地区之间的矛盾与冲突。尽管我国正在实施西部大开发战略和振兴东北发展战略，但东西部地区的发展差距不是在缩小，而是在扩大。五是权力运作失衡。由于缺乏必要的制度规范和有效的制度监督，权力运作潜规则盛行，权力资本轻易进入市场，发生了较为普遍的权力资本化、当官就发财的社会现象，特别是有权者非法侵吞或转移国有资产以及部分官员的腐败——民间称为"掌勺者多吃多占"——实际上也是在侵害社会公共存量的利益，使本来相对利益已经受损的存量与增量之

---

　　① 《十六大以来党和国家重要文献选编》（上），人民出版社 2005 年版，第 618 页。

　　② 姜建成：《科学发展观：现代性与哲学视域》，江苏人民出版社 2008 年版，第 153—154 页。

间在利益上的矛盾冲突更加突出。六是物质文明与精神文明发展失衡。片面追求物质享受导致社会生活中价值观的扭曲，以及由此带来的道德滑坡，如官德、商德、医德、师德的下滑已经成为社会公众议论的焦点，慈善公益事业的发展已经严重滞后，先富起来的群体的社会正面形象亟待改善。要看到，经济发展不等于单纯的经济增长，经济增长如果不能同人民物质文化生活水平和发展质量的整体提高结合起来，不能促进普遍的社会公正与社会进步，就可能加剧社会矛盾。一个经济发展而文明、民主滞后的社会，不能说是一个健康的现代化社会，更不能说是一个和谐文明的社会。

在当代，我国社会发展还必须关注社会制度的安排和变迁问题。对于制度安排和变迁问题，说到底就是要推进依法治国，建立社会主义法治国家，建立和完善社会主义民主政治，虽然这会涉及社会利益格局的重新调整，但这是我国社会主义现代化进程中一个最基本的也是不可回避的问题，利益格局的调整就必然涉及社会公平正义问题，就必须把缓解人与社会的冲突和矛盾作为解决问题的着力点。社会的有序发展关键在于经济要素与政治民主之间的双向互动和双重整合，需要积极推进理论创新、制度创新和管理创新，更好地落实社会的公开、公平和公正秩序，只有这样，才能切实推进我国社会主义和谐社会建设。

另外，因为长期重视经济发展和 GDP 增长而忽视社会发展、重视一部分人先富起来而忽视共同富裕、重视资本的作用而忽视劳工权益保护、重视城市发展而忽视乡村发展、重视经济效率与经济利益而忽视社会公平、重视社会稳定而忽视社会和谐、重视政策调整而忽视法治规范等，使得当代中国在权利公平、机会公平、规则公平、程序公平、分配公平等方面存在许多突出问题，尤其是贫富差距已是历史上空前增大的时期，各种社会矛盾呈现多发多样特点，不同阶层、群体和社会成员之间的利益关系趋于复杂，统筹兼顾各方面利益的难度加大。对于这些问题我们应该高度重视，并采取强有力的措施妥善解决，否则的话这些问题就会成为影响国家发展稳定的大局和社会主义和谐社会建设的巨大障碍。我们不能遮蔽问题，也不能回避矛盾，必须要深刻分析引发矛盾产生的深层次原因，以社会公平为价值导向，调整利益格局，切实解决人民群众最关心、最直接、最现实的利益问题，提高民生质量，梳理社会情绪。新阶段的发展，不能从本本出发，而必须从社会实际出发，新的改革举措要充分考虑和兼顾不同地区、不同行业、不同阶层、不同群体的利益，充分考虑社会各方面的承受能力，充分反映和兼顾不同方面群众的合法权益，最大限度地激发社会各阶层、各群体、各组织的创造活力，特别要通过改革和发展来不断保障人民群众的合法权益，要采取积极有效措施，创造更丰富的社会物质财富，形成更完善的分配关系和社会保障体系，创造更多的就业机会，更好地满足人民群众日益增长的物质文化需要，让改革与发展的成果真正惠及全体人民。

三　人与自我的关系激烈冲撞

最近几十年，社会变化很大、很快，特别是社会主义市场经济制度的快速推进，给人的发展提出了新的更高的要求。但由于生活节奏越来越快，再加上社会发展中不确定性、不安全性、不稳定性因素大量增加，导致很多人内心深处出现诸多不平衡、不平静，引发了人与自我的对立，心理失调，情绪失衡，压力失控，以至于人变得没有激情和创造力，没有追求个性自由的动力，只是社会活动的一部机器。就如西方共同体主义代表人物之一、加拿大哲学家查尔斯·泰勒（Charles Taylor）所讲的，"现代人可能焦虑地怀疑生活是否有意义，或者对它的意义是什么感到困惑。无论哲学家如何倾向于攻击这些提问方式是含混和混乱的，当对由这些词表达的那种忧虑都有直接的感受，这仍旧是事实"。[1]各种人间悲剧的频频发生，集中表明是人与自我之间的紧张对立，人与自我的内心冲突引发了人与人之间的矛盾冲突。

现代社会是一个进入快速变化的社会，人不得不去适应社会的发展，而面对紧张而快节奏社会生活中的不道德现象，人不自觉地失去了自然状态中的本真性和对善恶的人性关怀。人与人"很少有情感的交流、意志的结合。人与人的关系，变成了机械零件与零件间的关系"。[2]人心的疏离，社会公共道德的失缺，以致"人人共有的目标和公认的美德不存在了"。[3]实际上，由于人的心态虚化，造成了自身无穷的烦恼和痛苦，引发

---

① ［加］查尔斯·泰勒：《自我的根源：现代认同的形成》，译林出版社 2001 年版，第 22 页。

② 徐复观：《徐复观杂文——记所思》，台湾时报文化出版事业有限公司 1980 年版，第 311 页。

③ ［美］艾伦·布鲁姆：《走向封闭的美国精神》，中国社会科学出版社 1994 年版，第 20 页。

了"精神的焦虑"、"信仰的迷失"和"精神家园的丧失"等问题。人要自己对自己负责，只有对自己负责，才能对他人、社会和自然尽责。要通过心理疏导，调适内心的不平衡，从自我封闭、自我束缚的痛苦中走出来，自信、自立、自励、自强，建立健康有序的规则，创造幸福美好的生活。法国思想家卢梭提出，"我们首先要对自己尽我们的责任；我们的原始情感是以我们自身为中心的；我们所有一切本能的活动首先是为了保持自己的生存和我们的幸福。所以，第一个正义感不是产生于我们怎样对别人，而是产生于怎样对我们"。①我国实现现代化的核心和关键是人的现代化，要根据新时代文明社会的发展需要造就新一代有文明素养的人。在推进现代化进程中，每个人都应该努力提高自身素质，弘扬社会主义核心价值体系，树立社会主义核心价值观，爱国、敬业、诚信、友爱，自觉维护社会公共道德秩序，创造幸福美好的和谐社会和生活。

第三节　我国经济社会发展伦理问题产生的根源

在任何一个共同体中，不受伦理限制的发展都是粗鄙的和破坏性的。解决当代中国面临的贫困问题、生态环境问题、资源可持续利用问题、道德危机、精神焦虑等一系列问题，关键在于弄清问题的症结，把握分析的进路，提出发展的思路。

一　发展目标过于单一

长期以来，我国一直把实现现代化作为主要的发展目标，把经济增长作为衡量发展的首要标志，把工业化作为经济发展的中心内容。比如，在要素评价上，单纯强调有形资源和物质资本的作用，见物不见人；在发展道路上，单一强调工业化的经济增长，发展"一手硬、一手软"；在发展目标上，单向强调物质财富的积累，忽视发展的意义和价值；在发展与自然的关系上，凌驾于自然之上，一味地向自然索取；在发展方法论上，主要采用简单的线性式思维模式，强调大一统、一元化的快速推进。在这种发展观的指导下，经济与社会发展不协调，社会发展明显滞后。我国生态与环境、人口与生育、劳动力配置与城乡就业、人民生活与财富分配、社

---

① ［法］让·雅克·卢梭：《爱弥尔》，商务印书馆2001年版，第103页。

会保障与安全、教育与卫生等方面的问题已经十分严峻。

严峻的发展问题决定着我国的发展必须是全面性的发展，要以科学精神、科学态度和科学的思想方法看待国内生产总值（GDP），防止任何片面性和绝对化。社会发展是一个有机整体，社会生产和生活的方方面面都是作为整体的一个部分而存在并发挥作用的，其性质、功能、结构及各种要素的变化都要受社会和经济系统的支配和制约。社会经济"系统内某一方面的发展既要以其他方面的相应发展为条件，同时，它又是其他方面得以发展的条件"。①在当代，我国要推进经济社会的全面发展，就要努力实现在社会政策取向上，既要重视经济效率，更要注重社会公平；在资源的配置上，既要重视有形的物质资源，更要重视无形资源特别是人力资源的开发；在发展方式上，既要重视发展的速度与数量，更要注重发展的效益和质量；在发展模式上，既要重视经济发展，更要重视社会和谐；在人与自然的关系上，既要强调为发展服务，更要强调与自然和谐相处；在发展目标上，既要重视经济社会发展，更要注重实现人的全面发展。②

二　发展方式不甚合理

20 世纪 90 年代以来，我国在发展中出现了诸多深层次矛盾。突出表现在：权力和资本结合的强势群体抢占了权力和获取财富的高地，弱势群众则受到权力和财富的歧视、排挤而逐渐被边缘化，以至于富者越富、弱者越弱，社会公众失去了当初对全面改革整体推进的社会共识。在短短 20 多年时间里，我国由一个收入分配比较公平的社会变成了一个收入分配严重不均等的社会，成为当今世界贫富差距最大的国家之一。这种不协调、不合理状况，值得我们思考和解决，否则这个社会的底层就可能会发生断裂，就会出现从整体社会中分裂出去的危险。阿明曾尖锐地指出，"哈耶克，我们这个时代新自由主义经济学家们的良师，强迫自己对民族、国家、社会阶级及其他社会现实视而不见，而仅满足于从中发现某些剩余的'非理性'的东西。因此，他不是尝试对社会现实做出合理的解释，而是醉心于创立某种虚构的合理性"。③要清醒地看到，由于受哈耶克新自由主义的消极影响，一个时期以来我国改革更多地强调发展效率而较

---

① 祝黄河：《发展——社会与人》，中国社会科学出版社 2004 年版，第 27 页。
② 姜建成：《科学发展观：现代性与哲学视域》，江苏人民出版社 2008 年版，第 160—161 页。
③ ［埃及］萨米尔·阿明：《资本主义的危机》，社会科学文献出版社 2003 年版，第 97 页。

少地突出社会公平，引发了"改革后遗症"和"发展综合症"。可见，如何加强社会公共管理，增加公共产品，提供公共服务，保障公共利益，改善民生，尤其是维护广大人民群众的利益，已经成为推动社会和谐发展、维护社会公正的一个严峻课题。

在诸多问题当中，一个突出问题就是以牺牲生态环境为代价的发展方式。在"以经济建设为中心"发展思想指导下，一些地方和企业追求低成本扩张，大量开采自然资源，造成生态环境的恶化趋势。一些部门与生产单位为了眼前的经济利益，不顾生态环境的许可，高投入、高污染、高消耗，直接导致发展难以为继的境况。可持续发展是能够长期延续的发展，是人类社会发展的基本目标和基本任务，其主要内容是既要实现代内公平，又要实现代际公平。在满足当代人需求的同时，不能损害后代人满足其需求的能力。要认识环境对经济发展具有推动和约束的双重作用，合理保护和改善生态环境能够为社会经济发展提供坚实的物质基础，而合理的发展又能够为有效治理环境提供更多的资金和技术，二者是一个双向互动、互惠"双赢"的格局；反过来，生态环境的容量不是无限的，对生态环境的破坏必然会给人类带来发展的灾难。当下我国环境对发展的制约主要是由于不合理的发展破坏了生态环境所致。因此，我国的发展必须要以科学发展观为指导，把环境保护和经济发展有机地融合在一起，既要加快经济发展，又要优化生态环境，在发展中保护生态环境，促使生态环境的恢复，实现资源的永续利用，实现经济社会健康持续的发展。

三　发展结果不甚公平

一个国家的现代化过程主要是指从传统的农业文明向现代工业文明的转型，在这个转型过程中，既要推进经济现代化，又要推进包括文化现代化、政治现代化、社会现代化以及人的现代化。对现代化的诠释不仅是国家与民族的，而且也是世界与人类的。联合国开发计划署近几年的《中国人类发展报告》，一个核心课题就是讨论中国发展中出现的各种不平等。发展报告指出，人们一般关注的不平等仅仅是收入方面的，但是实际上还有更多的不平等，比如教育、医疗方面的不平等，社会保障方面的不平等，包括失业保障、医疗保障、退休保障等方面，然后才是财富方面的不平等，等等。对于已经积累的"社会公平"方面的许多矛盾，不可能期望在经济发展的过程中自然解决，而必须依靠政府的积极介入和有效的调节。美国学者贝格尔说，"人类存在从本质上说，是不可避免的外在化活动。在外在化的过程中，人向实在倾注了意义。每一个人类社会都是外在化了的、客观化了的意义大厦，它总是力图成为一个有意义的整体。每一个社会都在建造一个在人看来是有意义的世界，这是一项永不会完结的事业"。①对于我国发展中城乡困难群体利益未受到应有的保护，困难群体的规模和受损程度有扩大的趋势，政府应高度重视并采取切实有效措施加以解决。社会发展的公共性诉求，不是为了某个集团的利益要求，也不是为了几个集团的利益需要，而是在社会发展过程中，有其基本的价值追求和利益的合理表达，追求的是一种普遍的公正、公平与正义。社会的这些公共性诉求推动和建构着和谐社会的健康发展。要大力发展社会公益事业，尤其是教育、卫生、社会福利事业，要重视加强对困难群众的救助，不断完善城市低保、农村五保供养、特困户救助、灾民救助、城市生活无着落的流浪乞讨人员救助等制度，关注城市化进程中的失地农民和城市农民工的权益和利益，防止因为过分市场化而损害公众利益，特别是广大贫困群体的利益。在我国，社会发展的公共性诉求正日益成为社会的主流声音，这是一个社会之所以能健康发展和保持长期稳定的重要方面。

要解决经济社会发展过程中的公平性问题，必须根据本国实际，特别是要从本国传统文化中寻找解决问题的对策，探索一条具有本国特色的解决社会发展公平性问题的道路。在这个问题上，法国学者埃德加·莫林和安娜·布里吉特·凯恩曾提出，"认为市场经济可以解决所有文明问题的想法也是一种简单化的经济主义谬误"，必须"突破和超越为发展制定方向和标准的西方的经济、文明和文化模式"。②即"发展的目标应当从属于另一些目标"，应"涉及伦理方面的一些，经济因素应受到控制，并把人类的伦理的标准作为目标"。③他们特别提出，"如果人们强调'社会主义'一词最初包含的对共同体和自由的向往，那么人类进化的政策便应该将其彻底实现。如果人们强调社会主义的目标是消灭人剥削人的现象，那么这一目标则应该重新树立，而不应停留在空洞的许诺上"。④通过对发展问题的反思，我们现在比任何时候都应更加重视人的关怀、人的价值和

①　[美] 彼得·贝格尔：《神圣的帷幕》，高师宁译，上海人民出版社 1991 年版，第 35 页。
②　[法] 埃德加·莫林、安娜·布里吉特·凯恩：《地球　祖国》，生活·读书·新知三联书店 1997 年版，第 110 页。
③　同上书，第 115 页。
④　同上书，第 111 页。

人的尊严。发展不是少数人的专利，发展的成果不能被少数人独享。我国改革的目的是为了最广大人民群众，为了最广大人民群众的幸福。无论是物质财富的积累还是精神文明的建设，无论是经济体制改革还是政治体制改革，抑或整个社会的法制建设与公共安全，其最终目的都是使社会更有利于最广大人民群众的生存与发展，更能满足最广大人民群众的实际需要，使人民的生活更加美好。

科学发展观、全面建成小康社会所体现的就是这样一种社会文明进步的思想，要把经济发展与社会发展看作一个有机统一的过程，强调通过发展创造一个良好的社会环境，保障每一个人享有平等、自由、教育、人权和免受暴力的权利。以公平为原则，把消除贫困作为发展的重要目标，发展就是要有利于发展成果的社会共享，促进社会的公平和正义，更好地满足全体人民群众的基本需求，为他们追求美好生活创造更多的机会。

四　发展认识不甚全面

我们在发展过程中遭遇的问题，一个很重要的根源是对发展的认识不全面，从当前面临的问题来看，我们必须认识发展的系统综合性、平等公正性和统筹兼顾要求。

所谓发展的系统综合性，就是不仅要考虑人类整体的各个方面，而且还要考虑各个方面之间的矛盾。应该把当代人类生存和发展的环境看成是一个包括自然、社会、经济、文化等子系统在内的复合系统，各子系统之间相互联系、相互制约。一个社会的系统综合性发展，不仅取决于资源可持续供给、生态功能的协调，还取决于社会各部门之间的协调，以及人民群众参与发展的意识。就我国发展来讲，应特别强调对生态环境的保护，要高度认识生态环境是人类生存和发展的基础。同时，在推进系统综合发展中，破除微观效率的观念，建构综合效益的观念，实现经济、政治、社会、文化和生态的有机统一。

在发展中要重视社会的平等公正。平等公正是构建和谐社会的前提和基础，只有在平等公正的基础上，才能真正调动社会公众的积极性、主动性和创造性。平等公正的发展不仅要努力实现结构公平，而且要创设程序公平，尽可能为每一个人的发展创造一个平等竞争的环境。在发展过程中，人与人、人与社会之间要相互尊重和包容。阿明指出，"把'经济效率'只看作是合理性的一种特殊形式，而不是普遍的合理性，也不是合理性本身，我认为这正是马克思本人的观点"。①在社会结构日益复杂、社会分化越来越严重的情况下，需要建立一整套利益表达机制和利益整合机制，使不同阶层、群体和个人的利益得以充分表达并得到实现。

在发展中要做到统筹兼顾。发展会涉及社会生产和生活的方方面面，需要统筹兼顾，破除传统发展观念，尽可能反映并体现各方面的利益和发展要求。就我国来讲，统筹兼顾发展的核心是注重人的需求和发展。人的需求是在不断提高的，当基本的物质需求得到满足之后，更高层次的需求就会出现，如尊重、自由、精神愉悦、幸福感等。统筹兼顾发展必须"以人为本"，提供高质量的社会服务，满足人民群众不断丰富的需求。

五　发展模式的本土化问题

目前，全球化正在深入发展。作为一种运动、一个客观过程，甚至是一种思维方式和发展模式，全球化正在给包括中国在内的世界各国的经济、政治、社会、文化带来深刻而广泛的影响。正如吉登斯所说，"全球化不仅仅是大规模体系的产生，还是社会体验的本土化以及个人环境的转变。我们日复一日的活动日益受到发生在世界另一端的事情的影响"。②在全球化日益纵深发展的趋势面前，本土化受到了全面的挑战。

全球化与本土化的争论和冲突实质上是西方发展模式与本土化发展模式的争论和冲突，这一点可以从第二次世界大战以后发展理论的演变得到验证。所谓西方发展模式，实际上就是第二次世界大战后一些欧美国家学者为一些欠发达国家所设计的现代化模式。该模式的主要观点是，欠发达国家内部一般都存在"二元"社会状态，也就是一个传统落后的部门与一个现代的部门同时存在的状态。并认为，这类国家要想实现发展，也就是说要从"二元"演变为"一元"的现代社会，就必须大力扩展现代部门，推进社会结构的变迁。这一理论或发展模式的代表流派主要有刘易斯的二元结构理论、罗斯托的经济增长理论、依附理论、"华盛顿共识"等等，其核心就是欠发达国家实现现代化或发展的路径是大力发展现代工业，按照西方国家的模式去发展。

这些西方学者为发展中国家所设计的发展模式，就是要向欧美等西方国家学习，其实质是典型的"欧美中心主义"。这种发展理论或模式影响

---

① ［埃及］萨米尔·阿明：《资本主义的危机》，社会科学文献出版社2003年版，第38页。
② ［英］吉登斯：《超越左与右》，李惠斌等译，社会科学文献出版社2000年版，第45页。

了一大批国家的发展，但结果并不尽如人意，如以巴西、阿根廷等为代表的拉丁美洲国家，亚洲的伊朗等。因此，在 20 世纪 90 年代，所谓的西方现代化模式遭到了质疑和批判，特别是东亚地区，包括日本、亚洲"四小龙"①、中国等国家或地区的纷纷崛起，"本土化"开始受到尊重。东亚"本土化"发展模式的成功不同于西方模式，西方模式将传统与现代相对立，而东亚的"本土化"模式则找到了一个适应本国历史文化特点的发展道路。东亚地区在发展上的成功说明了本土文化与发展有着不可分割的联系，本土文化是一个国家经济社会发展不可或缺的重要资源。

中国通过改革开放的伟大实践，也走出了一条具有中国特色的发展道路——中国特色社会主义道路。中国特色的社会主义道路是一条依托中国固有的文化资源、具体国情的发展路径。这一道路受到了国际社会的高度赞扬，有学者把其称为"中国模式"②，虽然这个称谓还不能完全概括中国经济社会发展的所有特征，却充分说明了一个国家的发展并不只有所谓的西方模式。传统是一个国家或民族发展的基本条件，是社会进步的阶梯。一个国家或民族要想实现发展，必须结合本国的文化和具体国情。

本章小结

中国的经济社会发展正处在一个从"物本"到"人本"的拐点上。改革开放使我国的经济总量居于世界前列，但我国也为这种增长付出了难以承受的代价，人与自然的关系被严重扭曲、人与社会的关系紧张、人与自我的关系激烈冲撞等道德性问题越来越突出。这些问题都带有"突然性"，需要从价值观念层面深刻认识问题产生的原因，对传统的发展目标、发展方式的合理性和科学性予以检视。

---

① 指韩国、中国台湾、中国香港、新加坡。
② 也被称为"中国道路"、"北京共识"，主要强调的是中国的经济发展模式。

第九章　以伦理看待发展：我国发展新阶段的任务

认识到发展中存在的伦理问题，并不等于这些问题就解决了。如果不能提供发展的行动纲领，任何发展道路都毫无用处。对于当下的中国而言，必须从认识上重视发展战略和政策的伦理性意义；以伦理引领公共政策，切实解决贫困、教育、失业、住房等民生问题；必须把公平正义作为社会主义新发展阶段的基本要求，公平正义的实现，必须重视制度公正和分配正义；必须把人与自然关系的和谐看作我国社会可持续发展的基础。

第一节　创新发展理念，推进发展模式转变

我国的现代化本质上是在后现代引导下重建现代性的过程，是一种既不同于马克斯·韦伯所倡导的经典现代性，也不同于西方发达国家利奥塔等人的后现代性，甚至也不同于乌里希·贝克的"第二次现代性"、吉登斯的"反思现代性"和鲍曼的"流动的现代性"等。我国只能根据自己的国情，走自己的路，建设中国特色社会主义现代化，在发展中要坚持以人为本，全面协调可持续发展，推进发展模式的转变。

一　创新发展理念

目前，我国在经济发展方面已经达成共识，但在社会发展的意义上还存在分歧。因此，我们应该立足中国国情，根据人类发展的普遍理念，借鉴其他国家发展的经验，积极清除"发展异化"，确立"以人为本"的发展理念，坚持中国特色社会主义发展新道路。

（一）社会发展的中心和目的是人的发展

马克思主义认为，人类社会发展要先后经历三个阶段，即人的依赖关系阶段、物的依赖关系阶段和个人自由全面发展阶段。也就是说，人类社

会所追求的最高目标是人的自由全面发展。

人的发展是社会发展的中心和最终目的已经成为当代发展的共识。把人作为社会发展的中心和目的，首先意味着人既是社会发展的主体，又是社会发展成果的服务对象，即"以人为中心的发展是有利于社会各成员的人的发展"。①人的发展内含三重含义：一是每个人（不管是发达地区的人，还是不发达地区的人；不管是富人还是穷人）的发展，即对于所有社会成员而言都应该同样有发展的权利和实现其自身发展的机会。二是每一个国家人的发展即所有国家的人都应该有同样的发展权利和公平的发展机会。任何一个国家或地区的人都不应该以损害另一个国家或地区的人的发展为前提来谋求自身的发展。三是不同时代人的发展，即每个时代的人都不应该以损害后代人的生存和发展为代价来追求现代人的发展，而应该为后代人的发展留下足够的空间和条件。

把人作为社会发展的中心和目的，意味着社会发展的核心是人的发展，即社会的现代化首先应该是人的现代化。就如美国社会学家阿列克斯·英格尔斯（Alex Inkeles）所言，"一言以蔽之，那些先进的制度要获得成功，取得预期的效果，必须依赖运用它们的人的现代人格、现代品质。无论哪个国家，只有它的人民的心理、态度和行为，都能与各种现代形式的经济发展同步前进，相互配合，这个国家的现代化才真正能够得以实现"。②人是社会发展的动力，人的发展能促进社会的发展；同时，人的发展程度是衡量社会发展的根本性标志。"在当代世界的情况下，个人现代性素质并不是一种奢侈，而是一种必需。它们不是派生与制度现代化过程的边际收益，而是这些制度得以长期成功运转的先决条件。现代人素质在国民之中的广为散布，不是发展过程的附带产物，而是国家发展本身的基本内容。"③实现人的发展，实质是要实现人的存在价值、需求价值和发展价值，提高人的能力和素质，扩展人的自由。

把人作为社会发展的中心和目的，还意味着社会发展要为人的发展创造良好条件和提供制度保障，任何国家都应该重视社会建设。对中国而言，国家应该在"以人为本"理念指导下，不断提高生产效率，着力提

---

① 吴寒光：《社会发展与社会指标》，中国社会科学出版社 1991 年版，第 19 页。
② ［美］阿列克斯·英格尔斯：《人的现代化》，四川人民出版社 1985 年版，第 6 页。
③ ［美］阿列克斯·英格尔斯：《从传统人到现代人》，中国人民大学出版社 1992 年版，第 445 页。

高人民的物质生活水平；不断进行文化体制及其运行机制的创新；深刻反思人与自然的关系，优化和改善生态环境，为人民生活质量的提高提供保障；不断拓展人民群众的思想活动空间，提升社会文明道德境界。

（二）社会公正是社会主义的内在价值

社会公正是人类社会最基础，也是最普遍的一种道德价值追求。社会公正观念源远流长，在西方文化和中国传统文化中，都具有重要地位。我国是社会主义国家，社会主义是比其之前的所有社会都更加文明和进步的社会形态，那么，社会公正也当然是社会主义的内在要求和价值追求。

作为一个后发展起来的社会主义国家。我国不能走西方发达国家以及一些后发展国家（如拉美国家）老路，即通过资源掠夺、环境破坏、财富两极分化的方式来实现自己的快速发展，然后再去关注人的生活质量，解决社会公正问题。许多国家的发展实践证明，这种发展模式已经引起了许多发展性危机，如在拉美国家出现的危机，这种模式显然是不科学的，也是不可取的。另外，作为后发展国家，我国的发展既存在"赶超"的特点，又具有发达国家已经历过的发展矛盾不可回避的困境。因此，我们必须从一开始就关注社会公正等问题，以保证社会发展的可持续性。

改革开放以来，我们曾先后提出过"效率优先"、"发展（实质是经济发展）是硬道理"等口号，极大地促进了思想的解放和生产力的发展。但是，作为一种现代的资源配置方式，市场经济并不只是追求效率和速度；相反，市场经济是一种具有平等、自由、法制、契约等精神实质的经济制度。市场经济以公正公平为价值准则。可以说，没有公正就不可能有完善的市场经济。目前，我国正处在社会主义市场经济体制建设和完善的关键阶段，收入分配不公、司法不公现象比较突出，因此应该把公正放在重要的地位予以重视，特别是要努力解决腐败问题。腐败是当前我国社会不公最突出的现象之一。我们知道，腐败源于无约束的权力，而不是产生于市场。如果腐败问题得不到有效的遏制，就可能导致群体性、社会性腐败，最终会导致市场和社会的不公正，影响人们对改革的认同，进而威胁社会道德根基。

公正是社会主义的本质特征。在《共产党宣言》中，马克思和恩格斯对资本主义社会的不公平、不正义进行了深入批判，并指出代替资本主义的理想社会是公平正义的社会，是"自由人的联合体"。2010 年 3 月 14 日，温家宝在十一届全国人大三次会议的记者会上曾说，"公平正义比太阳还要有光辉"、"公平与正义是社会稳定的根基，实现社会公平正义是中国共产党人的一贯主张，是发展中国特色社会主义的重大任务。"①要实现社会公正，必须不断满足大众日益增长的物质和文化需求，必须使社会发展的成果让每个社会成员共享，达到共同富裕。

"无论从理论上还是从实践中看，社会主义最深层的核心价值，就是在尊重和保障自由的基础上进一步实现以平等为特征的公平正义。这是社会主义后于资本主义、高于资本主义的价值追求"。②

（三）人与自然和谐相处是社会持续发展的基础

和谐，按字面解释，即和睦、协调。"我们所要建设的社会主义和谐社会，应该是民主法制、公平正义、诚信友爱、充满活力、安定有序、人与自然和谐相处的社会"。③这是一种"美好社会"的状态。

改革开放 30 多年来，我国虽然在经济发展上取得了巨大的成就，但也带来了人与自然关系不协调的问题，生态环境总体恶化的趋势严重，人与自然的矛盾突出。必须清醒认识到，这些问题和矛盾已经成为我国经济社会的可持续发展的障碍，正严重影响着社会的和谐发展，千万不可掉以轻心。我国经济上的快速发展，实际上是以消耗自然资源和破坏人与自然和谐关系为代价的。实现人与自然和谐共生，不仅关系到人民生活质量的提高，而且关系到我国经济社会的可持续长期发展。如果不能处理好人与自然的关系，"构建和谐社会"的战略目标就无从谈起。人与自然不和谐的社会，必然意味着资源枯竭、生态恶化、生活贫困和社会矛盾丛生。所以，实现人与自然的和谐，不仅关涉我国的社会和谐稳定，更关系着人的生存质量和自由全面发展。

构建人与自然的和谐关系，必须牢固树立和全面落实"以人为本"的科学发展观，解决好资源开发利用、人口增长、生态环境保护等问题。面对诸多发展伦理危机，人类必须重新认识和反思人与自然的关系，创新发展理念，寻找更多的手段和方法，为人类社会可持续发展奠定坚实的基础。正如党的十八大报告已明确指出的："面对资源约束趋紧、环境污染严重、

---

① 《温家宝：公平正义比太阳还要光辉》，http：//www.chinadaily.com.cn，2010 年 3 月 15 日。

② 李德顺：《关于价值与核心价值》，《学术研究》2007 年第 12 期。

③ 胡锦涛：《在省部级主要领导干部提高构建社会主义和谐社会能力专题研讨班上的讲话》，http：//www.xinhuanet.com，2005 年 6 月 28 日。

生态系统退化的严峻形势，必须树立尊重自然、顺应自然、保护自然的生态文明理念……努力建设美丽中国，实现中华民族永续发展。"①

二　转变发展模式

我国要实现全面建成小康社会宏伟目标，必须以科学发展观为指导，重新审视和反思以往的发展路径和模式，破解隐含在社会生活现象背后的各种深层次矛盾，理顺发展逻辑结构和逻辑关系，转变传统的发展模式。

（一）从单一主体发展到多主体协调发展

传统发展模式是"人类中心主义"②的发展模式，该模式认为，自然资源是无限的，人类可以借助于科学技术实现人类各种需要和欲望，凸显人的主体价值和地位。但由于这种发展模式过度夸大人的地位和价值，其结果必然是对自然环境的破坏及对其他人利益的损害。长期以来，我国的发展模式都是以经济增长速度为目标，单一追求经济效益。虽然这种发展模式能够在一段时期内实现经济的快速增长，却是低产出、低质量、低效益的增长，最终导致经济建设与资源、环境的矛盾十分突出，生态和环境的破坏日益严重，是一种代价高昂、得不偿失的发展模式。

要实现发展模式的转变，不仅需要充分认识传统的发展模式的弊端，而且还要找出背后的原因。如果仍然坚持"人"这一单一主体的发展，要转变以往的发展模式是完全不可能的。科学发展观强调以人为本，全面、协调、可持续发展，其逻辑就是要尊重社会主体的发展，同时又要承认和尊重生态环境的价值。强调多主体协调发展，就是要建立和完善"主体—客体—主体"的关系，不仅要满足人类自身的需要，还必须尊重自然生态的价值；不仅要满足当代人的需要，还必须为后代留下足够的发展空间和可利用的资源。

（二）从个体发展到共同发展

传统发展模式推崇"理性经济人"观念，始终坚持个体主义，其后果必然是对个体利益的推崇和追求，也必然损害其他人的利益。科学发展观主张的是，我国的经济社会发展必须是共同发展，是党的十八大提出的

---

① 胡锦涛：《坚定不移沿着中国特色社会主义道路前进　为全面建成小康社会而奋斗》，人民出版社 2012 年版，第 39 页。

② 人类中心主义（Anthropocentrism）将人类置于一个中心位置，或将人类看作是最重要的生物，抑或是认为这个世界之所以是这个样子是由于人类观测的结果。在人与自然的价值关系中，强调人是认识主体、是目的。

包含经济建设、政治建设、文化建设、社会建设、生态文明建设在内的"五位一体"的全面发展，通过人的发展来协调和沟通发展诸要素，推动社会经济高质量地发展，最终实现人的自由全面发展。联合国开发计划署编写的《人类发展报告》在讨论发展这个概念的时候，涉及的方面也比较多，包括人类发展的概念和测量、人类发展的财政支持、全球范围的人类发展、民众参与、人类安全的新领域、男女平等发展等。发展应该是不断扩大社会公众做出自觉选择的过程，这种选择不仅包括个人能力的生成，不断摆脱自然与社会的各种束缚，建立人与自然、人与环境、人与组织、人与社会、人与人的和谐关系，实现人的社会化，特别是健康、知识和技能的获得和不断改善；而且还包括人们对其所获得才能的使用，即人的个性、创造性的发挥。只有建立包含生态文明建设、经济建设、政治建设、文化建设、社会建设在内的"五位一体"的共同体发展，才能充分激发人们的主动性和创造性。

从发展新阶段所要实现的目标看，我国必须建立合理的利益结构，使改革和发展的成果让人民群众共享。人民群众是改革发展的主体，发展成果是由他们共同创造的，应该由人民群众共享。当代中国要始终坚持科学发展，第一要务还是发展，要在经济发展的同时，对原有的分配体制进行调整，通过体制改革逐步化解财富分配不公的矛盾。胡锦涛同志在党的十八大报告中指出："必须更加自觉地把以人为本作为深入贯彻落实科学发展观的核心立场。以人为本是我们党的根本宗旨和执政理念的集中体现。要始终把实现好、维护好、发展好广大人民根本利益作为党和国家一切工作的出发点和落脚点，尊重人民主体地位，发挥人民首创精神，保障人民各项权益，维护社会公平正义，走共同富裕道路，解决好人民最关心最直接最现实的利益问题，不断在实现发展成果由人民共享、促进人的全面发展上取得新成效。"[1]这段话对解决我国当前社会发展中的问题具有重要意义和指导价值，也是提高发展质量的唯一选择。在中国特色社会主义现代化进程中，要不断打造马克思所讲的"每个人的自由发展是一切人的自由发展的条件"[2]这样的发展共同体。

① 胡锦涛：《坚定不移沿着中国特色社会主义道路前进　为全面建成小康社会而奋斗》，人民出版社2012年版，第8页。
② 《马克思恩格斯选集》第1卷，人民出版社1995年版，第294页。

（三）从单一经济增长式发展到整体性发展

传统发展模式以追求经济增长为单一动力，经济增长的速度和数量是衡量发展的唯一依据。我国不少地方政府仍然把 GDP 作为考核干部的指标，导致实际工作中的短期行为、表面文章等恶劣后果。作为一个发展中的社会主义国家，我国必须正视发展的质量，必然要重视社会经济发展中的协同推动力，也就是要千方百计整合各方面的发展力量。

要解决经济发展中的一些深层次问题和矛盾，必须重视经济发展方式的转变，要通过提高自主创新能力、发展循环经济、建设资源节约型、环境友好型社会等，探索和走出一条符合中国国情的科学发展模式，要从传统的单一追求数量型增长转变到质量、效益和结构优化上来。从提高自主创新能力看，我国的自主创新能力还不强。要增强自主创新能力，就需要有一系列的配套措施。要重视劳动力素质的提高，加快产业结构调整的力度，加大产品的技术含量，生产高附加值产品；要建立考核评价机制、资源要素优化配置和节约利用机制、激励自主创新的体制机制。推进发展方式转变是实现又好又快发展的基础，应把经济发展方式转变与经济稳定持续增长有机统一起来，把提高自主创新能力作为中心环节。当今世界正在经历前所未有的新科技革命，与此相适应，世界产业结构正在进行新一轮重大调整，资源和生产要素在全球范围优化配置的趋势进一步增强，我国面临着经济社会发展的严峻挑战。如果还沿用传统的发展模式，我们就永无出头之日，就必然被快速发展的世界经济所淘汰。

（四）从不协调、不平衡发展到和谐式发展

我国在发展中存在着大量社会矛盾，有的是原有社会矛盾的历史沉积，也有的是社会前进中新生成的矛盾，这些矛盾集中表现为人们之间的利益矛盾。如果不能对这些矛盾给予高度的重视，不能积极想办法妥善解决，这些矛盾积累到一定时期就很有可能引发激烈的社会冲突。针对当代中国由于社会经济发展不平衡，特别是城市与农村之间、东中西部之间、经济发展与社会发展之间、人与自然之间存在大量的现实矛盾，党和政府提出了积极创造条件，化解社会矛盾，构建社会主义和谐社会，这是一项具有重大时代意义的战略性工程。

从人类文明发展的历史过程看，只有通过和谐社会建设和科学发展，才能自觉调整人与自然、人与社会、人与人之间的关系，才能找到人类生存与发展的文明之路。在一个多元化的世界格局中，各民族文化在相互交流、冲撞中必然会发生矛盾和冲突。这也需要我们转换思维方式，在承认、尊重多元文化和不同社会意识形态的前提下，不断开发和扩大人类共有的文化价值，以中华民族的和合思想为价值底蕴，共同致力于维护世界和平，促进世界发展。

第二节　缩小贫富差距，促进社会公正

　　贫富差距过大问题已严重影响社会的稳定和全面建成小康社会宏伟目标的实现。一般来说，贫富差距包括收入差距和财富差距，其中收入差距是一种即时性差距，主要是通过年收入的对比来观察社会成员之间收入差距的；而财富差距则是一种累积性差距，主要是通过物质和金融资产的对比来观察社会成员之间财富差距的。[①]

一　贫富差距问题描述

（一）收入差距问题

　　在讨论居民收入差距问题时，一般都会涉及基尼系数、城乡收入、地区收入、行业收入等方面。

　　基尼系数是一个能反映居民总体收入差距的概念。我国基尼系数从30年前改革开放之初的0.18已上升到2009年的0.47，2011年达到0.55。[②] 2013年1月18日，我国官方首次公布了近十年的基尼系数情况，见图9－1。官方公布的基尼系数虽然低于民间的数据，但大大超过了国际公认的0.4的警戒线，成为社会广泛关注的一个问题。其中，我国收入最高的10%群体和收入最低的10%群体的收入差距，已经从1988年的7.3倍上升到目前的23倍。这些数据也反映了目前我国收入分配体制或者社会利益共享机制发生了严重断裂。特别是近10年来，我国地区、城乡、行业、群体间的收入差距明显加大，收入分配格局失衡，导致社会财富向少数利益集团集中。如果再把一些技术因素考虑进去，我国居民人均收入的差距可能更大。

---

　　① 张茉楠：《财富分配失衡程度远大于收入分配失衡》，http://www.eeo.com.cn，2011年3月3日。
　　② 本书主要采用的是世界银行公布的数据。

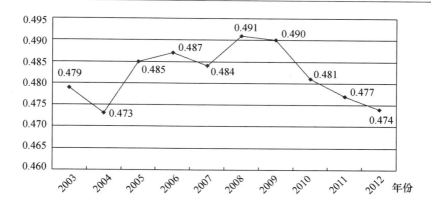

图 9 - 1　2003—2012 年中国的基尼系数①

　　城乡居民收入差距是一个反映收入差距的核心概念，是指城镇居民人均可支配收入与农民人均纯收入之间的比率。我国城乡居民收入差距沟壑巨大，改革开放初期的 1978 年，比例为 2.36∶1，1990 年为 2.20∶1，1999年为 2.65∶1。②但 2002 年以来，我国城乡居民人均收入比例一直在 3.0以上，其中 2007 年和 2009 年均扩大到了 3.33∶1，城乡居民收入差距的居高不下已经成为我国经济发展的一个重要而严峻的问题。2010 年以来，随着一系列惠农政策的施行，再加上进城务工人数③的增加，我国农民收入迅速增长，城乡居民收入比有所下降，差距正在逐步缩小，2010 年为3.23∶1，2011 年为 3.13∶1④，2012 年为 3.1∶1。⑤虽然如此，但这并不能说明我国城乡收入差距有实质性的变化，我国仍然是世界上城乡收入差距最大的国家之一。据国际劳工组织的数据显示，现今世界上几乎所有国家的城乡居民人均收入比均小于 1.6，仅有三个国家超过了 2，中国就是其中之一。而美、英等一些西方发达国家的这一比例一般都是在 1.5 左右。这只是居民人均可支配收入的比率，如果再把城镇居民享有的一些住房、

---

　　①　转引自《统计局首次透露近十年基尼系数　称收入差距大亟待改革》，http：//business. sohu. com，2013 年 1 月 18 日。

　　②　邱晓华等：《正视现实、反思差异——关于城乡居民收入分配的初步分析》，《调研世界》2000 年第 10 期。

　　③　据统计，目前城市务工人员（农民工）大约为 2.2 亿。

　　④　《2011 年城乡居民收入增长情况》，http：//www.ce. cn，2012 年 1 月 20 日。

　　⑤　《统计局首次透露近十年基尼系数　称收入差距大亟待改革》，http：//business. sohu. com，2013 年 1 月 18 日。

教育、医疗、交通等福利考虑进去，那么，两者的差距更大。

从地区收入差距看，我国东、中、西部收入差距很大。改革开放以前，东、中、西部地区居民收入差异还不太明显。但改革开放以后，由于市场经济制度的逐步建立，竞争环境的形成，东部地区利用其区位和技术优势、比较雄厚的经济基础以及国家的政策支持，快速取得了经济的大发展，从而拉大了东、中、西部居民的收入差距。以中部地区居民收入为基准，假如其收入为 1 的话，那么 2003 年东、中、西部城镇居民收入比为 1.44∶1.00∶1.05，而 1978 年的比例是 1.1∶1∶1.01。① 2010 年，平均工资最高的上海市为 66115 元，最低的黑龙江省为 27735 元，最高最低之比为 2.38∶1，而 1990 年我国地区间最高工资与最低工资比为 1.84∶1。②

从行业收入差距看，我国行业之间的收入差距也越来越大。从工资水平差距扩大的趋势观察，1978 年收入最高的行业是电力、煤气和水的生产与供应业，最低的是社会服务业，平均工资分别为 850 元和 392 元，二者之比为 2.17∶1；到 1999 年，最高的是航空运输业，最低的是木林及竹林采运业，平均工资分别为 19726 元和 4310 元，二者之比为 4.58∶1；到了 2010 年，平均工资最高的金融业和最低的农林牧渔业，分别为 70146 元和 16717 元，二者之比为 4.2∶1。如果再把某些垄断性行业职工的工资外收入和福利考虑进去，行业之间职工的收入差距会更大，远远高于目前世界上多数国家行业间差距 1.5—2 倍的程度。

（二）财富差距问题

根据国家统计局公布的相关数据看，2007 年底的时候，我国个人资产超过 100 万美元的有 41.5 万的富人，占总人口的 0.03%。这些拥有的财富相当于当年全国 GDP 的 60.1%，是当年全国财政收入的 2.895 倍。2010 年 12 月 2 日，波士顿咨询公司（BCG）发布的《中国财富管理市场：机遇无限 挑战犹存》报告显示，2009 年，我国拥有百万美元资产的家庭数量达到 67 万户，这个数量在全世界所有国家中排第三，仅次于美国和日本。该咨询公司《2012 年全球财富报告》进一步显示，在大量首次公开募股（IPO）以及主要由企业家产生的新增财富的推动下，中国的百万美元资产家庭数量已达到 140 万个，并有望继续保持强劲增长。

---

① 根据《中国统计年鉴》历史数据整理。
② 《2011 年城乡居民收入增长情况》，http://www.ce.cn，2012 年 1 月 20 日。

　　虽然只是一个很简单的数字变化，但足以说明财富分配严重失衡的事实。我国财富分化的速度和程度已经异常严重。我国的财富正以年均12.3%的增长速度向富人集中。如果这种状况不能得到扭转的话，必将会通过代际之间的方式发展下去，导致后代人之间的"财富不公"，危害社会的和谐发展。

二　解决贫富差距过大问题的思路

　　贫富差距不仅仅是一个"分配制度"问题，更有其深层的体制性原因，这就需要更大的制度性改革。

（一）继续深化改革，完善国民收入初次分配机制

　　改革开放以来，我国经济快速发展，经济实力有了很大增长，但在国民收入分配结构中，反映初次收入分配结构的生产要素之间的关系不协调，即国家、企业、居民分配比例关系不合理，居民收入占国民收入的比重、劳动报酬占 GDP 的比重偏低，政府财政和企业占的比重过高，居民收入增长缓慢，国富民穷局面没有改变。

　　《中华人民共和国 2010 年国民经济和社会发展统计公报》显示，2010 年我国 GDP 总量为 397983 亿元，其中政府财政收入 83080 亿元，约占 GDP 的 21%，另外企业收入约占 33%，居民收入占 36% 左右，显然居民收入所占比例偏低。与其他国家相比，在一般发达国家，居民收入占 GDP 比重一般都在 60% 以上，即使是经济发展相对落后的印度，这个比例也达到了 50%[①]左右。居民收入占 GDP 比例的高低，会直接影响居民的消费水平和消费率，我国居民的消费率在 2000 年为 46.4%，2010 年则下降到 34.3%。[②] 显然，这对我国转变经济增长方式（由投资为主转向消费为主）非常不利。

　　企业工资分配也属于初次分配。由于我国多年来的分配原则是"效率优先，兼顾公平"，弱化了企业工资增长问题，劳动报酬增长速度缓慢，劳动报酬占 GDP 的比重偏低，资本收益与劳动报酬比例严重失衡，存在着"利润蚕食工资"的倾向。据统计，我国居民劳动报酬占 GDP 的比重，1983 年为 56.5%，之后一直呈下降趋势，1995 年为 52.8%，2005 年为 36.7%，22 年总降幅为 20% 左右。相反，资本报酬占 GDP 的比重却

---

　　① 左小蕾：《合理切分蛋糕，推进收入分配制度改革》，《中国证券报》2010 年 7 月 7 日。
　　② 郭克莎：《当前消费率下滑的表现、原因及影响》，《中国经济时报》2011 年 9 月 6 日。

上升了 20%。劳动报酬占 GDP 的比重不仅低于发达国家，也低于一些新兴经济体国家，如韩国（45.4%）、巴西（40.91%）和俄罗斯（44.55%）等。劳动报酬占 GDP 的比重偏低，已成为引发劳动关系矛盾和社会不稳定的主要因素。据全国总工会调查数据，61% 的职工认为普通劳动者收入偏低是最大的不公平。① 另外，在许多地方还存在拖欠工资现象。

初次分配不合理还表现在行业垄断和地方垄断。由于社会主义市场经济的不完善，一些计划经济体制下的经济组织还继续占据着市场，成为了市场的垄断者和控制者。这些掌握垄断性资源和特权的组织或个人，依托土地、资源、资本迅速聚敛了大量财富。而一些地方政府和组织为了自身利益，排斥和限制竞争，也助推了地方垄断的形成。因此，提高劳动要素在初次分配中的比重，不仅要改善各生产要素报酬之间的关系，而且要建立健全知识、劳动、资本、土地、管理才能等生产要素按贡献参与收入分配的机制，避免向资本过度倾斜，努力促进效率与公平的统一，让改革发展成果惠及普通劳动者。

（二）提高城镇化和工业化水平，缩小城乡差距和地区差距

各种数据显示，城乡居民收入差距扩大是影响财富分配失衡的最主要因素。遏制城乡差距扩大必须走城镇化建设道路，提高城镇化率。② 改革开放 30 多年来，我国城镇化水平有了很大提高，2011 年城镇化率达到了 51.27%，城镇人口首次超过了农村人口，城乡人口结构发生了质的改变。但 51.27% 的城镇化率并不能适应我国 2020 年全面建成小康社会的宏伟目标，全面建成小康社会的实现关键在于农民收入的提高。而要提高城镇化率，就必须推进工业化，因为工业化创造供给，城镇化创造需求，是工业化的载体。目前，我国城镇化发展中的突出问题是中小城市和小城镇工业化水平不高、人口承载力不强、服务功能薄弱；另外，已进入城镇居住的两亿多农村人口（即农民工）还没有真正融入城镇。因此加快工业化进程和取消长期存在的对农民的各种限制，是城镇化发展的关键。

城乡收入差距与地区收入差距有密切关系。比如，从全国整体看，城

① 陈东海：《分配改革：让劳动要素获公正地位》，《上海证券报》2010 年 6 月 18 日。

② 城镇化率是指城市人口和镇人口占全部人口（常住人口）的百分比，是一个国家或地区经济社会发展的重要标志。经济学用这个指标说明工业化水平，社会学则用这个指标说明社会的文明程度。

乡居民收入差距比大体在3:1，但在西部地区，这一比例却很高，如陕西省2012年的城乡居民平均收入比为3.6:1，远高于全国的平均水平。因此，加快中西部地区的发展，才能真正缩小城乡居民收入差距。而中西部地区的发展，首先要改善发展的基础条件，主要是要加强基础设施建设。其次要在工业化和城镇化过程中，支持其大力发展非公有制经济，以吸收农业剩余劳动力。再次要通过财政转移支付等政策手段，弥补因中西部在市场竞争中的弱势地位而导致的收入差距问题。

（三）加快政治体制改革，遏制权力腐败

除了分配制度本身不合理导致贫富差距过大以外，还有一个很重要的因素，即各种权钱交易、以权谋私等腐败行为。腐败可能是对收入分配影响最为突出的一个问题，从已经查处的一些腐败案例看，腐败性收入少则几百万，多则几个亿。腐败问题已严重削弱了人民群众对政府的信心，引起了不满情绪，影响了社会安定团结。要切实解决腐败问题，必须从源头治理，加快政治体制改革，解决行政权力过于集中问题，把权力关在制度的笼子里。同时，要积极推进决策的民主化，加强对公务人员及其群体行为的监督和约束，完善制约和监督机制。

（四）强化税收对贫富差距的调节作用

要缩小贫富差距，必须要运用税收这个重要的经济手段，采取切实可行的措施。首先是个人所得税。2011年6月，我国政府顺应民意，将个税起征点调高到了3500元/月，虽然中低收入者（主体是工薪所得纳税人）因此而受益，但起征点还是太低，在缩小贫富差距上的作用甚微。根据当前的物价、通货膨胀和人民群众对更高水平生活质量的诉求，个税起征点还应该再提高一些。在此基础上，加强对个人所得税的征收力度，减少各种偷漏税的行为。其次是要适时开征遗产税。所谓遗产税，是指对财产的所有人去世后遗留下来的财产征收的税种，起源于欧洲，现在世界上有100多个国家都在征收遗产税。遗产税可以避免财富过度集中，有效缩小社会成员间的贫富差距，是社会财富再分配的一种手段。经过30多年的快速经济发展，我国已形成了一个比较庞大的富人群体，客观上也出现了财富从上一代人向下一代人转移的问题，所谓的"富二代"现象越来越凸显就是其具体反映。适时开征遗产税不仅可以促进社会成员贫富差距的缩小，还有利于社会公平这一目标的实现。最后要完善财产税征收机制。财产税是所得税的一种补充，是一种财富分配的纠偏机制，重点是富人，有利于调节贫富差距。在发达国家，利用财产税来调节财富分配的体系已经比较成熟，如美国、英国、日本等国家，在全部税收收入中财产税收入占 8% 左右。当前，我国财产税运行中存在的主要问题是比重偏低、制度设计不规范和税基偏低等，在调节社会财富分配上没有发挥应有的作用。

（五）完善社会保障体系，体现公正性

社会保障也是调节收入分配的手段之一。虽然我国的社会保障制度在最近几年发展很快，但仍然存在一些不完善之处。如保障水平低、国家对社会保障投入偏低①、机关事业单位与企业退休人员的养老金水平差异大，等等。因此，要发挥社会保障在调节贫富差距方面的作用，必须加大社会保障的投入，扩大社会保障面，提高保障的水平，要解决好低收入群体的基本生存保障问题；要从实现公平正义社会的高度，取消一切不平等的保障政策，让发展成果通过社会保障途径向低收入社会群体倾斜。

第三节　消除贫困，促进人的全面发展

"长期贫困是一种残酷的地狱，仅仅看一眼贫困的现象是无法了解其残酷性的。如果观察者不进入这些情感的内部并亲身感受，他是无法了解他要设法消除的境况的。"②"贫困的消除和所有人的健康生存应当成为评价发展的好坏和发展程度的价值尺度。"③

一　贫困及其伦理性意蕴

人类生活的历史是一种伴随着贫困、疾病和愚昧的历史。但是，这不是人们的一种自愿选择，也不是人们愿意面对的境况。

（一）"贫困"的内涵

《1990 年世界发展报告》认为，贫困是缺少达到最低生活水准的能力。2008 年开始，世界银行列出两个贫困线标准：一个是针对最贫穷国

---

① 如我国 2011 年的社会保障支出只占 GDP 的 2.4%，而发达国家一般在 30% 左右。

② ［美］德尼·古莱：《残酷的选择：发展理念与伦理价值》，高铦等译，社会科学文献出版社 2008 年版，第 21 页。

③ 刘福森：《发展合理性的追寻——发展伦理学的理论实质与价值》，《北京师范大学学报》（社会科学版）2007 年第 1 期。

家的每日 1. 25 美元的极端贫困线；一个是针对中等收入国家的每人每日 2 美元的中间贫困线。①按照 1. 25 美元的极端贫困线标准，全球贫困人口达 14 亿。根据挪威学者 S. 汉森（S. Hanson）的观点，人必须拥有足够的资源以确保"基本可能性"。这些可能性包括：如养活自己，并能长寿；延续自己的种族；照料自己的健康；进行社会交往；受教育、有机会自由思考和发表意见。如果一个人不足以使他实现这些基本可能性，那么这个人就生活在贫困之中。②

当然，贫困不是单一要素的缺乏，而是一个包含经济的、政治的、文化的、制度的多维社会现象，是从物质到内心体验，从社会经济状况到文化教育各方面的集中体现，是因种种发展障碍和制约因素造成的生存危机和生活困境。

贫困难以以某一尺度去衡量和评价，而必须分门别类加以规定。从贫困的程度看，贫困可分为绝对贫困和相对贫困。绝对贫困是指人们无法满足基本生活需求的一种状态。即"人们衣不蔽体、食不果腹，由于营养不良而导致死亡率高，特别是儿童死亡率很高。也就是说，绝对贫困的人们是在死亡线上挣扎。第三世界的许多人就是生活在绝对贫困条件下，他们靠救济或乞讨度日"。③这样的人，大致有两类：第一类是上帝的穷人，包括没有明显办法补救的一类人——残疾人、老年人、寡居者和无子女的人；第二类是无资源的穷人，包括外地移入的鳏夫和其他无地的穷人。这些人对他人或社会组织的救助的依赖程度很深。换言之，依赖性是判断贫困程度的一个重要分类指标。相对贫困是指相对于其他人、其他地区而显得贫寒或者处于生活艰苦中的情况。绝对贫困的依赖程度强，人数不占多数，而相对贫困则具有普遍性，有一定程度的依赖性。

从贫困的性质看，贫困可分为物质贫困和精神贫困。贫困的一般表征是物质财富的缺乏、食物保障的艰难、就业机会的稀少等，这可以称之为物质贫困；伴随物质贫困的是心理压抑和精神困顿。精神贫困几乎是所有贫困者的共同心理感受。这些体验交织在一起就是：物质的匮乏和不足；

---

① 《全球 7000 万人陷入极端贫困》，《广州日报》2011 年 10 月 17 日。

② ［挪］S. 汉森：《发展中国家的环境与贫困危机——发展经济学的展望》，朱荣法译，商务印书馆 1994 年版，第 141 页。

③ ［英］安德鲁·韦伯斯特：《发展社会学》，陈一筠译，华夏出版社 1987 年版，第 127 页。

身体的饥饿、痛苦、不安、筋疲力尽；时间的匮乏；社会性不良的个人关系，遭受排斥、拒绝、虐待、孤立和孤独；与缺乏安全感有关的脆弱和恐惧；由无助、挫折和愤怒反映出的无可奈何。即便有时有食物，但多数时候他们仍然处在精神困顿之中，如失败、极度痛苦、悲痛、羞耻、耻辱和经常的焦虑、担忧和精神沮丧。① 生活的悲惨和精神的疲乏往往是孪生兄弟，它们结伴而行，如影相随。

概言之，贫困意味着因各种原因而得不到发展机会，从而陷于一种长期的、缺乏基本生活资料的生存状态。作为一种社会现象，贫困的本质不单纯是一种经济学意义上的物质匮乏，而是一种生存能力的弱化或生存方式的不适应。生存能力就是人们对生活资料的获取能力，不仅包括人们的智力和体力，也包括人们的价值观念、行为方式和心理状态，同时还包括一个社会的结构方式、制度安排所决定的群体合作能力。贫困作为一种综合性能力的弱化或丧失，是指上述各方面能力的危机，是人的禀赋（包括工作能力、土地、资金、耐用品和金融资产等）、潜能不能够转化为真正功能，即权利的失败。生存方式的不适应表现为：在现实生存环境中，人们的生存能力不足以控制环境并与环境实现良性互动，以使人得以持续地从外部环境中获取维持基本生存的物质生活资料。② 因此，贫困表现为一种既是结果又是原因的社会状态：作为结果，它是一些人、一些国家或地区的承担；作为原因，它是造成另一些问题和自身问题的缘由。贫困是人生的一杯苦酒，是人生的一幕悲剧。从始源意义上说，人类的历史就是减贫、反贫、脱贫的历史。所以，消灭贫困是人类长久以来的梦想。《联合国千年宣言》指出，各国政府负有"在全球范围内维护人类尊严、平等和公平原则的集体责任"。

（二）贫困的伦理性意蕴

就贫困的本质而言，贫困是一种对人类尊严、公平和平等予以伤害的社会现象，也是一种对人的生存权利予以剥夺的社会现象。

第一，贫困意味着人的基本权利被剥夺。生存权利是人的一项基本权利，包括"应得的权利"、"法权"（right）等。"应得的权利"是人的生

---

① ［美］迪帕·纳拉扬：《谁倾听我们的呼声》，付岩梅等译，中国人民大学出版社 2001 年版，第 41 页。

② 戴庆中：《文化视野中的贫困与发展——贫困地区发展的非经济因素研究》，贵州人民出版社 2001 年版，第 6 页。

存和发展的基本要求，是一种无法让渡和施舍的、表达人类共同生活所需要的自由、平等、安全和追求幸福的权利。"只要是人，就应该享有的权利，换言之，只要是人，就应该获得承认和保护的某些利益和要求"。①自《人权宣言》②发表以来，人权的内涵一直在丰富和变化，现在已延伸到了发展权、环境权、和平权等方面。可见，人权的内涵不断丰富，但在当代却受到经济全球化的挑战，经济全球化使得发展中国家和发达国家之间的矛盾越来越突出。由于它们各自的社会发展程度和经济发展水平的巨大差异，因此在人权观上它们存在着不可逾越的"价值鸿沟"。发达国家强调的是公民权和政治权，而发展中国家强调的是生存权和发展权。价值冲突的根本原因在于：两类国家面对的问题不同，发展中国家迫在眉睫的是发展问题，而发达国家已解决了这些发展问题，它们推崇的是环境和人权。1992 年东盟第 25 届部长会议公告指出，对环境和人权问题的关注不应该作为经济和发展合作的附加条件。发展中国家还强调人权各方面的内容不可分割，但是生存权应放在优先地位。在 1996 年的世界人权会议上，发展中国家强调：各个国家都应有自己的人权观和模式，应该把人权的普遍性原则与各个国家的具体国情结合起来。对于发展中国家而言，最重要的是生存权——消灭贫困。③

第二，贫困意味着人的尊严受到贬抑。贫困不仅限制人们在物质、生理、社会关系等方面的选择和自由能力，而且贬抑人的尊严。正如加尔布雷思（John Kenneth Galbraith）所说，"对个人自由最彻底的剥夺莫过于一贫如洗；对个人自由最大的损害莫过于囊中羞涩"。④追求幸福是人的天然权利和本能需求，因为从心理上看，幸福是以快乐、和睦、和平、自由、平等以及内心平和等感受来表达的。所有受到贫困影响的人，经常提及的是精神方面的痛苦。对于贫穷的发展中国家来说，发展权尤为珍贵，发展不充分是实现和享有人权的主要障碍。贫穷是妨碍享受人权的主要障

---

① 夏勇：《人权概念起源》，中国政法大学出版社 1992 年版，第 199 页。

② 即《人和公民权利宣言》，是法国 1789 年 8 月 26 日制宪会议通过的，是人类历史上第一部正式的人权宣言，有重要的历史意义。

③ 钱箭星：《国际政治发展中国家的人权观——反贫困与可持续发展》，《国际论坛》2000 年第 3 期。

④ ［美］约翰·肯尼斯·加尔布雷思：《好社会：人道的记事本》，胡利平译，译林出版社 2000 年版，第 3 页。

碍之一。① 世界上一部分人口遭受营养不良、疾病和贫困这样一个事实应该成为我们关注的问题。贫穷的实质就是发展不足。对于发展中国家的穷人来说，生存（基本生活需求的满足）是他们关心的最主要问题。西方发达国家的发展道路以及它们的生产、生活方式造成了自然环境的破坏，严重污染了生态环境。也许这样的发展为当代人谋得了一定的幸福，却剥夺或侵犯了其他人以及后代的生存权和发展权。发展中国家在缓解贫困的路程上，不能效仿西方的发展模式，否则会从根本上损害人类生存和发展的基础。

第三，贫困践踏了人道主义原则。人道主义崇尚人的价值、尊严和自由权利。但自我保存是人类的本能和行为目的，是人追求更高价值目标的基础和前提。也就是说，生命权是人道主义的基本内容。尊重人，首先要满足生命的存在和延续，这也是自然法的基本要求。确保生命权是最重要的权利，最关键的权利，是应该首先考虑的权利。如果人的生命无法保障，那么人与人之间的平等、自由、幸福等人道主义原则就无从谈起。发达国家批评指责发展中国家不重视公民权利、政治权利和社会权利，其实是一种抽象的人道主义。马克思曾指出，费尔巴哈从来没有看到真实存在着的、活动的人，而是停留在抽象的"人"上，并且仅仅限于在感情范围内承认现实的、单独的、肉体的人。②斯宾塞也曾指出，真正"人权"的内容，即在人人平等的先决条件下，人们有生活的权利、自由的权利和追求幸福的权利，没有这些经济上的权利，政治权利便成了不切实际的空谈。因此，毋庸置疑，由于贫困没有达到人们生活的基本需求，缺乏维持起码生活所必需的物质资料，是经济权利的缺失，威胁着人道主义的基本原则——关心人，使人道主义的其他原则，如维护人的尊严、重视人的价值、关心人的精神需求等无法实现。

二　消除贫困的努力及原则

1986 年以来，我国已大幅度减少贫困人口，尤其是农村绝对贫困人口。1986 年第一次制定的贫困标准是农民人均纯收入 206 元。此后，标准不断提高，2010 年为 1274 元，如果按照这个标准，我国的农村贫困人口当年为 2688 万。2011 年 11 月 29 日，我国再次决定将贫困标准提高到

---

① 钱箭星：《国际政治发展中国家的人权观——反贫困与可持续发展》，《国际论坛》2000年第 3 期。

② 《马克思恩格斯选集》第 1 卷，人民出版社 1972 年版，第 50 页。

2300 元（2010 年不变价），虽然这个标准比 2010 年提高了很多，但贫困人口的数量也从原来的 2688 万人增加到了 1.28 亿人。[1]贫困仍然是我国全面建成小康社会目标进程中的一个十分严峻的问题。

《中国农村扶贫开发纲要（2011—2020 年）》提出，我国要在 2020 年实现扶贫对象不愁吃、穿，义务教育、基本医疗和住房有保障，人均纯收入增长幅度高于全国平均水平，基本公共服务主要领域指标接近全国平均水平。这意味着我国新一轮的扶贫攻坚规划已经开始启动。

在当代中国，消除贫困需要目标和措施，但更需要原则，消除贫困应遵循以下两个基本原则：

第一，消除贫困应与满足基本需求原则相结合。1976 年世界就业大会上，国际劳工组织倡议，国家发展战略不仅要把就业增长放在首位，也应该把满足人类基本需求放在优先地位。从此，"基本需求"开始进入各个国家的发展政策前线。根据这次大会报告，基本需求包括两部分：一是个人消费上的基本最低要求，如充足的食物、居所、服装、家庭设施和服务。二是由社会提供并使社会受益的基本服务，如安全饮用水、环境卫生、公共交通、健康与教育设施。[2]基本需求是一个人维持生存的最低需求，如果丧失了这些基本需求，人的存在、尊严甚至生命的存续就会严重受到损害。因此，一个国家的发展战略、政策、目标等，必须深刻认识消除贫困必须和满足基本需求相结合。要优先考虑人民群众基本需求的满足，并将其置于其他一切分配标准的首位。只有将满足人民群众的基本需求作为一项基本原则，才能从根本上推动我国的小康社会建设，使我国的社会主义伟大事业向前迈进。

第二，要遵循最少受惠者的最大利益原则。由于人们的先天禀赋差异，以及后天社会机遇方面的不平等，客观上导致了人们在社会财富上的不平等后果。在市场经济条件下，这一点是不可避免的，似乎也是"公平的"。但是，如果说社会财富分配的结果不平等是不可避免的，那么这种不平等有没有一个边界？对此，美国著名政治学家罗尔斯提出了"差别原则"，即在不平等是不可避免的情况下，社会应遵循"有利于社会之

---

①　《扶贫标准大幅提高　上亿低收入人口受益》，《人民日报》2012 年 6 月 24 日。

②　R. Nurkse, Some International Aspects of the Problem of Economic Development, *American Economic Review*, May 1952.

最不利成员的最大利益"。①"差别原则"表明，当市场经济制度所推崇的"效率"原则导致社会正义的价值理想被扭曲时，社会有责任和义务采用"差别原则"来关注社会弱势群体，给予他们更多的分配倾斜和正义关注，以缩小现实存在的不平等状况。

如果一个社会的经济增长趋于最大化，却不用创造出来的财富为本国人民创造更好的生活条件，那么就会出现阿马蒂亚·森和杰·德热兹（Jean Dreze）所说的"无目的财富"以及克劳特（R. Clowet）提到的"无发展的增长"状况。

第四节　全球化背景下的道德建设

现在的世界是竞争协同的世界，没有哪个国家能够在封闭系统内实现充分的发展，要发展就必须进行国际交往与合作。既然中国的发展强大、民族的伟大复兴不可能脱离全球化大背景，那么，中国发展进程中的伦理道德建设理所应当着眼于全球化。全球化既为当代中国的道德建设提供了一个更加广阔的平台，也提出了更严峻的挑战。在全球化发展背景下，如何处理好文化道德建设中的世界眼光与本土文化的关系，是当代中国道德建设的一个基本出发点，也是推动中华道德文明在新世纪走向世界、再造辉煌的一个难得的机遇。

一　全球伦理思潮及其道德诉求

（一）"全球伦理"的提出及必然性

"全球伦理"概念是德国神学家孔汉思于 1990 年在《全球责任》一书中最先提出的。之后，1993 年 9 月 4 日，在美国芝加哥召开的"第二届世界宗教议会"公开发表了《走向全球伦理宣言》，并得到了绝大部分与会代表的认可和签名。②后来，又由联合国教科文组织哲学与伦理学处出面于 1997 年分别在巴黎和那不勒斯召开了两次关于全球伦理的国际会议，于 1998 年在北京召开了"普遍伦理：中国伦理传统的视角"专家研

---

① ［美］约翰·罗尔斯：《作为公平的正义》，姚大志译，上海三联书店 2002 年版，第 70 页。

② 万俊人：《寻求普世伦理》，商务印书馆 2001 年版，第 11—12 页。

讨会。①也就是在这个过程中，1997 年 9 月 1 日，世界一批政界知名要人向联合国秘书长安南呈交了《世界人类义务宣言》，提出了"作为所有人民和国家努力实现的共同标准"。可以说，"全球伦理"是 20 世纪 90 年代以来全球范围内讨论的一个理论热点话题，也是应用伦理学研究的一个突出亮点，同时也是当今人类普遍关注的一个全球性话题。正因如此，呼唤全球伦理已经成为一种世界性的话语。

全球伦理是针对全球化进程中出现的种种问题和危机而提出的道德诉求，是全球化背景下各个国家及其人民都希望共同遵守的伦理规范与道德准则。全球伦理体现了人类在全球化趋势面前的伦理道德建设期望，而这种期望基于以下两个基本事实：

一是世界上每个国家、民族或地区之间的联系空前紧密，涉及经济、政治、文化乃至日常生活等方方面面。当今世界，随着全球化的深入，各个国家之间的交往比历史上任何时期都更加频繁，几乎所有的发展主体都被纳入到了全球化的过程之中，不可能有哪一个国家能够孤立地存在和发展。尤其是进入 21 世纪，世界科技革命的迅猛发展，使得全球化进程的速度不断加快，整个世界正处在一个"一体化"过程之中。每个民族、国家或地区，甚至每一个人的交往都更加频繁，交往的范围也日益广泛，涉及政治、经济、文化等方方面面。全球化迫切需要从伦理道德的角度调整各个国家、民族、地区之间的关系，建立起全人类共同遵守的全球性伦理。

二是世界上每个国家、民族或地区都正在面临着诸多共同的、带有全球性的问题。尽管这些问题在 20 世纪五六十年代已逐渐暴露出来，但今天却日益突出。具体表现为：人类发展所依赖的自然资源日渐枯竭，大量物种灭绝，生态环境破坏日益严重，全球气候变暖等，已使人类生存受到了极大威胁；国家之间的贫富差距日益扩大，世界范围内的公平问题也引发了更多的矛盾和冲突；国际恐怖主义活动日益猖獗，严重威胁人类的生命财产安全；由于对物质财富的过度追求导致了人类信仰的危机，各种道德堕落现象如吸毒、暴力、卖淫等侵蚀着社会肌体。这些带有全球性的问题，迫使人类不得不考虑加强团结协作和运用人类整体力量，包括伦理道德的力量来解决这些问题。

---

① 王志萍：《普遍伦理研究综述》，《哲学动态》2000 年第 1 期。

（二）"全球伦理"的道德诉求

从全球伦理的提出及其必要性看，人类应当有着更为宏观的视野，它在处理传统伦理关系的基础上，突出调整以下两个方面的伦理关系。

一是世界上各个国家、民族、地区之间的伦理关系。在全球化进程中，整个世界的统一性、联系性正在日益加强，世界上各个国家、民族、地区之间不仅有对抗、有较量，更有共同的利害。如果不能深刻认识到世界的联系性和利益的共同性，只是一味地对抗，人类的整体发展就不可能实现。幸运的是人类现在已经认识到了对抗的危害性与和平共处的重要性，开始致力于谋求和谐发展。而世界的和谐发展和人类共同利益的保护，都需要各个国家和民族相互尊重、相互理解，用和平与文明的方式处理矛盾和分歧，从而形成一个在社会制度、价值取向、发展模式和文化基础上存在差异的共生共荣状态，建立和平平等的国际新秩序。

二是人类作为一个整体与自然之间的伦理关系。人与人之间存在伦理关系，人与自然也存在伦理关系。人依赖于自然而存在，自然又受制于人，二者相互制约。人对自然的破坏从根本上说就是破坏人自身的发展基础和环境，因为任何破坏自然界平衡的行为都必然会受自然的惩罚。人类必须学会尊重自然规律，学会与自然和谐相处，学会约束自己的行为和能力，以解决日益严重的生态危机。值得庆幸的是人类在这方面已达成了一定的共识，如"可持续发展"理念的提出以及近年来人类关于气候变化、环境保护等主题的一系列会议的召开和协议的签订，这些共识正在国际社会解决全球性生态环境问题中发挥巨大作用。

二 理性审视与积极应对

全球伦理问题的提出，给当代中国的文化道德建设提出了新的任务。因此，如何理性地审视全球伦理思潮，并积极主动地加以应对，是我们发展进程中不可回避的必须面对的一项重要使命。

面对全球伦理思潮首先要有一个理性的态度。首先，从迄今为止的社会历史现实来看，国家、民族之间的矛盾还没有消失，所以抛弃国家利益是不现实，也是不可能的，国家、民族的发展仍然是当代发展的主体。另外，即使是现在国际社会达成的一些共识，也是因为民族国家的参与而达成的，并不能反映和代表所有民族国家的诉求。霸权主义和强权政治仍然是当代国际社会的一种主流现象，大多数的发展中国家并没有真正获得国际"话语权"。因此，在这种情况下，要理性考虑国家和民族的利益。其次，从民族国家的文化来看，任何一个国家、民族，都有着自己特色的文化价值观。这些文化价值观是国家发展的文化土壤，是民族精神的基本内核，是社会存在和发展的动力，不可以用全球伦理来取代或放弃民族文化。

面对全球伦理思潮，除了理性的态度之外，还必须积极应对，要在全球伦理思潮中有所作为。首先，针对全球性问题，要加强跨文化领域的对话与交流。在交流与对话中充分尊重其他民族、国家的文化特色，寻找各民族、国家文化谱系之间的重叠交叉部分，求同存异。其次，要从弱意识形态的意识形式入手，寻求突破。意识形态的形式有强弱差别，弱的方面容易达成共识，所以应从容易达成共识的环节入手，共识形成后再经过交流和讨论，进而形成新的共识。新共识应该是民族、国家共同的追求，是一种超越分歧并能有效解决全球性问题的共识。最后，要围绕全球性问题寻求解决机制。当今最突出的全球性问题莫过于生态危机问题，因此，应优先关注人口、资源、环境等方面的问题。各民族、国家应相互理解，相互尊重，加强沟通与交流，利用全人类智慧，探索问题的解决思路和机制。

三　世界眼光与本土文化

面对全球化浪潮的发展趋势，我国文化道德建设最核心的问题就是要把握好全球化背景下的世界眼光与本土文化的关系。这一问题对每一个国家都是如此，带有普遍性，因此也引起了许多研究者的关注。如杜维明就指出，"我们现在面临两个相互冲突而又同时并存且影响相当大的基本潮流：一个是全球化的现象……；另一个是本土化现象"，"这两股潮流不只是发展中国家才碰到，而是任何发达国家也都会碰到。在这样一个复杂矛盾的情况之下，不能只把现代化当作一个全球化的过程，也不能把现代化当作一个同质化的过程，更不能把全球化当作一个西化的过程。正是全球化的意识，使得根源性意识越来越强"。①在这里，杜维明有两个重要的观点：其一，全球化与本土化是一对矛盾，其二，正是全球化使得本土化意识越来越强。但是问题还有第三个方面：正是全球化事实上在消解着本土化，使许多发展中国家面临着空前的本土文化的危机，使得这些国家在文化发展上陷入了全球化的悖论中，以至于他也意识到"不能把全球化

---

① 杜维明：《人文精神与全球伦理》，http：//www.chinakongzi.org，2007年8月25日。

当作一个西化的过程"。

这一问题对中国具有直接现实意义。早在一百多年前，在中国文化发展的方向上就有中学（旧学）与西学（新学）地位的争论；一百多年来既有过文化保守主义思潮的粉墨登场，又有过全盘西化论的甚嚣尘上。在文化发展的方向上既要睁眼看世界，要有世界眼光，又不能丢失数千年的传统，要有中国特色。

在全球化的当今时代，我们无疑应当自觉地把我国的文化道德建设与全球化趋势结合在一起，从全球化高度思考和创新我国的文化道德建设。全球化趋势的现实和历史都要求当代中国的文化道德建设在以马克思主义理论为指导的基础上，符合世界道德文明发展的总趋势，以实现人的全面发展为价值目标，学习吸收世界各国符合人类社会发展需要的新的道德文化因素，从而使我国在世界道德文明发展的大格局中确立应有的文明大国的地位。

在强调世界眼光，向其他民族学习的同时，我们更应该重视文化道德建设方面的民族特色。中国传统文化历史悠久，有丰富的思想资源，是中华民族的灵魂和精神寄托。借鉴学习外来文化，但不能不加思考地单纯照搬和模仿，应以博大的胸怀和智慧对外来优秀文化资源进行整合，推动我国的文化道德建设，成为在世界上更具影响力的文化大国，同时也推动世界文化道德的进步。

第五节　凝聚发展共识，使人民生活更加美好

发展是人类的永恒追求，但发展的终极目的是什么？这一既古老又现实的伦理问题始终困扰着人们的发展实践，但发展如果不涉及人类发展的终极目的，即"美好生活"，就无法实现真实的发展。习近平同志就讲过：人民对美好生活的向往就是我们奋斗的目标。

一　人类发展的终极目的

关于人类发展的终极目的的探讨至少可以追溯到古希腊亚里士多德的《尼各马可伦理学》及其他哲学学派，如伊鸠学派和斯多葛学派。亚里士多德认为，最高的善或我们生活的目的就是幸福。他说，"我们把那些始终因其自身而从不因他物而值得欲求的东西称为最完善的。与所有其他事

物相比，幸福似乎最会被视为这样一种事物"。[①]显然，幸福应当被看作人们在他们的活动中所追求的各种善事物所指向的那种最好的生活，因为"幸福是完善的和自足的，是所有活动的目的"。[②]继亚里士多德的幸福目的论之后，古希腊哲学关于幸福的观点出现了"快乐即幸福"和"有德即幸福"的争论。伊鸠学派认为，快乐是被我们当作最后目的的善，快乐是幸福的生活的始点和终点。斯多葛学派认为，人生的最高目的和至善应该是追求美德，而不是追求快乐，唯有美德才是幸福才是至善。但仔细研究可以发现，伊鸠学派和斯多葛学派都主张对金钱财富的拥有和享乐不是人真正的幸福和快乐，人真正的幸福和快乐应是人心灵上的宁静、无纷扰。而这显然与亚里士多德的以"幸福"作为发展目的的发展观念不同。亚里士多德的以"幸福"作为发展目的的发展观念也有别于近代效用主义的"效用"概念，"效用"关注的是对生活满意的主观感受，是一种主观心理状态。

古希腊哲学家们对"幸福"、"快乐"、"美德"等人类发展的终极目的的经典述说，本应该对其后的人类发展实践具有建构性意义。但是，这些思想并没有对现代社会科学和政治经济学的发展产生重大影响。而现代社会科学和政治经济学却在 20 世纪"发展研究"形成过程中发挥了重要作用。社会科学家对古代哲学中的幸福和人类的昌盛很少表述。除了一些哲学经典著作之外，这些概念几乎被人们遗忘。特别是经济学，一些经济学家不仅对伦理问题缺乏兴趣，而且试图通过把经济学作为"科学"从政治学和道德哲学中剥离出来以回避主观价值判断。在发展研究队伍中，发展经济学家大多转向对一些更实际问题的研究，如经济增长、竞争、贸易等。"发展"的现代含义似乎被等同于增长、资本积累、技术变迁、经济结构转型等。因此可以说，古希腊哲学关于发展的终极目的的研究对20 世纪 50 年代兴起的以发展经济学为核心的发展研究影响甚微，以致在发展研究的早期阶段，学者们对作为发展中的价值观难题关注较少，"只是由一小批经济学家从外表加以应付"。[③]

---

① ［古希腊］亚里士多德：《尼各马可伦理学》，廖申白译，商务印书馆 2003 年版，第 18 页。

② 同上书，第 19 页。

③ ［美］德尼·古莱：《发展伦理学》，高铦等译，社会科学文献出版社 2003 年版，第 3 页。

　　事实确实如此，经济学家和一些社会科学家对"发展"含义的本质讲得很少。大多数文献都是对已有概念的批评（评论），而没有提出新的观点，也没有对发展给出一个直接的定义。仅有的一点讨论主要局限在一些基础性教材和学术论文中，并没有专门和系统地阐述"发展"概念的著作。西尔斯（D. Seers）指出："在讨论我们现在面临的问题时，我们必须驱散笼罩在'发展'一词周围的迷雾，并更准确地界定它的意义。只有这样，我们才能够设计出富有意义的目标或指标，从而有助于改进国内或国际政策。"[①]然而，围绕在发展概念周围的"迷雾"依旧没有被驱散。虽然德尼·古莱在其著作《残酷的选择：发展理念与伦理价值》中对发展的含义进行了阐释。但是，古莱在其著作中只用了少量篇幅来构建发展伦理框架。而且，古莱的发展观念（维持生命、自尊和免予奴役的自由）与亚里士多德人类繁荣的思想相比显得相当单薄，包含的新内容很少。继古莱之后的 1970 年代和 1980 年代初，学界所使用的发展概念主要局限于基本需求或者社会经济发展指标的罗列与堆积。很少有社会科学家从总体上系统关注和研究发展问题，"除了少数单干的哲学家之外"。[②]

　　20 世纪 80 年代，卓越的经济哲学家阿马蒂亚·森开拓了一条新的发展研究思路和方法。森在其一系列著作中尝试构建一个更加综合的关于人类福利和发展的新框架。根据森的观点，发展是关于人类可行能力扩展的过程，应聚焦于那些发展的最终受益者的需求。森强调把人作为目的，而不仅仅是实现目的工具的必要性。人类既是发展的行为主体、受益者和判断者，也是生产的基本工具。人类的这种双重角色导致了计划和政策制定过程中目的和手段的混淆。确实如此，生产和繁荣常常被看作社会进步的本质，而把人看作从事生产的工具。与大多数哲学家全然不同，森的观点扎根于社会科学。森的哲学已经对经济学家和公共政策的制定者们产生了深远的影响。通过聚焦目的而非手段（或工具），森彻底变革了社会科学对"发展"观念的理解。到 90 年代，可行能力方法已经成为传统福利概念的重要替代物。森的概念性框架促成了联合国开发计划署（UNDP）《人类发展报告》的问世，该报告从 1990 年起每年发表一份。与此同时，

---

　　① [英] 杜德利·西尔斯：《发展的含义》，转引自塞缪尔·亨廷顿《现代化——理论与历史经验的再探讨》，上海译文出版社 1996 年版，第 47 页。

　　② [美] 德尼·古莱：《发展伦理学》，高铦等译，社会科学文献出版社 2003 年版，第 4 页。

联合国世界发展经济学研究院（WIDER）针对森的可行能力的基本原理及应用召开了有很多重要经济学家和社会科学家出席的研讨会，并出版了论文集。从此，一个全新的术语进入到了社会科学和发展文献之中。"发展伦理"、"好的生活"、"福利"等概念开始同"生活标准"、"生活质量"和"人类发展"等名词共同使用。与此同时，一些现代哲学家也对美好的人类生活这个终极目标进行了思考。詹姆斯·格里芬（James Griffin，1986）在其著作《福利》中也提出了一系列价值清单。

尽管如此，在学术界仍然存在很多的争论。哲学家们严格在理论层面进行研究，而大多数经济学家对伦理学问题抱有偏见，社会科学家对纯粹实证工作缺乏兴趣。由于不能在公共领域检验他们宏伟图景或者构建基于普通人价值观和态度的人类福利观的可能性，一些哲学家把这种努力看作是多余的工作，甚至可能误入歧途。多数人认为，这些工作偏离了哲学范畴，应该把它们留给那些能更好地胜任具体调查工作的社会学家和人类学家。

森的可行能力方法变革和拓展了人们对人类发展目的的认识，但进一步的研究仍然很必要。在大量的发展研究文献中，仍然没有一个通过科学调查后提出的关于可行能力或需求的解释，没有被称作"实证哲学"的显而易见的案例。发展伦理学必须通过对人类价值的实证研究来阐释人类福利和发展的目的。仅有关于人类福利和发展的抽象概念和理论假设是没有实际意义的，真实的发展伦理应该与普通人民的希望、期待和强烈的愿望紧密联系。这一观点在由发展中国家学者编写的《对南方的挑战》的报告中被强调，真正的发展应该以人民为中心，应该以提高人民的经济社会福利和开发人类潜能为指导，应该以保护人民的经济社会利益为宗旨。

充分考虑普通人民利益的发展视角为哲学家和社会科学家在认识人类发展目的方面提供了新的思路。实际上，在森之前，德尼·古莱就提出需要认识贫困与人类发展问题。"不发达是令人震惊的：肮脏、疾病、暴毙以及种种的绝望！如果人们仅仅将不发达看作是反映收入低下、住房恶劣、婴儿死亡或就业不足的统计数据，那是无法理解不发达的。最有力的观察家也只有在亲身或代替他人经历了'不发达的震撼'以后才能客观地谈论不发达。这种独特的文化震撼是人们开始接触到'贫困文化'所具有的情感而感受到的。……长期贫困是一种残酷的地狱，仅仅看一眼贫困的现象是无法了解其残酷性的。如果观察者不进入这些情感的内部并亲身感受，他是无法了解他要设法消除的境况的。"①

二 发展研究与实践的政策趋向

把握和理解人类福利和发展，需要通过对社会现实的科学调查才能建立起"实证哲学"。哲学家和社会科学家必须对以前使用的发展概念予以澄清和重新认识，必须考虑贫困的人们对发展（或美好生活）的认识，必须用普通人民的视野来正视抽象的发展概念。

2002 年，美国克拉克（D. A. Clark）教授曾就人类福利在南非两个贫穷的群体做了实地问卷调查。此项调查对哲学家和社会科学家理清两个基本问题有很大帮助，一个是，是否存在我们建立关于"好的生活"理论的某些共同的人类价值？调查结果显示，可以达成一个更广泛的关于"美好生活"的共识。另一个是，"美好生活"的目标是什么？尽管大多数被调查者赞同诸如森、努斯鲍姆、斯特里顿等学者提出的人类可行能力和基本需求，但显然不是全部。工作、住房、教育、健康、干净的水、经济保障、家庭与朋友、民主与政治权利、人身安全、自尊、娱乐和幸福等可能对穷人更为重要。基于此项调查结果，克拉克教授认为，发展伦理学必须进一步关注生存与发展的实践层面、人类福利的心理层面和诸如娱乐等人类生活的一些善的方面。

哲学在对人类福利的讨论过程中往往忽视生存和发展的实践方面，从而导致人类可行能力和基本需求等主要内容不被重视，比如教育和就业。教育的一个很重要作用是能够提高人们的认知和实践能力，但教育在获得实践技能、扩大就业面、增加收入等方面基本功能没有被哲学家重视。同样地，在谈及人类繁荣问题时，对那些拼命工作以维持基本生存的农民、手工劳动者和其他的穷人也缺少关照。因此，伦理学应该对美好生活的本质和特征进行实质性的探讨，如有安全的工作条件、适度的工作时间和报酬、就业保障和法律保护等。

发展研究往往忽视人类福利的心理和精神方面，其关于人类美好生活的讨论总是从属于效用这个范畴狭窄的概念，通常强调的重点是快乐。简言之，发展理论更多地倾向于物质条件，而忽视了人类福利之基本内容的精神和心理层面的重要性。心理和精神层面的福利包括幸福、快乐、满足

---

① ［美］德尼·古莱：《残酷的选择：发展理念与伦理价值》，高铦等译，社会科学文献出版社 2008 年版，第 21 页。

和享受等内容。因此，发展伦理学也应该关注精神放松、减轻挫折和压力、拥有信心、获得自尊和感受自豪等心理方面的成就。娱乐和休闲也是生活质量的潜在组成部分。但对于无数穷人来说，生活却是"睡眠—工作"的无休止的循环，他们处于失业和半失业状态，缺乏最基本的娱乐设施。一些在非洲的调查也显示，人们把娱乐作为放松、休息、避免生活单调、与家人和朋友交流的重要形式，把体育活动、听音乐、教会活动、读书、看电视、看电影、唱歌和跳舞看作是最有价值的活动。

　　尽管通过实证调查获得了一些对发展伦理学有价值的数据，但这些数据还需要在范围上进一步扩大。

　　人道主义运动的奠基者路易·约瑟夫·勒布雷特曾经把发展看作是新文明的创造，并认为真正的发展包括人类需求的满足，这些需求存在优先次序。勒布雷特把需求按重要性分为三个层次：第一个层次是包含食品、衣物、住房和卫生保健等在内的满足基本生存的必需品；其次是包含文化的改进、更深的精神生活、丰富的友谊、友爱的关系、有意义的社交等在内的能提升生活质量的商品；然后是从属于前两个层次的能有助于人的生活"舒适"和"便利"的一类商品，如交通、闲暇、有利于节约劳动力的发明、令人愉快的环境等。但是，勒布雷特的需求理论过于笼统，与克拉克教授等人在非洲所做的实地调研结果不完全一致，克拉克等调查显示，穷人对合适的工作、适当的住房、足够的收入和获得食品、衣物、饮用水与卫生保健的权利等的需求占有重要的地位，甚至一些人对家庭耐用消费品和诸如汽车、高档衣服、摩托车、电视机、度假和项链等也很奢望。一些家庭宁愿放弃一些生活必需品而愿意获得电视机和收音机。显然，勒布雷特的理论低估了一些家庭耐用消费品和非基本生活品的重要性，这些商品可以使人的生活更舒适和更容易一些，从而促进人们的幸福感、愉悦感、休息和放松，这些商品对提高生活质量具有真正重要的意义。

　　虽然发展的一些基本原理及其局限性已经在很多文献中得到讨论，但如果发展伦理还想进一步深化以在发展政策和方案的制定上有所助益的话，仍然需要面对很多困难。一些研究显示，关于人类福利的理论只有吸收一些实证研究的内容，才能真正建立并不断完善以普通人民的价值观和态度为基础的发展伦理学。在人类发展上除了满足基本生存品以外，还应该"提升"如人际关系、社交活动、知识、技能等对生活质量有促进作用的需求。福利概念不应该减少人性提升、德性等理想性内涵，也不能回避人类福利与发展的基本物质需求。哲学家们所搭建的理论可能会影响发展伦理学对削减贫困和人类发展等现实问题的关注。发展伦理学只有扎根于社会现实，关心穷人的发展需求，才能保有生命力，进而指导社会实践和公共政策，因此应该少一些抽象的理论，多一些实际的调查研究。

　　2013 年 11 月 15 日，在人民大会堂同采访十八大的中外记者见面会上，习近平指出，"我们的人民热爱生活，期盼有更好的教育、更稳定的工作、更满意的收入、更可靠的社会保障、更高水平的医疗卫生服务、更舒适的居住条件、更优美的环境，期盼孩子们能成长得更好、工作得更好、生活得更好。人民对美好生活的向往，就是我们的奋斗目标。"①习近平讲到的"美好生活"内涵具体，为我国的进一步发展指明了具体的奋斗方向。我们一切工作都应该以人民群众的"美好生活"为出发点和归属，发展的成果要满足人民的物质文化生活需要、要惠及全体人民，要有共同富裕的政策取向。

---

　　① 《习近平：人民对美好生活的向往就是我们的奋斗目标》，http：//politics. people. com. cn，2012 年 11 月 16 日。

参考文献

一 中文专著

［1］黄楠森：《人学原理》，广西人民出版社 2000 年版。

［2］丰子义：《发展的反思与探索》，中国人民大学出版社 2006 年版。

［3］何怀宏：《公平的正义——解读罗尔斯的正义论》，山东人民出版社 2002 年版。

［4］庞世伟：《论"完整的人"——马克思人学生成论研究》，中央编译出版社 2009 年版。

［5］李小兵：《当代西方政治哲学主流》，中共中央党校出版社 2001 年版。

［6］夏征农主编：《辞海》，上海辞书出版社 1999 年版。

［7］庞元正：《当代西方社会发展理论新词典》，吉林人民出版社 2001 年版。

［8］郭熙保：《发展经济学理论与应用问题研究》，山西经济出版社 2003 年版。

［9］罗国杰：《道德建设论》，湖北人民出版社 1997 年版。

［10］厉以宁：《经济学的伦理问题》，生活·读书·新知三联书店 1995 年版。

［11］江泽民：《高举邓小平理论伟大旗帜，把建设有中国特色社会主义事业全面推向二十一世纪》，人民出版社 1997 年版。

［12］宋惠昌：《应用伦理学》，中共中央党校出版社 2001 年版。

［13］吴忠民：《社会公正论》，山东人民出版社 2004 年版。

［14］刘森林：《发展哲学引论》，广东人民出版社 2000 年版。

［15］邱耕田：《发展哲学导论》，社会科学文献出版社 2001 年版。

［16］韩庆祥：《发展与代价》，人民出版社 2002 年版。

［17］谭崇台：《发展经济学的新发展》，武汉大学出版社 2002 年版。

[18] 童星：《发展社会学与中国现代化》，社会科学文献出版社 2005 年版。

[19] 萧功秦：《中国的大转型——从发展政治学看中国变革》，新星出版社 2008 年版。

[20] 宋希仁：《社会伦理学》，山西出版集团 2007 年版。

[21] 中国发展研究基金会：《中国人类发展报告 2005》，中国对外翻译出版公司 2005 年版。

[22] 安启念：《马克思恩格斯伦理思想研究》，武汉大学出版社 2010 年版。

[23] 林春逸：《发展伦理初探》，社会科学文献出版社 2007 年版。

[24] 周辅成：《西方伦理学名著选辑》上卷，商务印书馆 1987 年版。

[25] 万俊人：《寻求普世伦理》，商务印书馆 2001 年版。

[26] 《十六大以来党和国家重要文献选编》（上），人民出版社 2005 年版。

[27] 胡锦涛：《坚定不移沿着中国特色社会主义道路前进　为全面建成小康社会而奋斗》，人民出版社 2012 年版。

[28] 王玲玲、冯皓：《发展伦理探究》，人民出版社 2010 年版。

[29] 姜建成：《科学发展观：现代性与哲学视域》，江苏人民出版社 2008 年版。

[30] 颜晓峰等：《发展观的历史进程》（上下卷），人民出版社 2007 年版。

二　译著

[1] 马克思：《资本论》第 1 卷，人民出版社 2004 年版。

[2] 《马克思恩格斯选集》第 1 卷，人民出版社 1995 年版。

[3] 《马克思恩格斯选集》第 2 卷，人民出版社 1995 年版。

[4] 《马克思恩格斯选集》第 3 卷，人民出版社 1995 年版。

[5] 《马克思恩格斯选集》第 4 卷，人民出版社 1995 年版。

[6] 《马克思恩格斯全集》第 1 卷，人民出版社 1972 年版。

[7] 《马克思恩格斯全集》第 3 卷，人民出版社 1972 年版。

[8] 《马克思恩格斯全集》第 3 卷，人民出版社 1960 年版。

[9] 《马克思恩格斯全集》第 4 卷，人民出版社 1960 年版。

[10] 《马克思恩格斯全集》第 18 卷，人民出版社 1972 年版。

［11］《马克思恩格斯全集》第 20 卷，人民出版社 1972 年版。

［12］《马克思恩格斯全集》第 23 卷，人民出版社 1972 年版。

［13］《马克思恩格斯全集》第 26 卷，人民出版社 1973 年版。

［14］《马克思恩格斯全集》第 42 卷，人民出版社 1979 年版。

［15］《马克思恩格斯全集》第 42 卷，人民出版社 1985 年版。

［16］《马克思恩格斯全集》第 46 卷上、下，人民出版社 1979 年版。

［17］《马克思恩格斯全集》第 47 卷，人民出版社 1979 年版。

［18］《马克思恩格斯选集》第 1 卷，人民出版社 1972 年版。

［19］《马克思恩格斯选集》第 3 卷，人民出版社 1972 年版。

［20］马克思：《1844 年经济学哲学手稿》，人民出版社 1985 年版。

［21］恩格斯：《自然辩证法》，人民出版社 1984 年版。

［22］［波］维克多·奥辛廷斯基：《未来启示录》，徐元译，上海译文出版社 1988 年版。

［23］［瑞典］冈纳·缪尔达尔：《亚洲的戏剧：对一些国家贫困问题的研究》，谭力文等译，北京经济学院出版社 1992 年版。

［24］［美］塞缪尔·亨廷顿：《变化社会中的政治秩序》，王冠华等译，生活·读书·新知三联书店 1989 年版。

［25］［美］赫伯特·马尔库塞：《单向度的人》，刘继等译，上海译文出版社 1989 年版。

［26］［美］丹尼尔·贝尔：《资本主义文化矛盾》，赵一凡译，生活·读书·新知三联书店 1989 年版。

［27］［德］马克斯·韦伯：《新教伦理与资本主义精神》，于晓和等译，上海三联书店 1987 年版。

［28］［英］安东尼·吉登斯：《民族—国家与暴力》，胡宗泽等译，生活·读书·新知三联书店 1998 年版。

［29］［美］A. 麦金太尔：《德性之后》，龚群等译，中国社会科学出版社 1995 年版。

［30］［美］D. P. 约翰逊：《社会学理论》，南开大学社会学系译，国际文化出版公司 1988 年版。

［31］［美］埃里希·弗洛姆：《健全的社会》，孙铠祥译，贵州人民出版社 1994 年版。

［32］［匈］阿格尼丝·赫勒：《现代性理论》，李瑞华译，商务印书馆

2005 年版。

[33] ［美］劳伦斯·E. 卡洪：《现代性的困境——哲学、文化和反文化》，王志宏译，商务印书馆 2008 年版。

[34] ［德］哈贝马斯：《作为"意识形态"的技术与科学》，李黎等译，学林出版社 2002 年版。

[35] ［美］马歇尔·伯曼：《一切坚固的东西都烟消云散了》，徐大建等译，商务印书馆 2003 年版。

[36] ［美］约翰·罗尔斯：《正义论》，何怀宏等译，中国社会科学出版社 2010 年版。

[37] ［美］丹尼斯·米都斯等：《增长的极限——罗马俱乐部关于人类困境的报告》，吉林人民出版社 1997 年版。

[38] ［英］弗里德利希·冯·哈耶克：《法律、立法与自由》第二卷，邓正来等译，中国大百科全书出版社 2000 年版。

[39] 联合国教科文组织：《发展的新战略》，中国对外翻译出版公司 1990 年版。

[40] 联合国教科文组织：《内源发展战略》，社会科学文献出版社 1988 年版。

[41] ［西班牙］费德里科·马约尔：《不要等到明天》，社会科学文献出版社 1993 年版。

[42] ［法］弗朗索瓦·佩鲁：《新发展观》，张宁等译，华夏出版社 1987 年版。

[43] 世界银行：《1992 年世界发展报告》，中国财政经济出版社 1992 年版。

[44] ［英］马斯洛等：《人的潜能和价值》，林方译，华夏出版社 1987 年版。

[45] ［美］西奥多·W. 舒尔茨：《论人力资本投资》，吴珠华等译，北京经济学院出版社 1992 年版。

[46] ［英］贝尔纳：《科学的社会功能》，陈体芳译，商务印书馆 1986 年版。

[47] ［美］维纳：《人有人的用处》，陈步译，商务印书馆 1981 年版。

[48] ［古希腊］亚里士多德：《尼各马可伦理学》，廖申白译，商务印书馆 2003 年版。

［49］［德］康德：《法的形而上学原理》，沈叔平译，商务印书馆 1991 年版。

［50］［印度］阿马蒂亚·森：《以自由看待发展》，任赜等译，中国人民大学出版社 2002 年版。

［51］［印度］阿马蒂亚·森：《理性与自由》，李风华译，中国人民大学出版社 2006 年版。

［52］［美］德尼·古莱：《残酷的选择：发展理念与伦理价值》，高铦等译，社会科学文献出版社 2008 年版。

［53］［美］德尼·古莱：《发展伦理学》，高铦等译，社会科学文献出版社 2003 年版。

［54］［印度］阿马蒂亚·森：《伦理学与经济学》，王宇等译，商务印书馆 2006 年版。

［55］［英］安东尼·吉登斯：《现代性的后果》，田禾译，译林出版社 2000 年版。

［56］［美］约翰·罗尔斯：《正义论》，何怀宏等译，中国社会科学出版社 1988 年版。

［57］［美］塞缪尔·弗莱施哈克尔：《分配正义简史》，吴万伟译，译林出版社 2010 年版。

［58］［美］彼得·S. 温茨：《环境正义论》，朱丹琼等译，上海人民出版社 2007 年版。

［59］联合国开发计划署驻华代表处：《中国人类发展报告 2009/10》，中国对外翻译出版公司 2010 年版。

［60］［美］彼得·贝格尔：《神圣的帷幕》，高师宁译，上海人民出版社 1991 年版。

［61］［法］埃德加·莫林、安娜·布里吉特·凯恩：《地球祖国》，马胜利译，生活·读书·新知三联书店 1997 年版。

［62］［法］让·雅克·卢梭：《社会契约论》，何兆武译，商务印书馆 2003 年版。

［63］［美］阿列克斯·英格尔斯：《人的现代化》，殷陆君译，四川人民出版社 1985 年版。

［64］［美］阿列克斯·英格尔斯、戴卫·H. 史密斯：《从传统人到现代人》，顾昕译，中国人民大学出版社 1992 年版。

[65] ［英］安东尼·吉登斯：《超越左与右》，李惠斌等译，社会科学文献出版社 2000 年版。

[66] ［埃及］萨米尔·阿明著：《资本主义的危机》，彭姝祎等译，社会科学文献出版社 2003 年版。

[67] ［美］弗·卡普拉等著：《绿色政治——全球的希望》，石音译，东方出版社 1998 年版。

三 期刊

[1] 刘福森：《发展伦理学：当代社会的迫切需要》，《哲学动态》1995 年第 11 期。

[2] 袁祖社：《由"增长—进步本位"的物本价值观到"民生—幸福本位"的人本价值观》，《北京师范大学学报》（社会科学版）2010 年第 5 期。

[3] 李德顺：《关于价值与核心价值》，《学术研究》2007 年第 12 期。

[4] 赵凌云、赵红星：《民生发展时代：中国现代化进程的新阶段》，《天津大学学报》（社会科学版）2012 年第 6 期。

[5] 孙正聿：《中国新起点与科学发展观》，《社会科学战线》2004 年第 3 期。

[6] 常修泽：《中国下一个 30 年改革的理论探讨——"人本体制论"角度的思考》，《上海大学学报》（社会科学版）2009 年第 5 期。

[7] 王志萍：《普遍伦理研究综述》，《哲学动态》2000 年第 1 期。

[8] 刘福森：《论发展伦理学的基本原理》，《内蒙古民族大学学报》（社会科学版）2007 年第 5 期。

[9] 景天魁：《作为公正的发展》，《社会科学战线》2003 年第 6 期。

[10] 邓万春：《发展的价值目标批判及新趋向》，《北京工业大学学报》（社会科学版）2010 年第 6 期。

[11] 韩庆祥：《发展与代价》，《江海学刊》1994 年第 3 期。

[12] 刘福森：《存在发展伦理学吗》，《哈尔滨师专学报》1999 年第 2 期。

[13] 陈忠：《发展伦理学的范式研究》，《中国社会科学》2006 年第 4 期。

[14] 李国俊：《发展伦理学视角的传统技术观批判》，《自然辩证法研究》2005 年第 8 期。

［15］邱耕田：《发展伦理学是关于发展善的学问》，《学习与探索》2004年第 3 期。

［16］赵丽君：《发展和代价的博弈关系》，《理论研究》2010 年第 6 期。

［17］邱耕田、张荣洁：《简论社会发展的代价规律》，《社会科学》2000年第 7 期。

［18］武杰：《论市场经济中的公平与效率》，《山西高等学校社会科学学报》1993 年第 2 期。

［19］刘福森：《奠基于新哲学的发展伦理学》，《自然辩证法研究》2006年第 1 期。

［20］陆晓禾：《论经济价值与伦理价值》，《毛泽东邓小平理论研究》1998 年第 1 期。

［21］吴忠民：《"效率优先，兼顾公平"提法再认识》，《天津社会科学》2002 年第 1 期。

［22］汪盛玉：《何为"社会公正"：马克思主义的考察》，《安徽商贸职业技术学院学报》2010 年第 4 期。

［23］庞元正：《什么是发展观所说的"发展"?》，《中国党政干部论坛》2006 年第 4 期。

［24］邢亚玲：《国际关系伦理浅析》，《阴山学刊》2005 年第 6 期。

四　转引文章

［1］［德］吕迪格·比特纳：《什么是启蒙?》，转引自詹姆斯·施密特《启蒙运动与现代性：18 世纪与 20 世纪的对话》，徐向东、卢华萍译，上海人民出版社 2005 年版。

［2］衣俊卿：《现代性的纬度及其当代命运》，转引自《新世纪的哲学与中国——中国哲学大会（2004）文集》，中国社会科学出版社 2005年版。

［3］［意］贾尼·瓦蒂莫：《现代性的终结》，转引自萨米尔·阿明《资本主义的危机》，贾瑞坤等译，社会科学文献出版社 2003 年版。

［4］［英］杜德利·西尔斯：《发展的含义》，转引自塞缪尔·亨廷顿《现代化——理论与历史经验的再探讨》，上海译文出版社 1996年版。

［5］袁祖社：《"以正义看待发展"：致力于"和谐社会"之公共价值理性信念的养成——立足发展伦理学对"正义是社会主义制度首要价

值"的论析》，转引自《人本·发展·和谐》，陕西人民出版社 2008 年版。

五　媒体文章

[1] 本报评论部：《宁要微词　不要危机》，《人民日报》2012 年 2 月 23 日。

[2] 胡锦涛：《高举中国特色社会主义伟大旗帜，为夺取全面建设小康社会新胜利而奋斗》，《人民日报》2007 年 10 月 25 日。

[3] 胡锦涛：《在省部级主要领导干部提高构建社会主义和谐社会能力专题研讨班开班式的讲话》，《人民日报》2005 年 2 月 20 日。

[4] 胡锦涛：《在中央人口资源环境工作座谈会上的讲话》，《经济日报》2004 年 4 月 5 日。

[5] 逄先知、冷溶：《有中国特色的社会主义是全面发展的社会主义》，《文汇报》1997 年 1 月 13 日。

[6] 左小蕾：《合理切分蛋糕，推进收入分配制度改革》，《中国证券报》2010 年 7 月 7 日。

[7] 郭克莎：《当前消费率下滑的表现、原因及影响》，《中国经济时报》2011 年 9 月 6 日。

[8] 陈东海：《分配改革：让劳动要素获公正地位》，《上海证券报》2010 年 6 月 18 日。

[9]《扶贫标准大幅提高　上亿低收人口受益》，《人民日报》2012 年 6 月 24 日。

后 记

正如本人在前言中所言：发展是人类有史以来的永恒主题，但却从来没有像今天如此备受人们的关注。半个多世纪以来，"发展"已被经济学、哲学、社会学、伦理学等作为自己重要的研究范畴，但要全面地把握发展的内涵，驱散围绕在其周围的"迷雾"，还必须综合其他相关学科的研究成果，使其成为一门具有包容性的综合性学科。本人有幸在攻读博士学位期间受到恩师袁祖社教授的启迪，在几年前开始了在这一学科领域的学习和探索。在这里，我首先向导师袁祖社教授表示由衷的感谢。

2010年本人以"反思与重构：发展的伦理审视"这个题目申请了教育部人文社会科学基金项目并获得立项和资助，在此我要感谢能够认同和支持此项研究的专家学者。在书稿的写作过程中，由于事务繁忙，写作断断续续，多亏课题组成员的鼎力支持和帮助才最终得以完成，特别是侯彦峰博士，积极承担了第二章和第三章的写作。在此也要向课题组的同人表示感谢。

在本书的写作过程中，参阅、引用了大量国内外学者在此领域的优秀成果，从他（她）们的成果中汲取了营养，树立了信心，没有他（她）们的学术奉献和知识的引领，本书的研究是根本无法完成的。在此也向那些在发展研究领域做出过贡献的专家学者表示崇高的敬意。本书尽力在注释及参考文献中列出给予本人启发的相关研究成果，如有遗漏，亦敬请学界谅解。

最后，我还要真诚地感谢非常关心我、爱护我、支持我并给予我无与伦比的精神力量的家人，没有他们做我的坚强后盾，本书也是很难顺利完成的，在此，我也把深深的谢意与真诚的感激一并送给他们，感谢他们一如既往的精神支持与呵护！

当然，本书的顺利出版还要感谢陕西省重点学科建设项目基金的资助，感谢中国社会科学出版社卢小生、林木、周晓东等老师为本书付出的辛勤努力。

发展研究是一项宏大的学术领域，也是如同现代性一样的无法完成的始终在路上的事业。本书只是肤浅地对这一研究领域的相关问题进行了尝试性探讨，不论是从研究的深度还是广度上看，都还有不足之处，欢迎学界同人批评指正，为自己以后的深入研究提供帮助。

杨文选

2015 年 3 月